U0852379

"十二五"职业教育国家规划教材修订版

高等职业教育市场营销专业"21世纪多元整合一体化"系列新形态教材

市场营销策划

——理论、实务、案例、实训（第三版）

主　编　王丽丽

副主编　李　为　黄志勇

总策划　许景行

高等教育出版社·北京

内容提要

本书是“十二五”职业教育国家规划教材修订版，也是高等职业教育市场营销专业“21 世纪多元整合一体化”系列新形态教材之一。

本书秉承先进高职教育教学理念，紧跟市场营销策划研究的最新进展并吸收其成果，属于“多元整合型”课程教材。

本书根据“健全职业人格导向课程”构建教材体系，优化“职业知识”“职业能力”和“职业道德”的“三重本位”，立足于新时期愈演愈烈的行业内与行业间跨专业的人才流动现实，突出职业学力的提升。依照“原理先行、实务跟进、案例同步、实训到位”的原则，循序渐进地展开市场营销策划的内涵，注重学习目标、教学内容、章后习题、学习考核四者之间的内在统一。

本次修订结合当前营销策划的新发展，重新整合了内容结构，精简了篇幅，更新了理论和案例，新增了新媒体营销策划章节。本次修订也特别注重信息技术的应用，添加了与纸质教材教学内容互补、数量适当的二维码教学资源，供学习者随扫随学，将“线上线下”教学资源相对接，使纸质教材与数字资源有效地深度融合。

本书既可作为高职高专院校市场营销专业及相关专业的教材，也可供市场营销在职人员培训使用。本书配套开发有 PPT、习题答案等教学资源，具体获取方式请见书后“郑重声明”页的资源服务提示。

图书在版编目（CIP）数据

市场营销策划：理论、实务、案例、实训 / 王丽丽主编. --3 版. -- 北京：高等教育出版社，2019.11

ISBN 978-7-04-053201-2

Ⅰ. ①市… Ⅱ. ①王… Ⅲ. ①市场营销 - 营销策划 - 高等职业教育 - 教材 Ⅳ. ① F713.50

中国版本图书馆 CIP 数据核字（2019）第 275507 号

市场营销策划——理论、实务、案例、实训

SHICHANG YINGXIAO CEHUA

策划编辑 贾若曦　责任编辑 贾若曦　封面设计 张 志　版式设计 于 婕

插图绘制 邓 超　责任校对 马鑫蕊　责任印制 韩 刚

出版发行	高等教育出版社	网　　址	http://www.hep.edu.cn
社　　址	北京市西城区德外大街 4 号		http://www.hep.com.cn
邮政编码	100120	网上订购	http://www.hepmall.com.cn
印　　刷	保定市中画美凯印刷有限公司		http://www.hepmall.com
开　　本	787mm × 1092mm　1/16		http://www.hepmall.cn
印　　张	14.25	版　　次	2010 年 6 月第 1 版
字　　数	330 千字		2019 年 11 月第 3 版
购书热线	010-58581118	印　　次	2019 年 11 月第 1 次印刷
咨询电话	400-810-0598	定　　价	44.50 元

物 料 号　53201-00

总序

多元整合：面向未来的中国高职课程建设取向

“多元整合”是反映当代世界特别是发达国家高等职业教育课程观综合化趋势，通过博采诸多课程观之所长、避其所短而产生的一种面向未来的课程建设取向。这种取向有着充分的历史依据、坚实的现实基础与深刻的理论反思背景。

一、当代欧美高职课改及其理论反思

（一）课改历程

当代欧美主要发达国家高职课改革经历了由知识本位的“学术性课改”，到能力本位的“职业性课改”，再到学术性与职业性的“整合性课改”的三阶段发展。

1.“学术性课改”

第二次世界大战后初期，欧美主要发达国家经济发展面临两大任务：一是由战时经济转向战后经济恢复与发展；二是使经济发展服务于美苏两大阵营的冷战需要。与此相应，其高职院校的教育有两大功能：一是为退伍军人提供就业培训，二是为人们提供可进入大学深造的转学教育。

此后不久，随着美苏冷战对抗的加剧，科技竞争成为人们关注的焦点，初级学院转而反对“狭隘的技能训练”，把强化普通教育视为战胜苏联的手段。在美国初级学院协会 1950 年年会上，有三份报告反对学院课程过度“职业化”的倾向，要求强化学术课程。这种“强化学术”的课改倾向因“斯普特尼克事件”（1957）的发生、美国《国防教育法》（1958）的出台和布鲁纳“学科结构运动”（1959）的倡导而一度在社区学院中占据上风。在同一期间，欧洲主要发达国家的高职院校也普遍重视普通教育。

在总体上由“学术性”向“职业性”转变的继起阶段，“学术课程”在美国社区学院的“转学教育”、英国第三级学院、德国完全中学和学术性高校，以及欧美综合性大学等教育机构中得以延续。此间相继提出的各种建构主义课程理论，为“学术性课程”发展提供了进一步支撑。

2.“职业性课改”

20 世纪 60 年代，美国经济发展迅速，技能型人才供不应求，高职教育朝着职业化、大众化和规模化方向发展。《职业教育法》（1963）出台后，美国初级学院的规模迅速扩大，其功能由以“转学教育”为主转向以“职业教育”为主，“非学术课程改革运动”取代“学科结构运动”成为主流，培训与企业岗位对接的技能成为人们关注的重点，并催生了 DACUM 模式的 CBE 课程开发与推广。

20 世纪 70—80 年代，以原子能、计算机、微电子技术、生物工程技术和空间技术广泛应用为标志的新技术革命席卷欧美，传统工业时代的产业结构、市场需求结构和职业结构发生改变，行业内乃至跨行业的职业流动渐成常态。[①] 为满足新时期的职业需求，美国“职业群集课程”、德国“双元制”和英国 BTEC 等课程模式，通过导入“关键能力”或“通用能力”，将“能力本位”内涵由“专业能力”提升为“‘专业能力’与‘核心能力’并重”。

20 世纪 90 年代以来，德国不来梅大学技术与教育研究所（ITB）以菲利克斯·劳耐尔（Felix Rauner）教授为首的研究团队与德国大众汽车公司合作，提出并推广了一种“基于工作过程”的职业教育课程模式，即依据不同“工作过程”来划分“行动领域”，将每个“行动领域”转化为融“专业能力”与“关键能力”为一体的“学习领域”课程，并具体化为诸多“学习情境”或“学习单元”。所谓“工作过程”，是指“在企业里为完成一个工作任务并获得工作成果而进行的一个完整的工作程序”。

3.“整合性”课改

从 20 世纪 90 年代起，美国“非学术课程改革运动”所导致的过度“职业化”和教育质量下降问题受到关注，一种倡导“职业教育与学术教育有机结合”的职业教育观（AOI）应运而生。美国 1990 年通过的《卡尔·波金斯职业教育法案》修正，要求使用联邦基金来资助“学术课程与职业课程整合”计划。1994 年的《从学校到工作多种途径法》提出，要实现“三个整合”，即普通教育与职业教育的整合、学校学习与岗位学习的整合、高中教育与社区学院教育的整合，指出做到这一点的更好改革策略是“加强学术课程与职业课程的整合”。进入 21 世纪后，在延续“整合性”课改策略的同时，着眼可持续发展，“从学校到工作”的课改主题被“从学校到生涯”的主题取代，“职业技术教育”更名为“生涯与技术教育”。

英国于 21 世纪初颁布实施了以整合“学术教育”与“职业教育”为特色的“基础学位”，学制二年，具有独立高等教育资格。为该学位设置的“预科课程”体系鼓励学生在经过调整的学术资格（A-Level）课程和普通国家职业资格（GNVQ）课程之间选择多种多样的组合，以达到既学到必要的学术知识，又获得企业所需要的工作技能，并为更高水平的学术及专业资格铺路的目的。新课程体系还把原为 GNVQ 体系组分的“关键能力”训练，扩展到 A-Level 各门课程的具体设计中。同期，法国短期技术学院出现了由先前“专注职业能力培养”转向“兼顾专业基础理论”的倾向，其办学目标中提出的主张令人耳目一新：专业基础理论是技术革新的源泉，与其让学生单纯获得某些具体技术知识，不如培养学生从无限的知识系统中汲取和提炼所需知识的能力。

20 世纪末至 21 世纪初，为适应产业结构升级，欧洲一些国家的高职院校升格为“科技大学”。升格后的这些“科技大学”面向所有中等教育毕业生招生；其办学目标由“就业导向”转向“就业与升学并重”；教学模式由“能力本位”转向“知识与能力并重”；课程设置由“专业课程”和“职业课程”转向“基础教育与专业教育并重”“职业课程与学术课程并重”，并向“课程综合化”方向发展。学生完成所修课程，可同时获得相应学位和资格证书。

进入 21 世纪，Co-op（Co-operative Education 的缩写）合作教育模式在美国许多大学试行，

---

① 联合国教科文组织国际教育发展委员会报告《学会生存——教育世界的今天和明天》(1972) 最早要求职业教育关注“职业流动性”。

并被世界 40 多个国家的高校借鉴。在该模式下，“整合”不仅存在于高校商学院和其他专业学院的“学术课程”与“职业课程”之间，而且被扩展到学校、用人单位与学生三方之间。学生有机会将在高校中学到的理论与实务知识，在用人单位运用于工作实践；高校通过与用人单位的联系，能直接了解人才市场需要，改进教学，并提高毕业生的就业率；用人单位既可随时得到高校的科技支持，又可获得“学力结构”更佳的员工。

（二）理论反思

与“学术性课改”和“职业性课改”相对应的课程理论，分别是传统“知识本位”与“能力本位”课程理论；与“整合性课改”相对应的课程理论，是“辩证课程理论”；作为两者中介的课程理论，是传统课程理论中“两极互渗”趋势的理论探索。

1.“知识本位”课程理论

（1）代表性理论。“知识本位”的代表性课程理论有布鲁纳（Jerome S.Bruner，1915—2016）的“结构主义课程理论”、皮亚杰（Jean Piaget，1896—1980）的“双向建构理论”、维果斯基（Lev Vygotsky，1896—1934）的“最近发展区理论”、冯・格拉塞斯菲尔德（Von Glasersfeld）的“概念框架理论”（20 世纪 80 年代）、维特罗克（M. C. Wittrock）的“生成过程理论”（1983）和斯皮罗（R. J. Spiro）与乔纳生（D. H. Jonassen）的“认知灵活性理论”（1991）等。

（2）可取之处。“知识本位”课程理论的可取之处主要有三个：其一，将“学会认知”作为课程教学的宗旨，依照“学会认知”有赖于“知识迁移”，“知识迁移”有赖于“知识学习”，“知识学习”有赖于“课程设计”的基本思路进行课程建设。这样的宗旨和思路在今天也有生命力。其二，从个体层面“发生学视角”，建立了关于学科知识“结构—建构”的课程理论和关于学生认知“结构—建构”的学习理论。在高职未来课改中，最需要借鉴的就是这种“发生学视角”。其三，与“发生学视角”密切相关的是课程设计的“纵向组织”原则，即要求在课程设计中依照逻辑次序循序渐进地展开知识内容，并坚持使其与“学生认知的心理发展次序”相一致的原则。该原则作为“知识本位”课程观的合理内核，不仅对于“学术型课程”设计具有指导意义，对高职课程设计也有借鉴价值。

（3）主要局限性。“知识本位”课程理论的主要局限性涉及三个层面：其一，“知识本位”教育是人类历史上“体力劳动”与“脑力劳动”分工加剧时代的产物，反映了工业时代和后工业时代早期职业结构的特定需求，其课程适用于该时段的基础教育、社区学院的转学教育和普通高等教育，服务于少数高端学术人才培养。这是它的历史局限性。其二，“知识本位”只教人“学会认知”，忽视“学会做事”和“学会做人”。如果用于造就今日职业人才，不仅存在“行为自律”欠缺问题，其多数将还面临结构性失业。这是它的现实局限性。其三，在“知识本位”课程理论的建构主义早期代表那里，尽管通过导入“同化”“顺应”“平衡”机制，克服了行为主义“刺激—反应”模式的弊端，但未能完全摆脱经验主义影响[①]。这是它的哲学基础局限性。

2.“能力本位”课程理论

（1）代表性理论。北美早期 CBE 课程理论以“学会在企业特定职业岗位做事”为宗旨，其

---

① 皮亚杰对于儿童认知发生的研究专注于个体的“结构—建构”经验，而忽视“社会化”过程中的“文化觅母”表达作用；布鲁纳要求学生通过“发现学习”体验科学家发现过程，无视教师在课程教学中的诱导作用，混淆了中小学生“认知发育”与“科学家成体活动”的原则区别。

"教学计划开发"着眼"特殊技能培训与迁移"；美英德中期"能力本位"课程理论以"学会在行业职业群综合岗位做事"为宗旨，其"课程开发"着眼"综合技能培训与迁移"；德国后期"学习领域"课程理论以"学会在行业职业群系统工作岗位做事"为宗旨，其课程设计着眼"系统技能培训与迁移"。

（2）可取之处。"能力本位"课程理论主要可取之处同样有三个：其一，将"学会做事"作为课程教学宗旨，依照"学会做事"有赖于"技能迁移"，"技能迁移"有赖于"技能培训"，"技能培训"有赖于"课程设计"的基本思路进行课程建设。在优化其课程设计原则的前提下，这样的宗旨和思路有其可取之处。其二，着眼企业职场对技能型人才的需求，发掘被"学科导向"课程忽视的"职业工作要素"，有助于克服传统"学科导向"课程观的片面性，历史上功不可没，现实中有借鉴价值。其三，通过导入"横向组织"原则，将"工作要素"融入课程设计是其亮点。在高职未来课改中，"横向组织"是课程设计中一个不可或缺的维度，而应否"横向为主"则需研究。

（3）主要局限性。"能力本位"课程理论的主要局限性涉及更多层面：其一，该理论也产生于"脑力劳动"与"体力劳动"社会分工加剧的时代，在一定程度上满足了特定时期企业对"工匠"的规模化需求。随着世界由后工业时代进入知识经济时代，反映旧有产业结构和职业需求的"能力本位"课程观渐失根基，其历史局限性也越来越明显。其二，该理论只教人"学会做事"，忽视"学会认知"和"学会做人"，与21世纪的职业需求不符。这是它的现实局限性。其三，该理论主张学校复制企业，教学模仿工作，学生模仿工匠，反过来又向企业输送"克隆工匠"。其所陷入的"克隆"怪圈，有导致产业结构落后和人才结构僵化之风险。这是它的模式局限性。其四，该理论倡导的"横向为主"[①]建构原则，是将"高等职业个体发生机制"嫁接于"高等职业成体行动机制"，其做法有如生物学领域将"胚胎发育机制"嫁接于"成体生理活动机制"；而其要求学员通过"从生手到专家"的"工作情境"进行技能建构，又将"发生中的职业个体"混同于"职业成体"[②]。这是其理论局限性。其五，该理论在后期发展（"学习领域"理论）中，尽管立足于整体论反对CBE还原论，立足于格式塔心理学[③]反对构造主义和行为主义心理学，但未与经验主义彻底划清界限。这是其哲学与心理学基础局限性[④]。其六，在该理论中，学员只扮演"工具理性"的角色，重"功利"而轻"人本"。不仅如此，将"工匠行动能力"作为目标，让学员围绕"工作过程"旋转，还会导致主体的缺失。这是其人才目标的局限性。

3. 传统课程观发展趋势

（1）从"学术性"向"职业性"的延伸。综观当代"知识本位"课程观发展，可发现其呈现一种趋势，即：其"学习迁移"理论内涵经历了由 E. L. 桑代克的"文化共同要素"和"经验类

---

① 在本文中，我们把受制于"职业个体'发育'或'发生'"机制的课程建构，称为"纵向建构"；把受制于"职业成体活动"机制的课程建构，称为"横向建构"。

② 不言而喻，"生手"也是职业成体，只不过是刚走上岗位的职业成体罢了。

③ 格式塔理论自诩秉承了康德先验论，然而它至多从康德那里秉承了整体论，却始终未能提升到先验论高度，其经验主义研究方法和引证猩猩吃香蕉就是证明。

④ 正如生物学领域"自然发生说"曾借助于巴斯德"生源论"，为分子生物学"基因表达说"扬弃一样：在课程论领域，这种残存于"学习领域理论"、布鲁纳"发现学习论"和皮亚杰"发生认识论"中的"经验发生说"，须借助于康德先验论的提升，为"觅母表达说"扬弃。

化”、布鲁纳“学科的基本结构”和D. P. 奥苏贝尔的“认知结构”等，向J. 安德森“产生式迁移”和弗拉威尔“认知策略迁移”的发展；其“学习理论”指向的“知识”，经历了由概念原理知识、策略性知识和图式知识（鲁梅尔哈特，1977；威多森，1983；汤姆斯·迪瓦恩，1987）等“结构良好领域知识”，向“结构不良领域”的“情境知识”乃至“从生手到专家”的业务知识（斯皮罗和乔纳森，1990）的发展；其研究重心经历了由一般性的“学术认知”向特殊的乃至具体的“职业认知”的发展。

这种趋势表明：传统“知识本位”课程观在发展过程中，出于“突破自身发展瓶颈”的内在需要，已通过“职业性”要素的导入而渗入另一极，即“能力本位”的世袭领域。

（2）在“职业性”中导入“学术性”。当代“能力本位”课程观发展呈现的则是相反趋势，即：由北美CBE模式关注的“特殊技能迁移”，经过美国“职业群课程”、英国BTEC和德国“双元制”课程关注的“综合技能迁移”，向德国“学习领域”理论关注的“系统技能迁移”。这种由“特殊性”到“综合性”和“系统性”的发展，显示了“能力一般化”的倾向。应当指出的是：在“系统”与“一般”之间尚存有质的差异，这个差异不可能在“能力本位”范围内消除。要将“系统技能”提升到“一般职业能力”，须借助于“学术性”一般要素，无论这种“一般性要素”是“抽象的一般性”“自身特殊化的一般性”还是“重建自身的一般性”。

上述趋势表明：由关注“特殊技能”进而关注“综合技能”和“系统技能”的“能力本位”课程观，要“突破自身发展瓶颈”，也不得不考虑导入“学术性”要素，从指向另一极，即“知识本位”的世袭领域。

4.“整合”阶段的课程理论

与“整合”阶段欧美高职课改相对应的理论，主要是课程社会学中的“辩证课程理论”；此外，联合国教科文组织提出的21世纪教育“基本要求”也是一种“整合性”主张。

（1）课程社会学中的“辩证课程理论”。课程社会学中“辩证课程理论”的代表是麦克·扬（Michael Young），他在1998年出版的专著——《未来的课程》中，对这一理论作了系统阐述。该理论揭示了教育和课程模式转换与时代、社会及其经济结构变化的密切联系，剖析了第二次世界大战以来欧美课程发展中“学术课程”与“职业课程”的分离过程及相关课程理论的局限性，并着眼后工业时代的经济变革及由此引起的职业结构变化，指明未来课程发展的总趋势是“学术课程”与“职业课程”的整合。

麦克·扬关于课程模式转换与社会经济结构变化相关的研究，对于“学术学习与职业学习”“作为事实课程与作为实践课程”等片面观点的批判，关于“以结果定义课程方式”和“模块化课程方式”利弊的分析，对于从“分化的专业化”“总和的专业化”向“联系的专业化”发展趋势的描述，以及将“联系的策略”作为未来课程内容组织新方式、将“辩证形式”作为未来课程原则等主张，既是对“整合”阶段欧美课改的理论总结，也是对其未来发展的指导性建议。

（2）21世纪教育“基本要求”。1996年，由国际21世纪教育委员会在其向联合国教科文组织提交的《教育——财富蕴藏其中》的报告中，对21世纪教育提出了四个“基本要求”，即：使学生“学会认知、学会做事、学会共同生活、学会生存”。它们合起来构成了未来人才的四大支柱。

四个“基本要求”是在总结“整合”阶段欧美乃至世界教育和课改发展经验的基础上提出的。其中：“学会共同生活”强调的是“与人合作”“与人交流”和“团队精神”等社会协调能力，可并入“学会做事”；“学会生存”的核心是“学会做人”。

课程社会学中的“辩证课程理论”和21世纪教育的“基本要求”，中国高职未来课程理论建设应更多地借鉴。

（3）“21世纪学习框架”。成立于2002年的“美国21世纪技能联盟”经过10年研究，提出了“21世纪学习框架”（以下简称“框架”）。根据该“框架”，“21世纪的学习”正在由“师本教学、直接讲解、聚集知识、覆盖内容、基本技能、事实与原理、掌握理论、设置课程、相互竞争、局限课堂、基于文本、总结性考试、为就业而学”等，加速转向由前者与“生本教学、互动交流、重视能力、落实过程、应用技能、设问与问题、重视实践、项目学习（或探究式学习）、彼此合作、放眼全球、基于网络、形成性评估、为生活而学”等携手并进的一种新平衡。

“框架”倡导的不是在诸多对立环节中做“非此即彼”的选择，而是要求这些对立环节“携手并进”、建立一系列“新的平衡”，诸如“师本教学与生本教学”“直接讲解与互动交流”“聚集知识与重视能力”“覆盖内容与落实过程”“基本技能与应用技能”“‘事实与原理’同‘设问与问题’”“掌握理论与重视实践”“设置课程与项目学习”“相互竞争与彼此合作”“局限课堂与放眼全球”“基于文本与基于网络”“总结性考试与形成性评估”以及“‘为就业而学’与‘为生活（生涯）而学’”的“新平衡”，等等。

“框架”体现了美国高校课程和教学设计理论发展研究的最新成果。“新平衡”就是“新整合”。如果说在20世纪末，美国大学的课改革侧重的是“通识”与“专识”的“整合”（“融合”）；欧洲新制度下的德国大学课改侧重的是“通能”与“专能”的“整合”；那么“框架”已开始关注“知识”与“能力”的全面整合，可视为超越“整体知识观”与“整体能力观”的尝试。

二、中国现实发展向高职课改提出的要求

（一）中国高职课改历程

1. 高职高专层次课改

“文革”后初期，我国高职教育部分受苏联影响，部分受普通高等教育影响，“知识本位”一度占主导地位。高职院校的主要类型是“高等专科学校”，而专科学校早在“文革”前就已存在，其中有不少是借鉴20世纪50年代苏联模式建立起来的。“专科”被理解为“专门学科”，教学理论尚未完全摆脱凯洛夫“三中心”框架，开设的课程大都是“学科导向”。在这里，“专科”与“普通本科”的区别被理解为“‘专科’是简化和压缩的‘本科’”。

20世纪80年代中期起，我国职教界借鉴欧美模式，进入了类似20世纪60—80年代欧美高职课改的阶段，出现了由“知识本位”向“能力本位”的转变，其中包括20世纪80年代中期借鉴德国“双元制”模式、20世纪90年代借鉴北美—加拿大CBE模式和英国BTEC课程模式、20世纪90年代末借鉴德国“双元制”模式、进入21世纪借鉴德国“学习领域”课程模式等。

目前，关于高职高专层次的课改取向，我国较为流行的主张是：建构与“‘知识本位’学科体

系”相对峙的“‘能力本位’行动体系”。这种止步于欧美“职业性课改”的流行主张理论上保守落后，现实上与我国的发展要求和趋势大相径庭。

2. 职业本科和研究生层次课改

当我国高职高专教育倡导用“能力本位”取代“知识本位”的时候，国外高等教育“学术课程与职业课程整合”的浪潮波及我国普通高校本科以上层次，与同期关于“全面提高高等教育质量”“扩大应用型、复合型人才培养规模”等国家战略决策产生共鸣。在两种力量交互作用下，我国本科和研究生教育已部分融入“高等职业教育”范畴：区别于“研究型本科”的“应用型本科”与区别于“学术型研究生”的“专业研究生”的出现等，便是此种融入的证明。在这里，借鉴发达国家整合“学术课程”与“职业课程”的成功经验，借以推进我国“应用型本科”和“专业研究生”的课程建设，是普通高校教育工作者有待探索的课题。

（二）“超越对峙”的呼声

以《国家中长期科学和技术发展规范纲要（2006—2020 年）与《全民科学素质行动规划纲要》（2006—2010—2020 年）的颁布为标志，中国已进入“科技大众化”时代。在这一时段，以科学知识为基础，以提高全社会科技认知和科学素养为目的，推进自然科学和工程技术成果的普及应用，引导公众进入对科技从“知”到“用”的过程，是国家的战略选择；超越“知识本位”与“能力本位”的“两极对峙”，是高职课改的大势所趋。

（三）“两化融合”与“两性整合”的发展趋势

在经济全球化大背景下，从现在起的未来 20 年，中国产业价值链在由中低端向中高端提升的过程中，产业结构将沿着后工业化和信息化“两化融合”的道路发展：其结构重心在由一、二次产业向三次产业转移的同时，将与信息化同步推进，各次产业结构将日趋“软化”①。产业结构的这种“两化融合”将导致科学、技术与生产朝着“一体化”方向发展。“一体化”的内涵之一是“科学技术化与技术科学化”：一方面，当代高新技术是知识密集型技术，技术的发展离不开科学的突破与指导；另一方面，科学的深化需要得到各种技术的支持和保证，更离不开各种类型技术人员的合作。科学与技术相互依赖、促进与融合，导致了技术科学化和科学技术化的发展。“一体化”的内涵之二是“产业科技化与科技产业化”：产业结构升级是通过科学技术向生产的高度渗透实现的；这种渗透反过来又使现代生产日益成为科技化的生产。

与产业结构“两化融合”和科学、技术与生产“一体化”的发展趋势相伴随，中国职业结构将沿着“‘职业性’和‘学术性’两性整合”的道路发展：其结构重心在由农业、制造业向服务业转移的同时，将与科技化同步推进，科学技术将日趋“产业化”，各次产业的生产性职业将日趋“科技化”。受中国产业结构“两化融合”和职业结构“两性整合”的发展总趋势制约，中国高职教育人才培养目标将沿着“‘职业知识’与‘职业能力’并重”的道路发展，其课程改革将沿着“多元整合”的道路发展。

（四）“中国制造 2025”对人才培养的新要求

“中国制造 2025”（国发〔2015〕28 号）是在以“德国工业 4.0”和“美国工业互联网”为标志的“第四次产业革命”背景下，国务院作出的全面提升中国制造业发展质量和水平的重大战略

① 资料显示：在全球生产总值的高速增长中，“知识份额”已由 20 世纪初的 5% 上升到如今的 80% 以上。

部署。其根本目标是通过10年的努力，使中国迈入制造强国行列，为到2045年将中国建成具有全球影响力的制造强国奠定坚实基础；通过“两化融合”，即“信息化和工业化的深度融合”引领和带动整个制造业的发展，是实现这一目标的基本途径。

“第四次产业革命”，是继蒸汽技术革命（第一次工业革命），电力技术革命（第二次工业革命），计算机及信息技术革命（第三次工业革命）后的又一次科技革命，即以人工智能、清洁能源、机器人技术、量子信息技术、虚拟现实以及生物技术为主的全新技术革命，其重大特征是学科交叉，知识融合，技术集成。“中国制造2025”对高等职业教育提出了“通识教育与专业教育协同”“专业学科内外协同”等新要求，对新型人才的需求是“建立‘三支核心人才队伍’”“重点培养‘三类高端紧缺人才’”。其中，培养包括“知识复合”“能力复合”“思维复合”等多维度“复合”的“复合型人才”，是“三支”与“三类”的交集。

（五）“互联网+”教育

2016年至2018年，国家相继出台一系列文件，指导、计划和规范了教育信息化对包括高等职业教育在内的教育、教学、课程改革的服务支撑和人才培养要求。

《教育信息化“十三五”规划》（教技〔2016〕2号）要求，通过深化信息技术与教育教学、教育管理的融合，强化教育信息化对教学改革，尤其是课程改革的服务与支撑，强化将教学改革，尤其是课程改革放在信息时代背景下来设计和推进。

《新一代人工智能发展规划》（国发〔2017〕35号）强调，“复合型人才培养”的重点，是“培养贯通人工智能理论、方法、技术、产品与应用等的纵向复合型人才，以及掌握‘人工智能+’经济、社会、管理、标准、法律等的横向复合型人才”。

《教育信息化2.0行动计划》（教技〔2018〕6号）指出，到2022年我国教育基本实现“三全两高一大”的发展目标，即教学应用覆盖全体教师、学习应用覆盖全体适龄学生、数字校园建设覆盖全体学校，信息化应用水平和师生信息素养普遍提高，建成“互联网+教育”大平台，推动从教育专用资源向教育大资源转变、从提升师生信息技术应用能力向全面提升其信息素养转变、从融合应用向创新发展转变，努力构建“互联网+”条件下的人才培养新模式、发展基于互联网的教育服务新模式、探索信息时代教育治理新模式。

（六）因势利导，全面推进

从“科技大众化”国策引发的“超越对峙”呼声，到中国产业与职业结构转型的“两化融合”与“两性整合”，再到“第四次产业革命”背景下的“中国制造2025”和“互联网+教育”，其发展趋势表明：我国高职课改处于19世纪末发达国家经历的“‘学术性’与‘职业性’整合”阶段，其人才培养目标处于由传统的“专才”向“‘多维度’整合”的“复合型人才”跨越式转变阶段，具备了超越“两极对峙”的现实条件。

目前，缺少“整合”环节是我国高职课改的主要差距，这个差距体现在许多层面，诸如：“‘专业能力’与‘职业核心能力’的整合”仅限于个别院校探索；“‘学术性课程’与‘职业性课程’整合”试验正在起步；其他方面的“整合”未曾顾及；“整合性”课程理论研究相当薄弱等。因势利导地推广第一种“整合”，将第二种“整合”作为高职课改重点，研究与落实其他层面的“整合”，全面推进“整合型”高职课程建设及其理论研究，已属当务之急。

要全面推进“整合型”高职课程建设及其理论研究，就要以《国家中长期教育改革和发展规划纲要 2010—2020 年）》和党的十九大精神为指导，扬欧美传统课程理论之所长而避其所短，发掘其发展趋势中的“两极互渗”理论要素，借鉴包括“辩证课程观”“21 世纪教育基本要求”和“21 世纪学习框架”在内的“整合论”思想资料，以此为基础探索中国特色的高职商科课程建设及其理论研究。

三、中国高职课程建设未来取向

（一）深化“高等职业个体发生机制”研究

深入研究“高等职业个体发生机制”，建构“信息层面”的课程理论，借以弥补传统“知识本位”与“能力本位”课程观之不足，是新时期我国高职课程建设的需要。

1. 区别两类“职业个体”

在高职课程建设中，有必要区分两类“职业个体”，即“发生中的高等职业个体”与“高等职业成体”。前者指以“基础教育”阶段“学力结构”为“原格局”，接受高等职业学历教育的在校生；后者指高等应用型职业岗位中“从生手到专家”的各级在职人员。高等职业学历教育的对象不是“高等职业成体”，而是“发生中的高等职业个体”。高等职业“教育过程”是“发生中的高等职业个体”向“高等职业成体”一系列有序的变化发展过程。就像高等动物个体的“发育过程”不同于其成体组织的“活动过程”一样，“发生中的高等职业个体”的“教育过程”也不同于高等职业成体的“工作过程”。

2. 从“文化信息”层面切入的必要性

布鲁纳的“结构课程改革”和始于皮亚杰的建构主义课程理论已在个体层面，分别将“学科知识结构”和心理发展的“结构—建构”活动置于课程中心地位；21 世纪高职课程建设需要从“文化信息”层面，将发生于教育过程中的“人类职业文化信息传递”置于课程中心地位。

从“文化信息”层面研究“高等职业个体发生”机制，就是研究与“课程觅母”“觅母表达”以及“觅母突变”相关、“纵向为主、纵横交错”的“职业学力”建构规律或法则。

3. 需要导入的概念与原理

（1）关于“课程觅母”。道金斯（Richard Dawkins）在其开山之作《自私的基因》中，比照生物基因，将通过教育过程传递的人类“文化编码结构”称之为“觅母”（meme）。表征“高等职业个体发生”机制时有必要借用这一术语[①]。

我们用“课程觅母”指称以教材为载体、教师为实现课程目标在教学活动中引导学生建构“职业学力”的“职业文化信息编码系统”，这个编码系统凝结着人类职业活动的历史积淀与现实发展各种要素之精华。“发生中的高等职业个体”之“职业学力”建构过程，应理解为“课程觅母”逻辑结构的程序化表达过程。

（2）关于“觅母表达”。在高等职业个体发展中，“觅母表达”起决定作用。所谓“觅母表达”，是指浓缩在教材的“课程觅母”中被编码的“人类高等职业文化信息”，通过教师（相当于

① 在科学发展史上，不同领域（特别是层次相近领域）研究相互借鉴并有所成就的例子屡见不鲜：康德借鉴比较解剖学创立了精神解剖学；皮亚杰借鉴胚胎学创立了“发生认识论”；道金斯借鉴“基因”学说创立了“觅母”学说；如此等等。笔者认为，在“高等职业个体发生机制”研究上，有必要借鉴分子生物学的“基因表达”理论。

职业文化“信使RNA”）备课与授课（相当于职业文化“激活”与“转录”）和学生的学习与训练（相当于职业文化“翻译”），到学生职业胜任力建构（相当于职业文化“蛋白”）的信息流动过程。

比照分子生物学的“中心法则”（Francis H. C. Crick，1958，1970），可以把“高等职业个体发生”中的这种“觅母表达”机制，称为现代教育学的“中心法则”。

（3）关于“觅母表达”的特异性、纽带和关键。“觅母表达”在儿童接受早期教育时就开始了，贯穿于从那时起到高等教育乃至终生教育的始终。在所有阶段，“中心法则”对于文化层面的人类“个体发生”都起决定作用。高等职业个体“职业学力”的建构发生于“觅母表达”的较高级阶段，即“后基础教育”阶段。通过“觅母表达”，课程教材中关于“高等职业活动文化信息”的编码程序，一方面转化为具有时间特异性的“职业学力”结构发展，另一方面转化为具有空间特异性的“职业学力”结构形态。

在这一过程中：个体层面以“同化”“顺应”“平衡”为主要机制的“职业学力”之“结构—建构”活动，是“文化信息”层面连接“课程觅母”与“教学诱导”的纽带；教师对“人类职业文化信息”传递的有组织的“教学诱导”与调控，是学生“职业学力”之“结构—建构”水平发展的关键。

（4）关于“觅母表达”与环境要素的关系。“觅母表达”主导的“高等职业学力”建构，不是在一个自我封闭的系统中进行的，而是在与教育环境要素相互作用的开放系统中进行的。

教育的环境要素包括实体环境与虚拟环境。实体环境又包括内环境与外环境：前者指由课堂、学校及其规章制度、教育技术、设备设施等构成的要素；后者指由家庭、社区、社会（特别是由国家发展战略、现实产业结构与职业结构决定的职业需求，以及体现于国家教育体制、方针、政策、规划与机构中的“教育导向”）和世界（特别是其政治、经济、教育等现实发展态势）构成的要素。虚拟环境指以图书馆和互联网为载体和中介的人类文化信息（特别是与“职业学力”建构相关的职业文化信息）要素。

着眼于“开放系统”，可以将“发生中的高等职业个体”之“职业学力”建构过程，更具体地表述为“以教学活动为中介，受制于内外教育环境要素并与之非线性互动的‘觅母表达’过程”。这个过程决定个体“职业学力”结构的最终形态。

（5）关于“觅母突变”。“课程觅母”在“自我复制”过程中，通过内因（课程与教材设计、师生互动、自主性选择等要素）与外因（各种教育环境要素）的交互作用，会发生结构性改变，包括组成、排序、量的变化与质的“创新”等，这种改变可称之为课程的“觅母突变”。

导入“觅母突变”可以使“高等职业个体发生机制”进一步具体化，即一方面承认“觅母表达”在教育过程中的“中心地位”，从而与过分强调“自我活动”的自然主义、过分强调“从做中学”的经验主义乃至过分强调师生“主观目的”和“行为作用”的激进建构主义划清界限；另一方面承认实践活动（个体与社会的）在教育过程中的“主动性”“否定性”和“创新性”作用，从而同将课程视为一成不变的单纯“知识传承”“社会化”和“心理转录”的保守建构主义划清

界限 [①]。

从本质上看，现代课程论中的保守建构主义和激进建构主义分别立足于人类职业文化的历史积淀和每一代人对职业文化的现实创新：两种观点各有片面性，又各有其合理内核；全盘否定其一，也就否定了其他。

（二）推进“多元整合型”高职课程建设

中国高职课程建设应当把“多元整合”理念作为“基本取向”来定位，具体包括以下取向。

1. 课程类型取向

在课程类型上，应当着眼于“从学校到生涯”，与时俱进地从“觅母库”中有选择地提取“人类职业活动的历史积淀与现实发展各种要素之精华”，扬弃传统课程中“学术性”与“职业性”，“人本主义”与“工具主义”，“道德主义”与“功利主义”等“两极对立”，探索以“课程觅母”建构为信息基础的“多元整合型”课程建设。

扬弃传统课程类型中“学术性”与“职业性”的“两极对立”，就是使传统“学术性”课程“职业化”，使传统“职业性”课程“学术化”。其中：“学术化”要兼顾“科学化”与“技术化”，“核心化”与“专业化”；“职业化”要兼顾“类化”与“群化”，“全球化”与“特色化”。

扬弃传统课程类型中“人本主义”与“工具主义”的“两极对立”，就是使课程兼具“人本属性”与“工具属性”。其中：课程的“人本属性”是指坚持“以人为本”，把全面提高学生的教育水平、文化品位、精神追求和道德修养作为课程的根本；课程的“工具属性”是指把树立学生的“服务意识”作为课程的宗旨。扬弃传统课程类型中的“道德主义”与“功利主义”，就是使课程兼具“道德属性”与“功利属性”。其中：课程的“道德属性”是指把“做人道德”作为课程价值的主导取向；课程的“功利属性”是指把“为社会、为国家、为人民谋利益”作为课程价值的基本取向，把“三个有利于”作为判断课程的最终标准。

2. 课程目标取向

在课程目标上，应当借鉴“21 世纪教育‘基本要求’”，扬弃传统课程中“重认知轻做事”与“重做事轻认知”的“两极对立”，探索以“健全职业人格”为“职业学力”框架、兼顾学生发展后劲的“多元整合型”课程建设。

扬弃传统课程目标中的“两极对立”，就是在兼顾“职业知识”与“职业能力”目标的同时导入“职业道德”目标，借以克服传统课程目标中“重成才轻成人”“重文凭轻人品”的通病，用“健全职业人格”的“职业学力”框架来整合“职业知识”“职业能力”和“职业道德”三大基本内涵，向培养“既会认知，也能做事，更懂做人”的“高端科技‘应用型’‘复合型’和‘技能型’健全职业人”的人才目标转型。

兼顾学生发展后劲，就是兼顾其“职业学力”建构中的“核心层面”“通用层面”和“专业层面”，并用“与职业生涯对接”扬弃狭隘片面的“与工作对接”。

---

① 在面向未来的中国高等教育（包括高等职业教育）课程建设中，需要研究和创建一种更具兼容性的课程基础理论，即承认实践创造性的“觅母表达”课程理论，或承认“人类文化信息传递”中心地位的实践课程理论；以其为基本内涵的课程学科，可称为“觅母课程学”。就像基因生物学是研究基因结构、表达与控制的生物学科一样，“觅母课程学”是研究“觅母”结构设计、表达与控制的课程学科。

3. 课程方法取向

在课程方法上，应当扬弃传统课程模式“学科中心”与“工作中心”，“知识中心”与“活动中心”，“教师中心”与“学生中心”等“两极对立”，探索以“觅母表达”为中心的“多元整合”型课程建设。

扬弃上述“两极对立”，就是将教材、教师与学生组成的“整合系统”作为课程主体，用“觅母表达中心”取代传统课程方法中的诸多“中心”。其中：“课程觅母”（教材）是人类文化传递的信息基础；教师具有“文化信使核糖核酸（RNA）”的地位，其“备课”与“授课”相当于对“课程觅母”的“激活”与“转录”，“教学诱导”（而非“主导”）与“调控”对学生学习水平的提高起关键作用；学生的“学习活动”是连接“课程觅母”与教师“教学诱导”的纽带；“中心法则”在“觅母表达”过程中起决定作用。

4. 课程设计取向

在课程设计上，应当扬弃传统课程“目标模式”（Ralph Taylor）与“‘实践—历程’模式”（Jeseph Schwab，Lawrence Stenhouse）的“两极对立”，探索兼顾“情境模式”（M.Skilbelk，D.Lawton）的“多元整合型”课程建设。

扬弃“目标模式”与“‘实践—过程’模式”中的“两极对立”，就是既承认基于“觅母表达”的传承型课程目标的中心地位，也承认基于教师和学生“问题思维”和“实践活动”（个体的与社会的）等创新型课程目标的“否定性”作用；兼顾“情境模式”，就是兼顾课程设计对诸多“内外情境”要素的“文化选择”。

5. 课程组织取向

课程的组织取向包括“要素组织”取向与“结构组织”取向。

（1）要素组织取向。在课程的“要素组织”上，应当扬弃传统课程中“纵向组织”与“横向组织”，“逻辑顺序”与“心理顺序”，“直线式”与“螺旋式”等“两极对立”，探索立足于“职业个体发生机制”的“多元整合型”课程建设。

扬弃“纵向组织”与“横向组织”的“两极对立”，就是用“纵向为主、横向为辅、纵横交错”的基本原则取代传统“知识本位”课程的“纵向组织”与传统“能力本位”课程的“横向组织”的基本原则；扬弃“逻辑顺序”与“心理顺序”的“两极对立”，就是通过导入“职业个体发生机制”，将两者统一于“觅母表达顺序”中，借以清除传统“学科导向”与“工作导向”课程模式中“两种顺序”的经验主义残余；摒弃“直线式”与“螺旋式”的“两极对立”，就是通过将“道德要素”按照“顺从级、认同级和内化级”，将“核心层面”的“知识要素”与“能力要素”按照“初级、中级和高级”分阶段螺旋式地融入课程中，将“公共基础”“专业基础”和“专业”层面的“知识要素”与“能力要素”在课程中直线式展开，使两者各得其所[①]。

（2）结构组织取向。“结构组织”包括“层次结构组织”与“内容结构组织”。在课程建设中优化这两种“结构组织”，是着眼于日益加速的“知识更新”的挑战。

联合国教科文组织的研究表明：19世纪末到20世纪初，知识更新周期缩短为30年；20世纪

① 就商科课程而言，在中职与高职高专、高职高专与“应用型本科”、“应用型本科”与“专业研究生”等课程之间的呈梯度衔接中，“职业要素”应以螺旋式衔接为主，“学术要素”应分别以“后中等教育层面”“战略层面”和“研究层面”的直线式衔接为主。

六七十年代，一般学科的知识更新周期为5~10年；到了20世纪八九十年代，许多学科的知识更新周期缩短为5年；而进入21世纪，已缩短至2~3年。随着“知识更新”的加速，处于“科学、技术与生产的一体化”趋势中的“技术更新”与“生产更新”也在加速。

统计资料显示，不同层次的知识，其更新周期是不同的：深层知识（哲学和人文层面的知识）更新周期最长；中层知识（基础理论知识）更新周期居中；表层知识（专业知识）更新周期最短。

为从容应对不断加速的“知识更新”“技术更新”和“生产更新”挑战，应当探索使知识“层次结构合理化”“内容结构无限化”的“多元整合型”课程建设，借以克服现行课程中知识“层次结构单一”“内容结构有限”的片面性。

①层次结构合理化。使知识“层次结构合理化”，就是合理配置“深层”“中层”“浅层”[①]知识的层次结构，通过深层知识对中层知识、中层知识对浅层知识的“一般性”“稳定性”和“指导性”作用，赋予课程以应对“知识更新”的必要弹性。

②内容结构无限化。使知识“内容结构无限化”，就是在“授之于鱼”的同时“授之于渔”，通过“学会学习”，即导入关于“学习理论”“学习方法”与“学习策略”等“否定性”学习机制，赋予课程以应对“从学校到生涯”的“知识更新”（“重建自身的一般性”）的无限潜力。

6. 教学途径取向

在教学途径上，应当借鉴认知心理学和建构主义学习理论中的合理内核，克服传统课程模式中各教学环节相互脱节的弊端，探索“原理居先、实务跟进、案例同步、实训到位”的“多元整合型”课程建设。

借鉴认知心理学和建构主义学习理论中的合理内核，就是借鉴J. 安德森“产生式迁移理论”关于“‘产生式规则’的获得必须先经历一个‘陈述性阶段’”、弗拉威尔“认知策略迁移理论”关于“‘反省认知过程’是在新的情境下使用‘认知过程’的前提”、斯皮罗和乔纳森“认知灵活性理论”关于“‘高级学习’以‘初级学习’为前提”等研究成果，将各阶段“程序性知识”教学置于“陈述性知识”教学之后，将“认知策略知识”教学置于“反省认知过程”教学之后，将“结构不良领域知识”教学置于“结构良好领域知识”教学之后，将“实践教学”置于以之为据的“陈述性知识”“程序性知识”和“认知策略知识”教学之后，并在其中融入相应水平的“专业性”“通用性”“核心性”与“道德性”等“职业性”要素，围绕“觅母表达”这个“中心”，进行以“职业知识”“职业能力”和“职业道德”为基本内涵的“职业学力”系列阶段性建构，将“职业学力”最终打造成各类“学习迁移”由以出发的结构中心与枢纽。

7. 教学资源取向

在教学资源上，应当发挥传统资源与互联网资源的各自所长而避其各自之短。“传统教学资源”是指以学校为中心，以“纸质课本＋多媒体演示”及其在局域网中的在线资源为载体的基于课程的资源组织形式；“互联网教学资源”是指以互联网为基础，以信息技术为手段，以跨界融合、平台开放、用户至上、免费为王、体验为核和大数据应用为特征，以移动终端为信息平台的资源组织形式。目前，“传统教学资源与互联网教学资源的融合”处于初级阶段。在这一阶段，两种资源的“融合”，体现在由“纸质课本＋多媒体演示”的传统教学资源，向“以传统纸质教材

---

① “知识浅表化”是网络时代知识传播的一种趋势，克服随之而来的“课程浅表化”“知识浅表化”“学习浅表化”弊端，是“多元整合”课程设计“层次结构取向”应考虑的问题之一。

为基础，以移动终端为教学辅助平台的二维码教材”的转变。“发挥传统教学资源与互联网资源的各自所长”，就是通过“两种资源的整合”，既发挥“传统教学资源”知识的系统性、稳定性和学习的整体性、深度性，又发挥“二维码教学资源”知识的开放性、时效性和学习的灵活性、自主性；“避其所短”，就是既避免“传统教学资源”知识的封闭性、相对陈旧性和学习的固定性，又避免“二维码教学资源”的知识碎片性和学习浅表性。

8. 教学方法取向

在教学方法上，应当着眼每种方法的特定适用性，探索将各种方法“兼收并蓄”的“多元整合型”课程建设。将各种教学方法“兼收并蓄”，就是将“学导教学法”“互动教学法”“案例教学法”“讨论教学法”和“项目教学法”等诸多教学方法，有针对性地运用于相应教学环节，使其相辅相成、相得益彰，借以克服教学“重鱼”“轻渔”，教师“一言堂”“满堂灌”和学生“轻交流”“少体验”等传统教学方法的弊端。

9. 训练与考核取向

在训练与考核上，应当扬弃传统课程模式中的各种片面性，探索“融多种训练与考核方式于一体”的“多元整合型”课程建设。“融多种训练与考核方式于一体”，就是在实施“教学途径取向”各环节的训练时，融“传承型训练与考核”和“创新型训练与考核”，“过程性训练与考核”和“成果性训练与考核”于一体。

（三）概括性表述

一位伟人说过：“把抽象的观念生硬地应用于现实，就是破坏了现实。”在世界教育领域，历史上的“抽象观念”，部分是“分化现实”的反映，部分是“认识局限性”的反映。

就前者而言，“知识本位”与“能力本位”两种“抽象观念”，是工业时代和后工业时代早期“脑力劳动”与“体力劳动”社会分工“两极对立”的反映。在这个可以称之为“分化的现实”的历史阶段，人们在“理论的态度”中一面提炼出反映“脑力劳动”的“学术性结晶”，一面提炼出反映“体力劳动”的“职业性结晶”；在“实践的态度”中分别实施了“知识本位”与“能力本位”教育。两种做法因受制于那个时代产业结构与职业结构的“分化的现实”，皆属“历史性”无奈。

就后者而言，无论是“知识本位”与“能力本位”教育之理论与哲学基础局限性，还是体现于其课程类型、课程目标、课程方法、课程设计、课程组织、教学途径、教学方法等诸多传统观念的对立，都带有人类认识发展的阶段性烙印，皆属“认识性”无奈。

在今日中国，随着经济全球化、产业结构“两化融合”、职业结构“两性整合”和“‘科学、技术与生产’一体化”纷至沓来，“脑力劳动”与“体力劳动”已由传统的“两极对立”转化为“两极互渗”和“两极相通”；“现实”正在由“分化的现实”转化为“联系的现实”。

在今日世界，以数字化、网络化、信息化为标志的信息革命已为人类认识“从抽象上升到具体”提供了方便、及时的信息共享平台，条件性“无知”再不能被用做“充足理由”。

在这种情况下，如果在“理论的态度”中仍止步于各种“分离的观念”之“两极对立”，在“实践的态度”中仍把这些“分离的观念”生硬地应用于“联系的、具体的现实”，就是破坏了现实。

从哲学层面概括以上阐述，可以将“中国高职课程建设未来取向”简要地表述为：在“理论的态度”中，深入探索、研究与建构“反映联系的、具体的现实”之课程改革的各种“具体观念”；在“实践的态度”中，能动地将其运用于高职教育“联系的、具体的现实”，以贯彻落实国家新时期发展战略，顺应并助推中国产业结构与职业结构转型，服务中华民族伟大复兴。

许景行

2019年1月

第三版前言

开启营销
新视界

“营销是企业的生命，策划是营销的灵魂”。市场营销策划课程作为市场营销专业及其相关课程的升华和延伸，一直倍受广大师生的关注。在营销策划类课程配套教材建设中，或偏重于创意，或偏重于实践，或偏重于前沿与现实的结合，流派纷呈，百花齐放。这为市场营销专业的发展提供了丰厚的土壤。

习近平总书记在党的十九大报告中明确指出：“中国特色社会主义进入新时代，我国社会主要矛盾已经转化为人民日益增长的美好生活需要和不平衡不充分的发展之间的矛盾。”这要求市场营销策划要紧紧围绕如何满足人民日益增长的美好生活需要这一目标开展工作，这也为市场营销策划教材的编写提出了新要求。市场营销技术随着互联网，尤其是移动互联网技术的发展和应用，出现了日新月异的新变化，现有的市场营销策划理论和方式同时面临着机遇和挑战。

在社会环境、营销技术变化的时代背景下，原有的市场营销策划教材需要重新进行梳理和修订。笔者以及所带领的教学团队认真研究了近几年市场营销策划的新动态，结合多年的从教经历，在把握学生认知规律并结合营销发展动态的基础上，在保留第二版教材精髓的基础上进行了重塑，新增了“新媒体营销策划”章节，删减、合并了上一版部分章节，力求实现循序渐进、重点突出、学以致用的编写宗旨。总体来讲，修订后的第三版教材具有如下特色：

1. 结构体系更加符合项目化教学的要求

本书按照企业营销策划的实际工作过程展开，共有七个项目，分别是：走进营销策划、市场调研策划、市场细分与市场定位策划、产品策划、促销与价格策划、分销渠道策划以及新媒体营销策划。

2. 教学内容学以致用，可读性强

修订后的教材本着“理论、实务、案例、实训”四位一体的整合观点，既向学生提供必要的市场营销策划基础知识，又着重于传授市场营销策划的方法、技巧及应用。本教材不拘泥于理论的空洞说教，不仅有大量鲜活的案例，由实例引出理论；又力求做到理论与应用并重，材料与论点新颖，语言文字通俗易懂，注重内容的科学性、创新性、职业性和可操作性。

3. 修订内容与时俱进

在案例选择上，本书尽可能选取近 3 年特别具有行业代表性的典型案例；在决策设计、道德研判、职业道德等环节，结合当前营销策划的热点问题进行了精心设计，力求最大程度地体现教材的时代性。

4. 结合时代发展，注重教材的适用性

市场营销策划走过了“点子时代”、广告时代等片面发展的阶段，在今天的移动互联时代，正在向响应的快速性、手段的综合性、实施的娱乐性等方面延伸和演化。为此，我们专门设立了新媒体营销策划章节，并在其他章节案例的选择上，突出移动互联的特征，力求满足技术变化对本课程的新要求。

5. 注重信息技术的应用，方便教师讲授与学生学习

修订后的教材添加了与纸质教材教学内容互补、数量适当的优质二维码教学资源，供学习者随扫随学，实现“线上线下”教学资源相对接，打造与数字资源媒介能够有效深度融合的新形态一体化教材。

6. 注重课程思政

本次修订，在知识内容、案例选取、实训设计等环节，将社会主义核心价值观与企业伦理等内容融入教材中，力求培养德、智、体、美、劳全面发展的社会主义建设者和接班人。

本教材根据高教社特约总策划许景行教授提供的“‘多元整合一体化’I 型”教材体系设计编写，由河南经贸职业学院王丽丽教授担任主编，李为、黄志勇担任副主编，尹璐也参与了编写。其中，王丽丽修订编写提纲，并对项目一、项目五进行了修订，李为修订了项目二和项目 六，黄志勇修订了项目三和项目四，尹璐编写了项目七。全书最后由王丽丽整合、统稿。

在教材编写和修订过程中，得到了高等教育出版社贾若曦等编辑人员的指导与帮助，在此深表谢意。同时，对引用、参考的相关资料、书籍的作者一并表示诚挚的谢意。

由于编者水平有限，书中难免存在疏漏与不足，恳请专家、学者、同仁批评指正。

王丽丽

河南经贸职业学院

2019 年 10 月

目录

项目一 走进营销策划

01

+01

学习→目标

通过本章学习，应该达到以下目标：

- 理论目标：学习和把握策划与市场营销策划的概念、市场营销策划的要素、市场营销策划的分类等陈述性知识，并能用其指导市场营销策划的相关认知活动。
- 实务目标：学习和把握市场营销策划的具体原则、市场营销策划的程序与结构和“业务链接”等程序性知识，并能用其规范市场营销策划书撰写的相关技能活动。
- 案例目标：运用市场营销策划的理论与实务知识研究相关案例，培养和提高在特定业务情境中分析问题和决策设计的能力。
- 实训目标：参加“市场营销策划书撰写”业务胜任力的实践，在了解和把握本实训所涉及“能力与道德领域”相关技能点的“规范与标准”的基础上，通过“市场营销策划书撰写”中系列技能操作的实施，《××企业市场营销策划书实训报告》的撰写、讨论与交流，培养“市场营销策划”的专业能力，相关选项的职业核心能力（中级），并通过相关选项的职业道德（认同级）教育，促进健全职业人格的塑造。

■ 思维导图

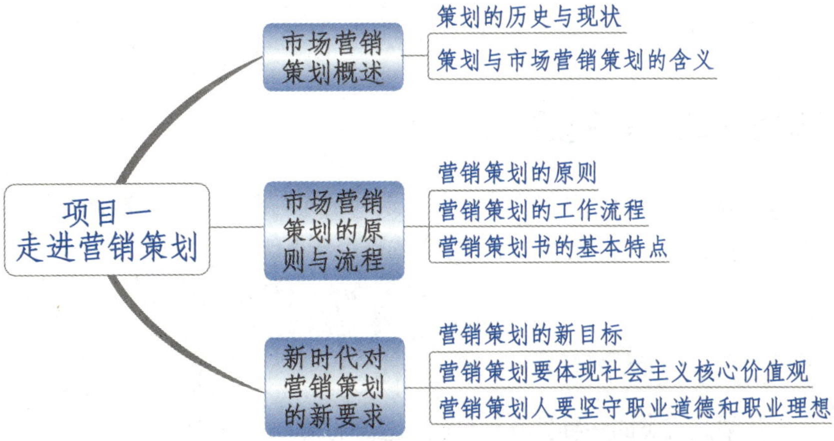

▶ 引例

新时代故宫文创的营销策划

中国特色社会主义进入新时代，我国社会主要矛盾已经转化为人民日益增长的美好生活需要和不平衡不充分的发展之间的矛盾。600 岁的故宫，把握住新时代脉搏，推出了众多文化创意产品，其中不少产品还成为网红。皇帝的朱批、皇后的饰品、名家的画作，都以书签、文化衫、笔记本等文创产品形式飞入寻常百姓家。可以说，故宫文创是新时代营销策划的典范。

这几年，借助互联网，画风突变的故宫，让所有人眼前一亮，也让故宫成为国内文创界，不折不扣的最大 IP。为什么故宫掏光了网友们的钱包，还让网友为之疯狂“打 call”呢?

其原因主要有两点：一是故宫把握住时代脉搏和社会环境的变化。创意用新形式，新面孔，让历史不仅存在于故纸堆里，还可以活跃在年轻人的眼前和心里。二是用新时代新的营销手段，让消费者乐于接受。故宫文创的营销策划在传达这样一个概念：我们卖的不是产品，我们卖的是文化。放下架子，才能让沉睡的文物活起来，用活泼的、现代的方式去重新发现传统，传承文化，这是游刃有余的自信，也是对历史和文化的尊重。

故宫文创用年轻的产品讲好古老的文化

新时代、新群体、新策略，营销策划正在经历着深刻的变化与发展。营销策划既继承了传统的 STP、4Ps 理论，同时，借助于“互联网 +”、新媒体等新技术媒介，对营销策略进行着创新和发展。

故宫文创借势传统文化，真真切切地让消费者体会到营销策划的力量，通过营销策略的合理运用，准确地把握和影响了消费人群的心理需求，形成了巨大的社会影响力。本章将系统地阐述市场营销策划的涵义、原则、流程以及新时代对营销策划的新要求。

▶ 1.1 市场营销策划概述

名家名著：菲利普·科特勒与《营销管理》

随着市场竞争的加剧，市场营销策划已成为营销管理的核心。在学习市场营销策划内容之初，我们需要先了解策划的历史与现状。

▶ 1.1.1 策划的历史与现状

策划是人类的一种具有优势性的思维特质。它是针对未来和未来发展所做的当前决策，能有效地预测和指导未来工作的开展，并取得良好的成效。因而，策划是科学决策的前提，也是实现预期目标、提高工作效率与效益的重要保证。

“策划”在中国有悠久的历史。策划者，古代称之为军师、策士、谋士，今日称之为企划设计师、策划师。“策划”作为一个独立的行业和产业，它是知识经济时代的精神产品和智慧之果。

1. 策划的历史

“策”字在古书中有的写“策”，有的写“筴”，在《辞海》中有多种解释。一是当名词用，指古代的一种马鞭，这种马鞭头上有尖刺。二是当动词用，鞭打，如“策马”“策动”，就是用鞭子打马的意思。三指古代用竹片或木片记事著书，成编的叫简，如“简策”或“策书”。四指古代考试的一种文体，即对策、策论，类似于现在的议论文。五指计谋，诸如决策、献策、下策、束手无策等。

“划”字一般有四层含义。一是指用刀或尖锐的东西把物件分开或从物件上面擦过，如划玻璃、划火柴等。二是用桨拨水前进；三是按利益情况计较相宜或不相宜，如划得来、划不来；四是设计、计划，即工作计划、筹划、谋划。

从中国古代“策”与“划”这两个字分开看，已经有今天“策划”的内涵了。“策划”一词连用，在古代有谋划、筹划、策略、计划、计策、对策等意思。

策划起源于中国。在中国古代，策划集中于政治、军事和外交活动之中，其目的是为政治、军事、外交服务的。今天的策划主要是为经济服务的。中国古代的文明史，就是一部策划史。

古代策划家创造的许多策划案例都是围绕着巩固政权进行的。例如，商鞅变法、吴起变法、王安石变法等。古代的变法本身是一种观念更替，也可以视为一种权力的更替过程，风险大，只有进行事前周密的策划才能提出具体的方案，并保证目标的实现。

“策划”一词，有人认为最早出现在《后汉书·隗嚣公孙述列传》中，还有一说是出自《文选·晋纪总论》中。但是，由于缺乏系统的总结和提炼，中国古代的策划思想没有形成科学的体系。在中国古代典籍中，如《尚书》《淮南子》《史记》《汉书》《资治通鉴》《太平广记》等，对策划人物、策划案例和策划思想都有精彩的记载，它们往往体现在一些重大政治事件、军事活动、外交活动之中，并不独立成章。尽管经历了时空转换，策划的服务对象、运用原则已经大不相同，但究其本质还是相同的。

2. 策划的现状

策划在中国的发展历史悠久，学者们已将“策划”一词考证到战国时代，策划作为一种行为，已有两千多年的历史，作为一个行业，是从中国改革开放以后才有的，时间非常短暂。

在我国，人们常常把策划与咨询相提并论。事实上，二者并不完全相同。世界著名的咨询机构，如美国兰德公司等，主要从事企业战略方面的咨询；美国麦肯锡公司主要从事企业战略和管理方面的业务。而具有中国特色的策划除包括战略、管理的层面以外，更是向营销策划、广告策划、公关策划、形象策划、品牌策划延伸，并已经扩大到突发事件的危机处理以及各个行业的多层面策划。与咨询业相比较，策划涵盖面更宽，运用行业更广，更具有中国特色。其中，市场营销策划是企业策划的一项主体工作，对企业的业绩提升、形象定位具有十分重要的意义。

客观上看，市场营销策划是中国改革开放后市场经济的产物。市场营销策划的发展经历了萌芽、形成、传统发展、多样化发展和新时代新发展五个阶段，参见表 1-1。

表1-1 市场营销策划发展阶段

阶段	时间	背景	主要特点
萌芽阶段	20世纪70年代末至80年代末	1978年党的十一届三中全会后，中国从传统的自然经济走向开放的市场经济	市场商品供不应求，营销策划以产品策划为主，不注重顾客的需求和愿望，没有意识到分销、促销等策划工作的相互配合
形成阶段	20世纪90年代初至90年代末	1992年邓小平“南方谈话”后，出现了一批“策划人”，通过到企业开展培训，或是出谋划策，依靠“点子”受到企业的广泛关注	市场商品丰富，营销策划的重点转向促销策划，企业制订激励体制，鼓励销售，能够运用广告战、价格战来刺激消费者需求，仍未能考虑消费者的意愿和满意度
传统发展阶段	进入21世纪后	改革开放20年之后，中国的经济发展逐步与世界经济接轨，各级单位纷纷设立自己的策划机构	经济发展带来消费者需求上的转变，大众化商品得不到消费者的认可，营销策划的重点转向分析消费者心理和行为特征，进行市场细分，通过设计产品、定价、分销和促销组合手段，满足消费者的需求和欲望
多样化发展阶段	2010年后移动互联时代	互联尤其是移动互联时代，传统权威媒体地位削弱；社会文化变得更为轻松和以人为本	互联网一度使电商成为主流，但是随着线上线下资源的重构，营销策划呈现出融合与多样化的特征。更为宽松和以人为本的时代变化，使得传统营销策划的模式成为“经典”，新媒体营销、娱乐营销、事件营销、体验营销等模式正强烈地改变着营销策划的思维
新时代新发展阶段	2017年至今	十九大新时代新矛盾的科学论断；“互联网+”“新媒体”等新技术方式不断涌现	新时代新矛盾，要求营销策划更加注重人民对美好生活的向往；移动互联时代人人皆媒体的特征，要求营销策划的内容和实施手段不断创新

▶ 1.1.2 策划与市场营销策划的含义

市场营销策划含义和发展

1. 策划的含义

策划是指为了实现特定的目标，针对存在的问题提出的解决对策，通过制定具体可行的方案，达到预期效果的一种综合性创新活动。策划最大的特点是通过创造性的思维整合，聚集资源，以扩大资源的占有、使用和效能为目的。

因此，策划必须具有前瞻性。策划人员要对未来一段时间内即将发生的事情做出判断，找出事物的主客观条件和因果关系，制定出可选择的对策，作为当前决策的依据。即策划是事先决定做什么，如何做，何时做，由谁来做的系统方案。

2. 市场营销策划的含义

市场营销策划是策划的一个分支。我国港、澳、台地区称之为营销企划，在日本称之为企划。**市场营销策划**是指企业为实现某一营销目标或解决营销活动的问题，在对内外部环境全面分析的基础上，有效地调动企业的各种资源，对一定时间内的营销活动进行创新策略设计。它主要包括市场营销目标、市场机会分析、市场定位策划、营销战略及策略等内容。

简单地说，市场营销策划就是在市场营销活动中，为某一企业、某一商品或某一活动所做出的策略谋划和设计。市场营销策划基本的内涵应该包括三个方面的内容：其一，营销策划的对象可以是某一个企业整体，也可以是某一种（项）商品和服务，还可以是一次活动。其二，营销策划需要设计和采用一系列计谋，并做出精心的安排，以保证一系列的计谋运用成功。其三，对未来所做之事的创造性设计，它虽与规划、计划有相似之处，但并不相同，关键的区别点在于策划的创新。一般是先策划，提出创意，再有规划和计划。策划与计划的具体区别参见表1-2。

表1-2 策划与计划的区别

项目	内容	范围	作用	创新性	开放性	灵活性	挑战性
策划	做什么	无限制	掌握原则与方向	必须有	较大	较大	较大
计划	怎么做	有限制	处理程序与细节	不一定	较小	较小	较小

▶【教学互动1-1】

互动问题：

保健品公司让营销人员推销公司的保健品。营销人员便安排一次健康讲座，以派发礼品的方式，吸引老年人来参加。在会场上，公司找了一个所谓的健康专家，介绍养生经验，并隆重介绍公司保健品的功效。介绍完以后，公司的业务员又对老年人进行详细的产品和功效介绍，推出了力度很大的所谓"限时促销"，还找了很多"托"配合"限时促销活动"。一时间，公司的保健品呈现出火爆销售的场面，保健品公司着实大赚了一把。可是，等到这些老年人买回去以后，发现功效并没有宣传的那样神奇。

请问，这是不是一次成功的营销策划活动呢？

教学互动1-1

示范案例

要求：

（1）教师不直接提供上述问题的答案，而是引导学生结合本节教学内容，就这些问题进行独立思考，自由发表见解，组织课堂讨论。

（2）教师把握好讨论节奏，对学生提出的典型见解进行点评。

3. 市场营销策划的要素

（1）目标性。市场营销策划是围绕解决企业的某一问题、达成某一目标而进行的活动，因此，它具有较强的方向性和目的性。制定策划目标时，一要明确目标的焦点，使之明确化、具体化、数量化；二要对长期目标进行分解，制定出阶段性的短期目标，并保持各阶段短期目标之间的持续性和协调性；三是目标的价值性，即营销策划确定的目标对企业的管理人员和员工是有意义、有价值的，与他们的切身利益息息相关，以获得他们的认可、支持和配合，充分调动他们的积极性。

（2）创意性。创意是与众不同、新奇而富有魅力的构思和设想，营销策划的关键是创意，即创意是策划的核心和灵魂。因此，创意是营销策划的第一要素。

在企业营销策划实践中，创意并不是高深莫测、难以捕捉的。营销策划人员的创意主要来自于三个方面：一是营销策划经验的积累，只有长期地积累有关事物的信息并重视对其中重要信息的加工，才有灵感的爆发、火花的闪现和创意的获得；二是思路开阔，能够充分发挥自己的想象力和创造力，立意具有一定的高度，并且视角独特；三是思维方式独特，能够出新、出奇。营销策划人员必须打破常规思维习惯、思维定式，采用一定条件下的逆向思维、立体思维、发散思维、交叉思维，谋取营销策划的成功。

（3）可行性。营销策划不仅要有明确的目标、新颖的创意，还要具有很强的可操作性，在企业能够实施，易于实施。具体分析，一是指在企业现有的人、财、物等有形资源和信息、商誉、品牌等无形资源与条件下具有可实现性；二是指考虑到外部环境的制约及与外部环境的冲突，切实可行；三是指有具体的、清晰的行动方案，使策划的参与者能懂得游戏规则，遵循游戏规则。

4. 市场营销策划学科的研究对象与前提条件

市场营销策划是一门涉及多种学科的综合性应用科学，其研究对象是市场营销策划过程中的市场进入障碍分析、营销资源的配置、营销创意、营销理念设计和制定市场营销策划方案等的基本方法、技巧及其一般规律。

市场营销策划的前提条件，一是设立企业的营销目标，即企业欲达到的理想目标；二是要研究企业所处的营销环境和营销状况。

▶ 1.2 市场营销策划的原则与流程

市场营销策划不仅是当代企业在迅速变化的市场环境和日趋激烈的竞争中求生存、求发展的管理利器，而且已逐渐成为新一代人的一种核心思维方式，被视为市场竞争取胜的法宝和企业经营活动的高招，在社会经济生活各个方面得到广泛应用。

▶ 1.2.1 营销策划的原则

1. 创新原则

作为企业营销活动的核心工作，市场营销策划是一个创造性的思维活动过程，它不仅是一门科学，同时还是一门精湛的艺术，需要丰富的实战经验和对工作的深刻感悟，以创造性的新思路、新创意、新策划取胜。如果营销策划依靠鹦鹉学舌的方法，照搬、模仿、抄袭别人固有的模式，就无法实现真正意义上的策划。

《孙子兵法》中的“兵无常势，水无常形”道出了营销策划的精髓。营销策划者应运用创造性的思维，善于依据客观变化了的条件来努力创新，不能因循守旧，抱残守缺。即使是他人已经获得成功的模式，也不能生搬硬套。实现营销策划的目标，必须不断地创造新的方法，别具一格，与众不同，从而能够吸引人、打动人，取得既定的成效。

策划的核心内容是要求策划的创意语言新、表现手法新，给人以全新的创意。创意语言新，是指要注意从生活中提炼警句、名言，使广告词既幽默又有哲理性，富含人情味。表现手法新，是指要有新的艺术构思、格调和形式。例如，从传播的角度来讲，创新性的“概念”设计，只有通俗易懂才能最大限度地降低传播成本，在众多的传播媒体中引起关注，形成和消费者真正意义上的深层次沟通。

2. 系统原则

企业营销策划是一个系统工程，其系统性具体表现为两点：一是营销策划工作是企业全部经营活动的一部分，营销策划工作的完成有赖于企业其他部门的支持和合作，如产品质量、产品款式、货款收回等，就分别需要生产部门、设计部门、财务部门的配合。二是进行营销策划时要系统地分析诸多因素的影响，如宏观环境因素、竞争情况、消费需求、本企业产品及市场情况等，将这些因素中有利的一面最大限度地综合利用起来，为企业营销策划服务。

坚持系统原则，就是要把市场营销策划作为一个整体来考察，对整体与部分之间的相互依赖、相互制约的关系，进行系统综合分析，选择最优方案，以实现企业追求的目标。

开展市场营销策划工作，必须强调市场营销策划活动的整体性、全局性和效益性。如果企业只是依靠一两个灵光突现的点子，没有系统的配套措施，对企业的发展是有害无益的。只有把企业系统作为一个有机整体，才能通过市场营销策划工作，实现整体大于部分之和的目的，发挥各要素简单相加实现不了的功能和作用。这就要求对系统中各个部分的策略做统筹安排，并且要与外部环境协调起来，例如，做好资源整合、整体最佳组合等工作，确定最优目标。

所以，市场营销策划并不是单纯的广告或销售活动，它是一项系统工程。营销策划的每个组成部分都需要有机地配合，充分发挥作用，任何一个部分都不可缺少或削弱。否则，营销策划难以获得成功。

▶【同步案例 1-1】

影视剧中的植入广告

“植入式广告”是随着电影、电视、游戏的发展而兴起的一种广告形式。2017 年一部国产热门剧《人民的名义》刷遍整个朋友圈，豆瓣评分高达 8.6 分。《人民的名义》随着剧情、场景的不同，植入了各种品牌，给剧情起到了推波助澜的效果。对观众而言，颇有“润物细无声”的功效。下面我们一起简单地看一下剧中的植入广告吧。

一是茅台。众所周知，送礼是一门学问。蔡成功给侯亮平送礼，一言不发，把整箱贵州茅台酒端过来，“贵州茅台酒”醒目的 logo 一览无余。二是讯飞输入法。剧中不少用手机场景，万万没想到有款 App 顺势植入。随着剧情进入白热化，手机信息发送的镜头不时出现，这时一个品牌——讯飞输入法，顺势占满了整个屏幕。如此高效的“沟通表达”几乎让每个人都记忆深刻。三是大家熟知的特仑苏、安慕希。在大风厂风波之后，达康书记到厂里鼓励职工开设新厂。庆典画面出现了两抹熟悉的影子：安慕希、特仑苏。品牌与剧情的契合度很高，在观众脑海中的印象逐步加深。

问题：如何看待植入广告？

分析提示：“植入式广告”是随着电影、电视、游戏等的发展而兴起的一种广告形式，它是指在综艺、影视剧情、游戏中刻意插入商家的产品或表示，以达到潜移默化的宣传效果。由于受众一般对广告有天生的抵触心理，把商品融入这些娱乐方式的做法往往比硬性推销的效果好得多。

植入广告的形式很多，从最常见的赞助、冠名等形式，发展到今天的产品植入、台词植入、剧情植入、场景植入等多种形式。

3. 人本原则

人本原则是指营销策划以人力资源为本，通过发掘人的积极性和创造性，为企业策划提供动力与保障。其中，人力资源既包括企业内部的管理者与员工，也包括广大的消费者。既要调动与激发企业内部人员的积极性和创造性，也要企业行为与消费者的利益有机地结合，体现“以消费者为中心”的思想；还要保障企业发展与社会发展相协调，维护环境生态的平衡，保持社会的可持续发展。

4. 效益原则

效益原则是指在市场营销策划活动中，要以成本控制为核心，获取企业行为与策划行为两方面的经济效益与社会效益。

市场营销策划的终极目标是通过策划活动，取得良好的效益，包括经济效益和社会效益。企业之所以开展市场营销策划活动，均是有特定目的的，无论是要降低成本，还是要提高市场占有率，或者是为了树立良好的企业形象，无一不是为了达到提高效益的目的。

▶【同步业务 1-1】

传统大型零售企业的春节促销活动策划

近几年来，随着电子商务的蓬勃发展，电商企业大行其道，传统大型零售企业在传统节日如春节来临之时，促销活动策划需要在创新基础上，依靠电商企业全方位的配合。

业务分析：春节促销活动策划需要结合我国传统的民风民俗，选择一种方法或多种方法并用，烘托出节日的喜庆氛围，刺激消费者的购买欲望，促使其采取购买行动。

业务程序：明确策划的主题；遴选创意；列出春节促销活动参与的部门及其负责人；列出参与部门的工作职责；列出参与部门的工作完成标准；对各部门的准备工作进行验收。

▶ 1.2.2 营销策划的工作流程

市场营销策划的工作流程包括以下步骤。

1. 界定问题

企业开展营销策划工作过程中，往往面对一大堆发展中的问题，这就需要先对存在的诸多问题进行界定，通过简化把主要的、而且是重要的问题凸显出来，最终确定企业必须要解决的首要问题与主要问题。

2. 市场调研

市场调研是营销策划工作的基础。其目的在于了解企业的营销环境，为企业的营销策划提供真实可靠的信息。这既包括企业外部环境的调研，也包括企业内部环境的调研，其主要内容有市场形势、产品情况、竞争形势、分销情况、宏观环境等。

3. SWOT 分析

一个好的营销策划必须在市场调查的基础上对市场、竞争对手、行业动态有一个较为客观的分析，主要包括以下三方面内容，即机会与风险的分析、优势与弱点分析、结果总结。分析情况是一次去粗取精、去伪存真的过程，是营销策划的前奏。

4. 市场细分

消费者需求是多样化的，这就决定了，大多数的市场需求具有差异化。企业很难以一种产品、一种营销策略去满足所有市场的需求。这就决定了企业在确定目标市场之前，通常要进行市场细分。

5. 选择目标市场

在明确了消费者需求的差异，进行了有效的市场细分之后，我们就可以通过竞争程度、市场潜力、技术的可实现性等标准对各个细分市场进行评价。在评价的基础上，企业可以结合自身的实力和营销目标，精准地选择目标市场。

6. 市场定位策划

营销策划一个很重要的目标是要让消费者感受到企业、产品和品牌等营销要素的差异。这种在消费者心目中形成独特的印象和感觉的过程，就是市场定位策划的工作。

7. 产品、价格、渠道和促销策划（4P 策划）

在进行了有效的 STP 策划之后，企业的营销策划工作就有了明确的目标。如何满足目标市场的需求，形成独特的、具有差异化的品牌定位，就需要后续的 4P 策划来实现了。

8. 实施控制和应急措施

在这一阶段，营销策划人员要把目标、任务和预算按月或季度分开，加以实施。应急措施可以事先充分考虑到可能出现的各种困难，防患于未然，列举出最有可能发生的某些不利情况，并指出有关部门、人员应当采取的对策。

9. 撰写文案

将营销策划的最终成果整理成书面材料，即营销策划书。其主体部分包括现状或背景介绍、调研分析、STP 策划、4P 策划、效益预测、控制和应急措施等内容。

市场营销策划的流程与内容

10. 实施总结

营销策划在实施过程中，需要做好组织、指挥、控制与协调活动，以便实现企业的预期目标，及时将工作过程进行总结分析，以便今后营销策划工作质量的提高。

▶【同步业务 1-2】

A 公司新品冰激凌如何转换颓势

A 食品公司是做冷饮的小公司，几年来，公司的产品成本居高不下，品种杂乱，没有拳头产品，而且产品没有健全的销售渠道，公司正陷入绝境。

在消费旺季即将到来之际，请你为 A 公司新品冰激凌的营销策划提出建议。

业务分析：冰激凌是个小产品，却拥有一个大市场，竞争较为激烈，市场已经被几大巨头如和路雪、雀巢、伊利、蒙牛等分割把持，剩下的小品牌寥寥可数，在夹缝中求生存。作为市场的新进入者，必须与同类产品有所区别，据此确定产品的市场进入方法。

业务程序：首先参照本节内容，将营销策划的各个步骤逐一进行分析，在对市场、企业和竞争环境进行综合考虑的基础上，有针对性地进行营销战略和营销组合的设计，制定出相应的营销策划方案。

▶【同步实训 1-1】

小天才电话手表的营销策划

手机、电子手表等行业竞争激烈。但是，在儿童电子手表行业中却有个成功的典范，这就是“小天才儿童电子手表”。其牢牢占据了儿童手表市场销量和口碑的头把交椅。2018 春节过后，“小天才”率先发力，推出全新的电话手表 Z2。独具八重定位功能，支持 GPS、GLONASS、北斗、基站、Wi-Fi、加速度传感器、A-GPS（Assisted GPS）、室内定位，适应更复杂的环境，快速准确定位。

能打电话、能定位、简单的社交体验，童趣的外观，为“小天才”赢得了一席之地。

问题：从营销策划的角度分析，为什么“小天才电话手表”取得巨大的成功？

分析提示：小天才电话手表的成功得益于其严谨的营销策划工作过程。小天才电话手表的热销经历了详细的市场调研、精准的 STP 策划，以及满足消费者的产品策划、渠道策划、促销策划和价格策划。

▶ 1.2.3 营销策划书的基本特点

成功的营销策划书具有六大特点，包括：①粗略过目就能了解策划的大致内容；②使用浅显易懂的语言，充分体现对方的利益和要求；③与同类策划书相比，展现的内容有相当明显的差异性与优越性；④图文并茂，加强策划书的表现效果；⑤全文条理清晰，逻辑分明，令阅读者看完策划书后，能够按照策划书的内容有计划、有步骤地执行下去；⑥能够充分体现企业的勃勃生机和企业的基本特征。

1. 营销策划书撰写的原则

营销策划书：随蜂而行

为了提高营销策划书撰写的准确性与科学性，应该首先把握其编制的几个主要原则：

（1）逻辑思维原则。策划的目的在于解决企业营销中的问题，应按照逻辑性思维的结构来编制策划书。

（2）简洁朴实原则。要注意突出重点，抓住企业营销中所要解决的核心问题，深入分析，提高可行性，针对性强，具有实际操作指导意义。

（3）可操作原则。编制的策划书是要用于指导营销活动，其指导性涉及营销活动中的每个人的工作及各环节关系的处理。因此，其可操作性非常重要。

（4）创意新颖原则。要求策划的创意新、内容新、表现手法新，给人以全新的感受。新颖的创意是策划书的核心。

2. 营销策划书的结构与内容

策划书没有一成不变的格式，它依据产品或营销活动的不同要求，在策划的内容与编制格式上也有变化。但是，从营销策划活动一般规律来看，其中有些要素是共同的。营销策划书的基本结构可分为以下十项。

（1）封面。策划书的封面可提供以下信息：策划书的名称；被策划的客户；策划机构或策划人的名称；策划完成日期及策划适用时间段；编号。

（2）前言。前言或序言是策划书正式内容前的情况说明部分，内容应简明扼要，最多不要超过 500 字，让人一目了然。其内容主要是接受委托的情况、本次策划的重要性与必要性、策划的概况，即策划的过程及达到的目的。

（3）目录。目录的内容也是策划书的重要部分。封面引人注目，前言使人开始感兴趣，那么，目录就务必让人读后了解策划的全貌。目录具有与标题相同的作用，同时也应使阅读者能方便地查寻营销策划书的内容。

（4）概要提示。阅读者应能够通过概要提示大致理解策划内容的要点。概要提示的撰写同样要求简明扼要，篇幅不能过长，一般控制在一页纸内。另外，概要提示不是简单地把策划内容予以列举，而是要单独成一个系统，因此，其遣词造句等都要仔细斟酌，要呈现一滴水见大海的效果。

（5）正文。正文是营销策划书中最重要的部分，具体包括以下几方面内容：

营销策划的目的。营销策划目的部分主要是对营销策划所要实现的目标进行全面描述，它是营销策划活动的原因和动力。

市场状况分析。包括宏观环境分析、产品分析、竞争者分析、消费者分析，以上市场状况的分析是在市场调研取得第一手资料的基础上进行的。

市场机会与问题分析。营销方案是对市场机会的把握和策略的运用，因此分析市场机会就成了营销策划的关键。只要找准了市场机会，策划就成功了一半。主要包括营销现状分析，即对企业产品的现行营销状况进行具体分析，找出营销中存在的具体问题点，并深入分析其原因；市场机会分析，根据前面提出的问题，分析企业及产品在市场中的机会点，为营销方案的出台做准备。

确定具体营销方案。针对营销中问题点和机会点的分析，提出达到营销目标的具体营销方案。营销方案主要由市场定位和4P组合两部分组成，具体体现两个主要问题：一是本产品的市场定位是什么，二是本产品的4P组合具体是怎样的，具体的产品方案、价格方案、分销方案和促销方案是怎样的。

（6）预算。这一部分记载的是整个营销方案推进过程中的费用投入，包括营销过程中的总费用、阶段费用、项目费用等，其原则是以较少投入获得最优效果。用列表的方法标出营销费用也是经常被运用的，其优点是醒目易读。

（7）进度表。把策划活动起止全部过程拟成时间表，具体到何日何时要做什么都标注清楚，作为控制与检查的依据。进度表应尽量简化，在一张纸上拟出。

（8）人员分配及场地。此项内容应说明具体营销策划活动中，各个人员负责的具体事项及所需物品和场地的落实情况。

（9）结束语。结束语在整个策划书中可有可无，主要起到与前言的呼应作用，使策划书有一个圆满的结束，不致使人感到太突然。

（10）附录。附录的作用在于提供策划客观性的证明。因此，凡是有助于阅读者对策划内容理解、信任的资料都可以考虑列入附录。但是，可列可不列的资料还是以不列为宜，这样可以更加突出重点。附录的另一种形式是提供原始资料，如消费者问卷的样本、座谈会原始照片等图像资料。附录也要标明顺序，以便阅读者查找。

结构框架比较合理的营销策划书，一般由以下九部分构成，参见图1-1。

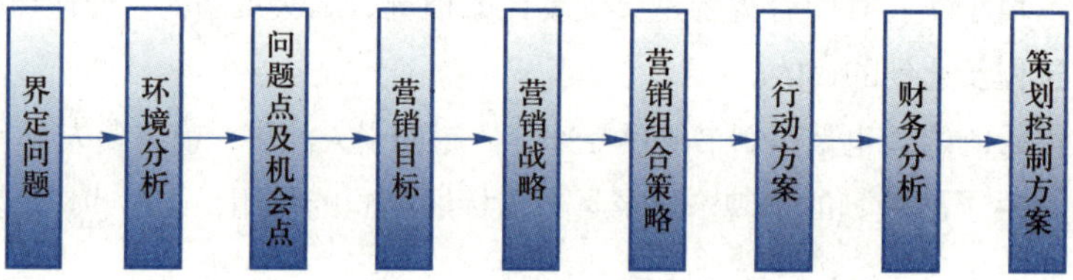

图1-1 营销策划书框架图

▶ 1.3 新时代对营销策划的新要求

▶ 1.3.1 营销策划的新目标

党的十九大报告明确指出：中国特色社会主义进入新时代，我国社会主要矛盾已经转化为人民日益增长的美好生活需要和不平衡不充分的发展之间的矛盾。这要求营销策划工作紧紧围绕如何满足人民日益增长的美好生活的需要这一目标，树立全心全意为人民服务的理念。

新矛盾给营销策划工作明确了新时代工作的目标。这要求营销策划要坚定不移地贯彻新发展理念。探索营销策划理论的创新和实践的创新。在新时代，营销环境发生了巨大的变化，新媒体，大数据技术的应用，供给侧改革，消费升级的环境变化，都要求营销工作跟上时代的步伐，大胆创新，勇于实践，以理论的创新和实践的创新，促进营销策划工作高质量发展，进而满足解决新矛盾的要求。

▶ 1.3.2 营销策划要体现社会主义核心价值观

党的十八大提出并强调，倡导富强、民主、文明、和谐，倡导自由、平等、公正、法治，倡导爱国、敬业、诚信、友善，积极培育和践行社会主义核心价值观。

社会主义核心价值观是新时代全社会价值目标、价值取向、价值准则的体现和要求，也是企业实现健康稳定发展的思想道德基础和精神指针。用社会主义核心价值观引领企业营销策划工作对满足企业高质量发展，促进社会和谐稳定，以及更好地满足人民群众的需求等方面具有十分重大的意义。

社会主义核心价值观要求营销策划工作充分考虑社会责任。在社会主义核心价值观的要求下，企业不仅要创造新价值，更要承担起环境保护、资源节约、促进就业、保护人民基本权益等社会责任。承担社会责任，有利于企业更高质量发展，有利于获得广泛的社会认同，也有利于企业创造更多的社会价值。

社会主义核心价值观要求营销策划工作坚持诚信原则。诚信是一种价值观，也是一种道德观，是企业立足社会的前提，也是企业发展必须坚守的信条。企业营销策划工作必须建立在诚实守信的基础上。营销策划工作不能以虚假宣传来获取短期利益，而是要坚持诚实守信创建品牌价值。诚信不仅仅是一种道德规范，更是能够为企业带来经济效益的重要资源。做企业要坚守讲诚信、讲信用这条警戒线，才能走得更远。

▶ 1.3.3 营销策划人要坚守职业道德和职业理想

坚守职业道德和职业理想是对营销策划人员的基本要求。营销人员职业道德就是营销人员在营销行为过程中处理顾客、供应商、中间商、零售商、竞争者、政府、社会团体等利益相关者之间相互关系的准则。它包括营销人员的职业观念、职业情感、职业态度、职业技能、职业良心、职业作风等多方面的内容。

营销策划与企业伦理

坚守职业道德和职业理想要求营销人员通晓业务内容，提供优质服务。营销人员要牢固树立以消费者为中心的营销理念，要灵活运用各种营销技能，满足消费者的需求。坚守职业道德和职业理想要求营销人员平等互惠，诚实守信。营销人员在工作中不能以不正当手段，图一时之利损害消费者，损害企业利益和企业信誉；要热爱营销事业，不畏艰苦，爱岗敬业，树立职业自豪感和荣誉感。

▶【职业道德与企业伦理 1-1】

国家新闻出版广播电影电视总局查处取缔低俗真人秀

背景与情境：国家新闻出版广播电影电视总局（以下简称“广电总局”）发出通知，要求真人秀节目努力转型升级。通知称，对于缺少价值和意义的真人秀节目将加以抑制，防止把节目办成脱离现实、脱离群众的无聊游戏；要坚持以人民为中心的创作导向，关注普通群众，避免过度明星化。

当前，思考和谈论严肃话题越来越成为奢侈品，越来越多的人将闲暇时间用于真人秀节目和游戏，“只图一乐”成为多数人的文化产品消费方式。快乐有“积极的快乐”和“消极的快乐”这一分别，看哈姆雷特所得到的快乐和看恶搞视频得到的快乐断然是不同的。以整人恶搞、明星出糗为主线的韩国真人秀模式近年来被大规模、跟风式地引进国内，加剧了这种肤浅的消费方式，不得不让人忧心。

资料来源：佚名. 广电总局查处取缔低俗真人秀［EB/OL］.［2019-07-23］.

问题：为了获得更多的关注，营销策划是否可以不择手段？

■ 主要概念

策划　市场营销策划　创新原则　系统原则　人本原则　效益原则　战略策划　战术策划

■ 重点实务

营销策划书的内容和结构

■ 单元训练

□ 理论题

▲ 单选题

1. 在市场营销活动中，为某一企业、某一商品或某一活动所做出的策略谋划和设计，这是（　　）。

A. 策划　　B. 市场营销策划

C. 营销策划的方法　　D. 营销策划的方案

2.（　　）是营销策划的第一要素。

A. 目标　　B. 创新

C. 可行　　D. 效益

3.（ ）是依据企业战略的要求与规范制定市场营销的目标、途径与手段，并通过市场营销目标的实现支持和服务于企业的战略，是企业战略体系的核心，包括市场定位策划、目标市场策划、市场竞争策划等内容。

A. 市场营销战略策划 B. 市场营销战术策划
C. 市场进入策划 D. 市场撤退策划

▲ 多选题

1. 市场营销策划的要素应包括（ ）。
A. 目标性 B. 创意性
C. 可行性 D. 方向性
2. 市场营销策划的分类包括（ ）。
A. 按市场营销过程划分 B. 按策划的对象划分
C. 按市场营销的不同层次划分 D. 按企业开拓市场的过程划分
3. 按策划的对象，市场营销策划可以划分为（ ）。
A. 企业策划 B. 商品策划
C. 服务策划 D. 效益策划

▲ 判断题

1. 策划与咨询并不完全相同。（ ）
2. 以策划的对象进行划分，市场营销策划可分为企业策划、商品策划和渠道策划。（ ）
3. 企业营销策划最关键之处在于创意的独特，因此必须与其他企业不同。（ ）
4. 营销策划的根本目的在于促销。（ ）

□ 实务题

▲ 业务解析

男士化妆品营销策划分析

在欧美等发达国家，男士护肤品市场发展迅速，目前已经占到整个护肤品市场 30% 的份额。我国男士化妆品市场份额较小。妮维雅、欧莱雅、迪奥等跨国品牌看准这一机遇，大力推出自己的男性护肤品品牌来抢占市场。

面对这一诱惑力极大的大蛋糕，旁氏、碧欧泉、资生堂、倩碧、曼秀雷敦等一些传统的女性护肤品品牌也开始大展拳脚，抓住这一时机迅速推出了多款男士护肤品系列，并且突破了传统的男士护肤品仅仅关注于洁面的概念，相继推出膏霜、水密等男士专用的护肤品，使男士护肤品的产品结构进一步丰富与完善。如妮维雅在女性护肤品系列之外，推出了一系列男性护肤系列，包括洗面奶、洁面乳、护肤乳液、须后水、剃须泡沫、沐浴露等产品。使其产品结构完全覆盖了男士护肤需求的方方面面，功能也日渐完善，从而在男士护肤品市场获得了较大的市场份额。

请你运用本章知识分析男士化妆品的营销策划过程。

□ 案例题

▲ 案例分析

红牛饮料的营销策划

背景与情境：近几年，红牛联手全国10余所高校举办了“能量校园，手机换红牛”活动：9月，红牛玩转开学季；10月又开展了“红牛校园品牌经理新星大赛”。同时，红牛以事件营销和产品体验营销为载体，开展品牌活动，不断开创品牌校园营销的新方式。对红牛来讲，校园品牌经理新星大赛的基本目标是培育消费者，与消费者沟通，建立和强化红牛品牌形象。近两年来，红牛一直持续在高校举行各种营销活动，在高校和社会上都产生了很大影响，校园品牌经理新星大赛的火爆则反映出红牛在营销上的持续创新与精耕细作。

问题：

1. 红牛饮料如何确定目标市场？

2. 红牛饮料采用了哪些营销新方法？

分析要求：

1. 形成性要求。

学生分析案例提出的问题，拟出案例分析提纲；小组讨论，形成小组案例分析报告；班级交流，教师对各小组案例分析报告进行点评；在校园网的本课程平台上展出经过修订并附有教师点评的各小组案例分析报告，供学生借鉴。

2. 成果性要求。

案例分析课业：提交案例分析报告。

3. 其他要求。

（1）“形成性要求”和“成果性要求”的指标与内容参见本教材附录一中的“参照规范与标准”。

（2）案例分析报告结构和体例参照本教材“课业范例”中的范例综-1。

▲ 决策设计

一个“经典的”失败案例

背景与情境：减肥品经销商在浙江绍兴下属的××市举办了主题为“减肥效果万人大公证”的促销活动。希望通过这次活动，扩大产品的尝试人群，从而形成回头购买及口碑传播。据经销商讲，其为达到预期目的做了积极准备，促销结果却不尽人意，这使他大惑不解，垂头丧气。

活动时间：××年“3·15”消费者权益日。

活动地点：仁寿堂大药店门口。

活动内容：在 3 月 15 日只需花 18 元就可以购买价值 49 元的 ×× 减肥胶囊。

活动前媒体宣传如下：

（1）3 月 12 日、14 日分别在当地《×× 日报》作促销活动宣传。

（2）在当地人民广播电台，3 月 10—15 日发布促销活动广告。时间从早 8：00 至晚 9：00，每天 25 次滚动播放。

（3）在仁寿堂大药店门口挂跨街横幅一条，内容为活动通知，时间为 3 月 8—15 日（一周）。

活动过程：

（1）现场促销员 6 名，由于报酬高，加上临时做了培训，积极性很高，一开始就基本进入状态。

（2）为了增加活动气氛，让咨询顾客对活动及产品能快速地清晰了解，现场设大展板两块。一块介绍产品，另一块介绍活动内容。顾客来咨询时，促销员一边发宣传单，一边介绍活动及产品。

活动结果：

现场只来了 50 名咨询的顾客，其中 32 人当场购买产品，合计销售 80 盒。据事后统计 70% 买三盒，15% 买四盒，10% 买两盒。

设计要求：

1. 形成性要求。

学生分析案例提出的问题，拟出决策设计提纲；小组讨论，形成小组决策设计方案；班级交流，教师对各小组决策设计方案进行点评；在校园网的本课程平台上展出经过修订并附有教师点评的各组决策设计方案，供学生借鉴。

2. 成果性要求。

决策设计课业：提交决策设计方案。

3. 其他要求。

（1）“形成性要求”和“成果性要求”的指标与内容参见本教材附录一的“参照规范与标准”。

（2）决策设计方案结构与体例参照本教材“课业范例”中的范例综 -2。

▲ 道德研判

苹果公司售后政策的差异化

背景与情境：号称“改变一切”的苹果公司，进入中国市场后，在获取巨额利润的同时，却在中国市场实施了与国外不同的售后政策。

苹果公司在中国执行统一的售后政策，如在保修期内因故障更换整机，都沿用原来的后盖，以逃避中国手机三包规定。同时，苹果公司的其他产品也存在“三包”有效期缩水问题。然而，在其他国家，苹果公司的售后政策却大不一样。

欧美市场的苹果产品可以以旧换新，可是中国消费者就无法享受这种国际待遇了。欧美市场苹果产品的保修期是 2 年，而当时中国的保修期是短短的 1 年。在中国宣称的“以换代修”“整机交换”并没有真正更换整机。

资料来源：央视 3·15 曝光苹果对中国区用户售后实施双重标准．搜狐网，2013-3-15.

问题：

1. 苹果公司的售后政策存在哪些道德伦理问题？
2. 试对上述问题作出你的道德研判。
3. 对照本教材附录三和网上调研资料，说明你的道德研判所依据的行业道德规范。
4. 请从市场营销策划与道德研判角度对苹果公司售后政策的差异化做出评价。

研判要求：

1. 形成性要求。

学生分析案例提出问题，拟出道德研判提纲；小组讨论，形成小组道德研判报告；班级交流，教师对各小组道德研判报告进行点评；在校园网的本课程平台上展出经过修订并附有教师点评的各组道德研判报告，供学生借鉴。

2. 成果性要求。

道德研判课业：提交道德研判报告。

3. 其他要求。

（1）“形成性要求”和“成果性要求”的指标与内容参见本教材附录一的“参照规范与标准”。

（2）道德研判报告结构与体例参照本教材“课业范例”中的范例综 -3。

□ 实训题

营销策划书的撰写业务胜任力训练

【实训目的】

见本章“学习目标”中的“实训目标”。

【实训内容】

专业能力训练：其能力领域、技能点、名称和操作的参照规范与标准见表 1-3。

表1-3 专业能力训练领域、技能点、名称及其参照规范与标准

能力领域	技能点	名称	参照规范与标准
市场营销策划书撰写	技能 1	市场营销原则运用技能	（1）能正确运用信息收集方法，通过一般渠道采集资料较可靠、数据较准确的某企业市场营销策划存在问题的有效信息。 （2）能对企业面临的市场营销策划问题进行分类，并根据所掌握的企业资料，运用市场营销策划的具体原则寻找解决问题的途径
	技能 2	市场营销策划程序与结构分析技能	（1）能根据了解的企业情况确定该企业市场营销策划的程序。 （2）能确定该企业市场营销策划书的基本结构
	技能 3	市场营销策划书的撰写技能	（1）能根据市场营销策划流程拟写策划书的初稿。 （2）能根据市场营销策划书撰写技巧修订初稿

职业核心能力和职业道德训练：其内容、种类、等级与选项见表 1-4；各选项操作的“参照规范与标准”见本教材附录二和附录三。

表1-4 职业核心能力与职业道德训练内容、种类、等级与选项

内容	职业核心能力							职业道德						
种类	自我学习	信息处理	数字应用	与人交流	与人合作	解决问题	革新创新	职业观念	职业情感	职业理想	职业态度	职业良心	职业作风	职业守则
等级	中级	中级	中级	中级	中级	中级	中级	认同	认同	认同	认同	认同	认同	认同
选项	√	√	√	√	√	√	√	√	√	√	√	√	√	√

【组织形式】

将班级学生分成若干实训小组，根据实训内容和项目需要进行角色划分。

【实训要求】

1. 将职业核心能力和职业道德训练融入专业能力训练中。

2. “市场营销策划书的撰写”的“专业能力训练”参照本教材网络教学资源包《学生考核手册》考核表 1-3 中的“考核指标”与“考核标准”；“职业核心能力训练”和“职业道德训练”分别参照本教材附录二和附录三中相关选项的“参照规范与标准”。

3. 对本次实训活动进行总结，参照本教材“课业范例”之范例综 -3 的结构与体例完成本实训课业。

【情境设计】

将学生分成若干实训组，分别选择当地某些行业中的部分企业的市场营销策划书项目进行实训。各实训组通过对所选企业（或本校专业实训基地，或毕业生创业团队）市场营销某一策划项目现状的调查与分析、该产品市场营销策划书的撰写等活动的参与和体验，完成本实训操练题的各项实训任务，在此基础上撰写《××（企业）市场营销策划书实训报告》。

【实训时间】

本章授课结束后一周内。

【实训步骤】

1. 将学生组成若干个实训组，每 8 ~ 10 位同学分成一组，根据实训项目进行角色分工，每组确定 1 ~ 2 人负责。

2. 对学生进行分销系统知识培训，确定选择哪几类产品作为价格策划分析的范围。

3. 各实训组分别选择正在实施“市场营销策划”的企业、校实训基地或毕业生创业团队的产品项目，各自确定调研任务，进行其现状调查。

4. 各实训组分析调查结果，撰写《××（企业）存在问题现状调查报告》（包括存在的问题、不足和改进建议等内容）。

5. 各实训组在《××（企业）存在问题现状调查报告》的基础上，结合其产品项目市场营销策划的现阶段需要，分别制定具有创新性质的《××（企业）市场营销策划方案》（包括《××（企业）市场营销策划存在问题调查报告》《××（企业）市场营销策划原则运用分析报告》和《关于××（企业）市场营销策划书基本结构》等内容）。

6. 综合以上阶段性成果，撰写作为最终成果形式的《××（企业）市场营销策划书实训报告》。

7. 在班级交流、讨论各组的《××（企业）市场营销策划书实训报告》。

8. 根据交流、讨论结果，各组修订其《××（企业）市场营销策划书实训报告》，并使之各具特色。

【成果形式】

实训课业：《××（企业）市场营销策划书实训报告》

课业要求：

1. “实训课业”的结构与体例参照本教材“课业范例”中的范例综 -4。
2. 将《调查报告》《策划分析报告》以“附件”形式附在《实训报告》正文之后。
3. 在校园网的本课程平台上展示经过教师点评的班级优秀《实训报告》。

■ 单元考核

考核的模式、目的、种类、范围、方式与成绩核定等，均依照本教材网络教学资源包中《学生考核手册》的相关要求进行，考核成绩由任课教师填入该手册本章各相应考核表中。

项目二 市场调研策划

02

+02

学习→目标

通过本章学习，应该达到以下目标：

- 理论目标：学习和把握市场调研策划的概念、作用和内容，市场调研报告的格式与内容等陈述性知识；能用其指导“市场调研策划”的相关认知活动。
- 实务目标：学习和把握市场调研策划的主题、方法与流程，市场调研报告的可行性分析与评估，以及“业务链接”等程序性知识；能用其规范“市场调研策划”中的相关技能活动。
- 案例目标：运用本章理论与实务知识研究相关案例，培养在与“市场调研策划”相关的业务情境中分析问题、决策设计和道德研判能力。
- 实训目标：参加“市场调研策划运作”的实践训练。在了解和把握本实训相关技能点的“规范与标准”的基础上，通过系列技能操作的实施，相应《实训报告》的撰写、讨论与交流等有质量、有效率的活动，培养“市场调研策划”的专业能力、相关选项的职业核心能力（中级），并通过相关选项的职业道德（认同级）教育，促进健全职业人格的塑造。

■ 思维导图

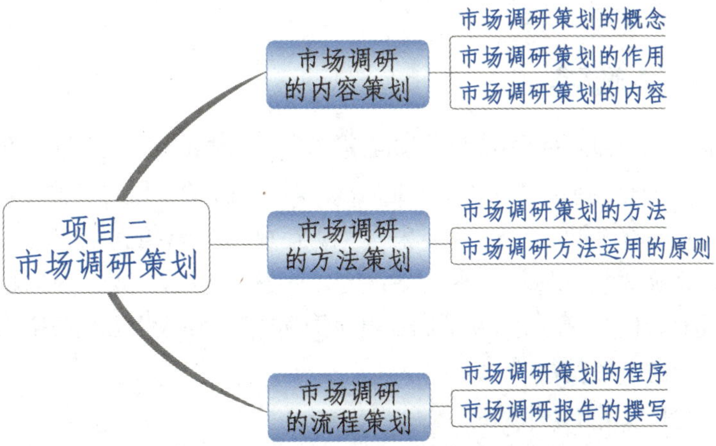

▶ 引例

大学咖啡馆市场调研报告

随着中国特色社会主义的不断发展，人民生活也得以显著提高，随着一线城市和大的省会城市国际化水平的提高，越来越多的休闲餐饮业态已经逐渐成熟。咖啡馆作为其中的一部分，在这些城市的经营已经逐渐变得成熟，很多国际化品牌，例如，星巴克、Costa等连锁咖啡店已经比比皆是，不仅仅为外籍工作人员提供服务，很多城市白领和普通消费者也把这作为一种休闲生活方式，并且不断影响着中国其他的消费人群。很多的经商人士看到了在大学开设咖啡馆的商机，也在不断探索在大学校园内开设咖啡馆的可能性。

扫描下方二维码，阅读本案例更多相关内容。

大学咖啡馆
市场调查报告

为确保这些项目的成功，企业需要进行相关的市场调研和投资分析。企业开始新的业务和服务、新产品研制、市场竞争策略等重大规划的时候，都需要进行市场调研。失去正确的目标和正确的方法，都将会给企业的决策带来错误的信息，给企业带来重大的危害。本章我们将从市场调研的内容策划、调研方法的策划和调研流程的策划等几个方面进行较为详尽的论述。

▶ 2.1　市场调研的内容策划

▶ 2.1.1　市场调研策划的概念

市场调研是指发现和提出企业营销的问题与需求，系统地、客观地识别、收集、分析和传播信息，从而提高营销决策的准确性并修正企业的营销活动偏差的过程。市场调研可以说是营销活动的基础，现代企业的营销和经营活动都越来越重视建立起市场营销信息系统。

市场营销信息系统是指有计划、有规则地收集、分类、分析、评价与处理信息的程序和方法，有效地提供有用信息，供企业营销决策者制定规划和策略的，由人员、机器和计算机程序所构成的一种相互作用的有组织的系统。

市场信息系统包括以下几个子系统：

1. 内部报告系统

内部报告系统提供企业内部信息，以内部会计系统为主，同时辅之以销售报告系统，集中反映订货、销售、存货、现金流量、应收及应付账款、盈亏等数据资料。内部报告系统的核心是"订单—发货—账单"循环。企业营销管理人员通过分析这些信息，比较各种指标的计划和实际执行情况，可以及时发现企业的市场机会和存在的问题。

2. 市场营销情报系统

企业的市场营销情报系统是指企业营销人员取得外部市场营销环境中的有关资料的程序或来源。该系统的任务是提供外界市场环境所发生的有关动态的信息。

3. 市场营销调研系统

市场营销调研系统是完成企业所面临的明确具体的市场营销情况的调研工作程序或方法的总体。其任务是：针对确定的市场营销问题收集、分析和评价有关的信息资料，并对研究结果提交正式报告，供决策者针对性地用于解决特定问题，以减少由主观判断可能造成的决策失误。因各企业所面临的问题不同，所以需要进行市场调研的内容也不同。

4. 市场营销分析决策系统

市场营销分析系统是指一组用来分析市场资料和解决复杂的市场问题的技术和技巧。这个系统由统计分析模型和市场营销模型两个部分组成，第一部分是借助各种统计方法对所输入的市场信息进行分析的统计库；第二部分是专门用于协助企业决策者选择最佳的市场营销策略的模型库。

其中的市场营销调研系统是本章重点研究的内容，如何进行市场调研策划是实现市场营销调研系统作用的根本保证。

市场调研策划就是在市场调查运行之前，根据调查研究的目的，有的放矢地对调查工作的各个方面和全部过程进行全面考虑和计划，制定相应的实施方案和合理的工作程序。其包括确定调研课题、调研内容、调研时间，选择恰当的调研方式、方法和进行经费预算等。

▶【教学互动 2-1】

互动问题：大数据系统和我们所谈的市场调研信息系统有什么区别与联系？

要求：同"教学互动 1-1"的"要求"。

▶【同步业务 2-1】

如何进行营销调研

图森动物管理中心对其每年处理的走失或没人要的狗的数量不断增长一事感到忧虑。中心想进行一次营销调研，以了解图森居民对流浪狗的数量过多的看法，以及他们对收养计划的反应。

两组焦点访谈表明：

大多数居民没有意识到流浪狗数量过剩的严重性；也不清楚从中心领养的流浪狗已经被做过卵巢切割或阉割手术。

电话访谈的结果表明：

63% 的受访者想在次年领养一只雄性混血狗，原因为：个人感情需要（46%）或将其作为家庭宠物（31%）；一半的人愿意领养一只被做过手术的狗；不到 1/4 的受访者（22%）认为图森存在狗的数量过剩的问题。

那么动物管理中心应该采用什么样的对策呢？

业务分析：通过市场调研中的访谈调研法和电话访谈法，动物管理中心明确了居民对于狗的过剩的基本看法和居民可能做出的反应，由此动物中心可以有针对性地采取相应的措施。对策有公众服务性宣传活动；使人们了解存在严重的狗数量过剩问题，从而推动宠物领养计划；强调确保领养的狗不生产人们不需要的小狗的重要性。

业务程序：研究现象；确定调研主题；进行设计、资料收集和整理并得出结论；根据实际情况提出对策。

▶ 2.1.2 市场调研策划的作用

大家都听说过《孙子兵法・谋攻篇》中的一句话——“知己知彼，百战不殆”。什么叫“知己知彼”？从市场营销的角度看，所谓“知己知彼”，就是要了解自己、了解客户、了解竞争对手。企业只有在获得大量的、可靠的市场信息的基础上，才能做到“知己知彼，百战不殆”，才能在激烈的市场竞争中占据有利地位。

市场调研是企业的“雷达”或“眼睛”，对于企业来说具有重要意义。

1. 市场调研为企业决策提供依据

经营决策决定了企业的经营方向和目标。它的正确与否，直接关系到企业的成功与失败。企业只有在收集到相关资料以后，才能根据本企业实际情况，确定营销活动的最佳方案，做出最佳决策。

通过市场调研可以了解经济环境对企业发展的影响，了解国家的政策法规变化，预测未来市场可能发生的变化。在买方市场的情况下，占有市场不易，保持住市场份额更不易。只有坚持不懈地通过市场调研才可以发现企业产品的不足及经营中的缺点，及时地加以纠正，修改企业的经营策略，使企业在竞争中保持清醒的头脑，从而在市场上站稳脚跟，立于不败之地。

2. 市场调研能帮助企业开拓新的市场

企业只有竭力保持住自己的现有市场，不断地开发潜在市场，才能使企业在激烈的市场竞争中立于不败之地。需求变动、同业竞争使得任何企业都无法在现有市场上保持永久的销售旺势。企业需要不断地开拓新的市场，以保住自己的市场份额。新市场的开发依赖于市场调查所提供的各类信息。通过市场调研，可以发现一些新的机会和需求，开发新的产品去满足需求。

3. 市场调研能使企业在竞争中占据有利地位，赢得竞争优势

只有掌握住对手的经营策略、产品优势、经营力量、促销手段及未来的发展意图等信息，才能达到在竞争中取胜的目的。

“人无我有，人有我优”的经营策略是每一个企业应对市场竞争的有效方法。知己知彼，才能跟竞争对手进行较量，这同样需要借助于市场调研。企业面对的竞争对手不止一个企业，也可能是多个对手。那么，是采取以实力相拼的策略，还是采取避开竞争，都要根据调查结果并结合企业实际做出决断。通过市场调研，了解对手的情况，就可以在竞争中绕开对手的优势，发挥自己的长处，或针对竞争者的弱点，突出自身的特色，以吸引消费者选择本企业的产品。

▶【同步案例 2-1】

小样乳酸盐的营销困境

2015 年 2 月，红杉资本投资小样乳酸盐母公司好彩头集团 2 个亿，助力好彩头。同年 11 月，好彩头新品小样乳酸盐上市，进行大范围、高强度的高空宣传，起用王珞丹和贾乃亮两位代言人，冠名浙江卫视热门节目《燃烧吧少年》及中国联赛。品牌产品认知度被快速放大，但离产品畅销市场还有一定的距离。

扫描下方二维码，阅读本案例更多相关内容。

小样乳酸盐，轻运动不怎么样

问题： 你认为产品不畅销的问题出现在什么地方？

分析提示： 本案例中的问题需要经过市场调查来确定原因。

▶ 2.1.3 市场调研策划的内容

市场调研策划的内容大致可以分为以下几类。

1. 宏观环境了解

市场调研主题确定

宏观环境是对企业的市场营销有着边界性控制影响而企业又不可控制的外部环境。企业要对整个社会大环境有所了解和把握，从中找出对自己有利的切入点。企业需要调查分析的宏观环境包括以下六个方面，见表 2-1。

表2-1　宏观环境分析内容

名称	内容
人口环境	人口总量、性别构成与比例、职业构成与比例、各年龄段人口数量与比例、各教育程度人口数量与比例、各收入水平人口数量与比例、家庭户数及户均人数
经济环境	GDP总量和人均GDP、产业构成和比例、主导产业类别和规模、居民人均年收入、社会商品零售总额及人均社会商品零售额、居民存款余额及人均存款余额
社会文化环境	社会风尚与社会风俗、生活方式与价值观念、消费传统与消费习惯、舆论影响与口碑影响、消费潮流与流行时尚等
自然地理环境	对地理气候等自然环境进行研究，从而发现地形地貌、天气气候等自然因素对消费行为的软影响，进而依据自然规律有意识、有成效地规划市场营销活动
科学技术环境	跟踪新科学、新技术、新发明、新材料、新工艺对产品研发和制造带来的影响，对产品市场生命周期带来的影响
政治法律环境	政治法律环境调研，使得企业的市场营销行为符合政府的政策与法律规范，并获得政府政策与法律的支持，从而为企业的市场营销争取良好的政治环境

人口、购买力和购买欲望是决定市场的三个要素，即市场 = 人口 + 购买力 + 购买欲望。因此，从市场层面看，人口环境、经济环境和社会文化是营销宏观环境中最重要的基础。

▶【教学互动 2-2】

互动问题：

（1）市场调研对企业的决策有很多影响因素，请举例说明宏观环境因素的影响。

（2）假如一款新的智能手机计划投放国内市场，请为其分析宏观环境的影响。

要求：同“教学互动 1-1”的“要求”。

2. 消费者调研策划

（1）消费需求量调研。

① 货币收入。消费者需求数量的大小取决于其货币收入的多少。在拥有一定货币收入的条件下，消费者才可能挑选和购买自己所需的商品，货币收入主要来自以下几个方面：A. 劳动收入：如职工的工资收入、奖金；农民出售农产品所获得的收入；从事兼职工作所获得的工资以外的收入；有偿转让或出售自己的发明专利所获得的收入，等等。这部分收入是消费者货币收入来源中最基本、最主要的部分，随着国家经济水平和劳动生产率的进一步提高，这部分收入呈不断上升的趋势。B. 从财政信贷系统获得的收入：如助学金、奖学金、救济金和储蓄利息，等等。C. 其他方面的来源：如股息收入、亲属的赠与、接受的遗产等。

② 人口数量。人口数量是计算需求量时必须考虑的因素。因为人口数量多，所以对商品的需求量就大，尤其是日常食品和日用工业品这类商品，其需求也随着人口的增加必然增加。

（2）消费结构调研。消费结构调研见表 2-2。

表2-2 消费者结构调研

调研名称	调研内容
人口构成	人口构成在性别、年龄、职业、文化程度、民族等的不同，其消费投向会有很大的差异
家庭规模及构成	家庭规模就是家庭的人口数。家庭人口数多，对商品的需求就大
收入增长状况	经济增长，收入水平也会随之相应提高。根据恩格尔系数所测算的消费结构的比重变化，当人们收入增加时，用于吃、穿方面的支出比重会逐渐下降，而用于住、用方面的开支则会呈上升趋势
商品供应状况以及价格变化	商品供应状况指市场上商品的供应是否充足。当商品出于某种原因供应不足或限量供应时，消费者会将其消费投向转移到哪种产品上去？当商品价格提高到一定幅度以后，消费投向又会转到哪种产品上去

（3）消费者行为调查。消费者行为是市场调查中较难把握，而又带有不确定性的因素。它受多方面因素影响，如消费者心理、性格、宗教信仰、文化程度、消费习惯、个人偏好和周围环境等。这些因素都可以在一定程度上促成消费者的购买行为。消费行为调查就是要了解这些主客观因素及发展变化对消费者购买行为的影响。

① 消费者心理需要。消费者心理需要调研见表 2-3。

表2-3 消费者心理需要调研

名 称	内 容
习俗心理需要	由于消费者所处的地理环境、风俗习惯、宗教信仰、传统观念以及种族的不同所存在的不同心理需要
同步心理需要	在社会风气、潮流、时尚的影响下，赶时髦、随潮流的心理需要
偏爱心理的需要	由于心理素质、文化程度、业余爱好、职业习惯和生活环境的影响，从而产生对某种商品的特殊爱好
经济心理需要	即注重经济实惠、价廉物美、货价相等的心理需要
好奇心理需要	即对新事物、新构想的求知心理及追求新颖、奇特的心理需要
便利心理需要	即要求购买方便、迅速、服务周到、热情、商品易携带、维修和使用的心理需要
美观心理需要	要求商品的美观、使人赏心悦目或产生舒适感的需要
求名心理的需要	为保证商品的质量以及体现一定的社会和经济地位而产生的挑选名牌、以商品品牌来决定购买的心理需要

② 购买行为类型。消费者购买行为类型见表 2-4。

表2-4 消费者购买行为类型

名 称	内 容
习惯型购买	根据以往形成的习惯或效仿他人的经验而决定购买，表现为长期购买一种型号的商品或逛几家商场而不易受外界的干扰
理智型购买	根据自己的经验和学识判别商品，对商品进行认真的分析、比较和衡量后才做出决定，而且不愿意外人介入

续表

名称	内容
感情型购买	在购买时因感情因素的支配，容易受到某种宣传和广告的吸引，经常以商品是否能符合感官的需要为标准进行购买
冲动型购买	消费者为商品的某一方面（商标、样式、价格等）所强烈吸引，迅速做出购买决策，而不愿对商品做反复比较
经济型购买	消费者多从经济方面着眼考虑购买，特别是对价格非常敏感，购买高级商品以求好而购买低级商品以求廉的购买行为
随意型购买	消费者缺乏购买经验，或随大流，或奉命购买，并乐于听取别人的建议

3. 产品情况调研

产品情况调研是指对原来产品资料进行调查了解，找出其不足和有待加强、改进的地方。企业需要对自身产品的现状和未来做一个统筹规划，明确现有产品的优劣势，并为今后的发展找到合适的突破口。

▶【同步案例 2-2】

京东商城网络营销环境分析

背景与情境：京东商城是中国 B2C 市场中最大的 3C 网购专业平台，是中国电子商务领域最受消费者欢迎和最具影响力的电子商务网站之一。

京东商城自 2004 年创建以来一直保持着高速成长，连续四年增长率均超过 300%。京东商城始终坚持以纯电子商务模式运营，缩减中间环节，在第一时间为消费者提供优质的产品及满意的服务，目前，“京东价”已经成为国内 3C 销售领域的价格风向标。

京东商城在线销售商品包括家用电器、手机数码、计算机商品及日用百货四大类超过 3.6 万种商品。

2018 年京东年度活跃用户数达到 3.05 亿，全年交易总额近 1.7 万亿元，净服务收入为 459 亿元。京东商城已经成为中国消费者选购 3C 产品的重要途径。

扫一扫阅读：
京东 2018 年
财报分析

问题：2018 年后的京东商城该如何继续发展壮大？

分析提示：下一步京东该如何壮大，完全取决于对环境和发展趋势的判断。

4. 竞争形势调研

对竞争者的情况要有一个全方位的了解，包括其产品的市场占有率、采取的营销策略等方面。这是从市场的供应方面调研竞争者，内容包括竞争格局的分析、竞争策略的调研分析和对主要竞争品牌的优劣势分析三个方面。

（1）竞争格局调研。首先从总体上调研主要竞争品牌的市场规模和市场份额，形成市场格局分析的基础。在此基础上分析市场的竞争结构，是完全竞争、垄断竞争、寡头垄断还是完全垄断，或者是某两种市场结构的过渡状态等。在对市场竞争结构分析之后，再根据各主要竞争品牌的竞争实力、市场销售规模和市场份额，确定各竞争品牌的市场地位和市场角色。例如，市场领导者是哪个品牌，市场挑战者是哪个品牌，市场追随者和市场补缺者是哪些品牌等，或者分析进入行业第一集团（或称第一阵容）的品牌、进入行业第二集团（阵容）的品牌、进入行业第三集团（阵容）的品牌。

（2）竞争策略调研。市场格局调研是市场现状调研的一部分，它反映的是市场竞争的结果。为了揭示市场格局形成的原因，还需要针对各主要品牌市场竞争策略和营销策略开展调研。

第一，主要竞争品牌的竞争策略。竞争策略是导致竞争格局的重要因素之一。因此，市场竞争调研需要开展主要竞争品牌市场竞争策略的研究。按照迈克尔·波特①的竞争理论，市场竞争策略的基本模式有规模领先、成本领先和专业化集中经营等方式。在市场竞争中，这些模式是普遍适用和有效的。但也存在其他一些非典型性的或创新性的竞争策略模式，需要在调研中发现、识别并揭示出来。

第二，主要竞争品牌的营销策略。具体调研和分析各主要竞争品牌的营销策略组合，基本内容和分析框架参见表2-5。

表2-5 主要竞争品牌营销策略调研内容

调研名称	调研内容
产品策略调研	产品线系列与产品组合结构，形象产品和主销产品的市场定位、核心利益诉求与销售表现，产品质量与产品形象的市场评价
价格策略调研	价格策略意图，形象产品、主销产品的价格水平及其市场的接受程度，进攻产品的价格水平和市场攻击力度，市场价格稳定情况与价格秩序规范情况
渠道策略调研	分销模式与分销渠道结构，主流渠道的业态形式与销售业绩构成，关键重点客户及其销售规模与比重，客户关系与客情维护情况，产品销售区域与渠道的规范程度，市场管理制度与执行力度
广告策略调研	广告传播主题与产品利益诉求点，广告传播的媒体形式与媒体重点，广告时间和广告频率的选择，广告费用与广告力度，广告的消费者接受度、认知度以及广告产品的试用率等广告沟通与促销效果
促销策略调研	促销活动的时间与频率，促销活动的主题与形式，促销活动的让利幅度与宣传力度，促销活动的消费者接受度与实际销售提升效果
营销组织调研	营销组织结构形式与人力资源配置，市场与销售部门职能、职责与权限的划分，营销人员的薪资结构与薪资水平，营销团队的业绩考核与激励制度，营销队伍的整体营销意识、营销能力与精神风貌等

（3）主要竞争品牌的优劣势分析。通过上述市场竞争格局和竞争策略的分析，结合各品牌的市场与销售历史业绩、资金实力和融资能力、技术能力和研发水平、原材料供应及产业链整合能

① 迈克尔·波特：哈佛商学院的大学教授，商业管理界公认的“竞争战略之父”。

力、企业内部管理能力，对主要竞争品牌的竞争优劣势进行分析总结，为下一步制定企业的竞争策略、营销策略提供依据。对主要竞争对手的分析，要客观公正、实事求是，既不要过分夸大和恐惧竞争对手的优势，也不要过于藐视和轻视竞争对手的不足与劣势。

▶ 2.2 市场调研的方法策划

市场调研对于企业的重要性已经在上节中进行了详细的描述，在知道了市场调研的内容后，该选用什么样的方法和手段获取企业所需要的各种信息则是本节主要讨论的内容。

▶ 2.2.1 市场调研策划的方法

市场调研的常用方法在“市场调查分析与预测”课程中有专门描述，本书主要探讨一些具体的应用。

1. 按市场调研的目的性划分

按照市场调研的目的性，市场调研方法可以分为三种，见表 2-6。

表2-6 市场调研方法比较

项目	探索性研究	描述性研究	因果关系研究
目的	对问题进一步了解产生想法和思路	描述总体的特征或功能	确定因果之间的关系
特征	小样本 不具总体推断意义 定性分析 常常是全部方案设计的前端部分	有事先提出的具体假设 大样本 定量分析 结果用作决策参考	研究独立变量，控制中间变量 多为大样本 侧重定量分析 结果说明决策原因
方法	专家调查 座谈会 二手资料	二手资料 抽样调查 观察法	实验法 二手资料 抽样调查

2. 按量化关系来划分

按照量化关系可以分为以下两大类。

（1）定性研究方法。**定性研究**是指通过发掘问题、理解事件现象、分析人类的行为与观点以及回答提问来获取敏锐的洞察力。是在一群小规模、精心挑选的样本个体上的市场研究，该研究不要求具有统计意义，但是凭借研究者的经验、敏感度以及有关的技术，能有效地洞察日常生活中消费者的行为和动机，以及这些对产品和服务带来的影响。定性研究主要有以下几种方法：

① 小组访谈。相对其他探索性研究技术而言，各公司更常应用小组访谈。小组访谈一般8~12 位参加者，有主持人监控，围绕一个主题进行非结构性的讨论，时间约为 1~2 小时。参加访谈的人数在一定程度上取决于讨论的主题和与会者的类型。一般来讲，有意思的主题需要的人数比较少；参会者的语言表达越清晰，需要的参加者越少。小组访谈的场所要设计得令参加者感觉

舒适、轻松。一般来讲，参加者围坐在桌子周围，会场应备有软饮料。

小组访谈的主要优点：所需时间短；费用有限。

小组访谈的缺点：会有一些人控制了座谈会的进展与主题而另一些人较少发言，因而不会从每个人那里都得到所需信息；在1~2小时的座谈会上，分配到一个人的发言时间很短；在特定的群体中可能会出现注重一些问题却忽略了一些重要问题的情况；具有控制能力的人很容易压制少数人的观点。

小组访谈的适用性：提供对某一问题的深入研究；了解客户对商标的感受和态度；帮助构建后续的定量研究；使统计研究结果更生动；产生研究课题；确定针对新思想的初步行动。

② 深度访谈。一对一访谈，不限定时间。对访谈者的技术性要求较高，比小组访谈的费用高。深度访谈在如下情况下是价值较高的研究方法：

产生多个可供选择的计划。因为每次访谈只有一个访谈对象，不会受其他人评论的影响，所以进行了多个深度访谈后就会收集到更多不同的观点。

可以用来讨论一些其他人在场难于启齿的问题，如敏感话题、涉及隐私的话题或可能使访谈对象容易感到尴尬的问题。对于较难寻找的个体如医生、律师、商界高层人士等，只能用深度访谈。由于他们的工作相对紧张繁忙，对这些人的电话访问或邮寄问卷的成功率均很低。

如果要考察由几个人参与的决定过程，或由几个相关的决定组成的最后决策，或需要较长时间才能作出的决定，小组访谈会非常合适。

③ 投射技术。由于这样或那样的原因，有时人们不愿作出真实的回答；还有一些时候，人们会发现难于表达他们对某一问题的看法。这时就需要考虑利用投射技术，它可以用某些具体的方法使接受访问的人将他对于人、事、物或情境的感受、观点、动机等投射到其他人，从而间接地得到受访者的信息。

④ 联想法。向受访者呈现一系列刺激（常用语词或图片），并请他说明听到 / 看到这些刺激后心里想些什么。

完形技术：请受访者完成一个不完整的句子、故事或假设等。例如，一个未完成的句子“我不喜欢银行是因为——。”请受访者完成。当直接提问会使被访者不愿或不能回答时，这种技术有助于揭示个体潜在的动机、态度。

⑤ 角色扮演法。请被访者扮演其他人并按照他认为所扮演的人应有的反应行事。

⑥ 个性化技术。请受访者为一个非生命的物体创造它的个性。

⑦ 心理绘画。请受访者将抽象的观念如颜色、符号等与事物相联系。

（2）定量研究方法。**定量研究**是指确定事物某方面量的规定性的科学研究，就是将问题与现象用数量来表示，进而去分析、考验、解释，从而获得意义的研究方法和过程。

定量研究主要有询问法、观察法和试验法。

询问法又称访问法或调查表法，就是调查人员采用访谈询问的方式向被调查者了解市场情况的一种方法。它是市场调查中最常用的、最基本的调查方法。

询问法的类型，按照问卷的填写方式可以分为：面谈调查、电话调查、邮寄调查、留置问卷调查和日记调查。

观察法是指调查员凭借自己的感官和各种记录工具，深入调查现场，在被调查者未察觉的情况下，直接观察和记录被调查者行为，以收集市场信息的一种方法。观察调查法简称观察法。

试验法是指市场调研者从影响调查问题的众多因素中选出一个或几个影响因素，将它们置于一定条件下然后对试验结果作出分析判断，进行决策。

▶ 2.2.2 市场调研方法运用的原则

无论采取什么样的市场调研方法，都必须遵循以下原则。

1. 科学性原则（要按客观规律办事）

即正确的思想观念；严格的规章制度；科学的工作标准；合理的调查方法。

2. 客观性原则

一切从客观存在的实际情况出发，在正确的理论指导下，进行科学的分析研究。真实准确地反映情况，避免主观偏见或人为地修改数据结果。

3. 系统性原则

以系统要素为指导，处理好整体与局部的关系，全面地考虑问题。

4. 时效性原则

时效性是由市场调查的性质决定的。由于市场不断变化，市场调研需要在这种不断变化中对市场现象进行研究。

5. 经济型原则

以最少的调查费用去获得最佳的调查效果；考虑投入和产出之间的对比关系。

6. 保密性原则

为客户保密；对被调查者提供的信息保密。

▶【同步业务 2-2】

大学生消费市场调研分析

背景与情境：消费，是生活方式研究的重要组成部分。随着社会的发展，大学生作为一个独立而又特殊的消费群体正受到越来越多的关注。由于当代大学生正处于校园与社会交界处，有着不同于社会其他消费群体的消费心理和行为，尤其是在引领消费时尚、改善消费结构等方面起着不可替代的作用。因此，我们想通过此次调查，深入了解大学生对于消费的认识以及在大学生的消费中存在哪些问题，而我们又应如何去改进等，为大学生未来迈入社会打下良好的基础。

业务分析：随着社会和经济的迅猛发展，生活不断提升，消费问题显得尤为重要。当代大学生作为一个特殊的消费群体，有着自己特有的消费心理和消费行为。我们通过对部分大学生的经济收入来源，消费状况以及他们的消费特点进行分析，了解现在大学生的消费现状，并分析相关的消费心理以及所暴露的问题，进而提出相应的建议及对策，引导大学生树立理性的消费观。

业务程序：按照市场调研要求的内容，设计相关的调查问卷，通过网络和线下的方法进行调研，统计出相关结果并进行分析，得到最终的结果，并可以站在经营者的角度进行相关的建议。

▶ 2.3　市场调研的流程策划

▶ 2.3.1　市场调研策划的程序

市场调研的流程可以分为六个阶段，每个阶段又有不同的内容。

1. 市场调查的准备阶段

（1）提出问题。

① 经营问题：如经营中出现的困难，产品积压，资金呆滞，市场占有率下降等。

② 企业未来的发展方向问题：如市场规模和结构，新产品的开发问题，市场潜力和发展前景等。

③ 竞争问题：如市场上各种竞争力量的分析与对比，竞争对手的弱点和优势等。

（2）确定目标。对调查目标的确定需先搞清以下几个问题：① 为什么要调查。② 调查中想了解什么。③ 调查结果有什么样的用处。④ 谁想知道调查的结果。

（3）确定调查项目。调查项目是为了获得统计资料而设立的，它必须依据调查的目标进行设置。应对所有相关因素进行取舍。

对有关项目的重要程度进行比较，然后选择那些相关程度较高的项目。这些项目必须与调查主题关系密切，而且要意义明确，便于回答。要根据经费的多少、统计能力和调查方式等情况，确定调查项目。

（4）确定信息来源。① 哪些是所需的资料；② 什么地方可以获得这些资料；③ 通过什么调查方式能够获得资料；④ 应该进行调查的对象是哪些。

（5）确定调查时间和费用。这是指采用一年调查一次，还是反复多次地调查；是采用固定时间还是非固定时间进行调查。

估算调查费用：一般说来，消费者调查、产品调查、渠道调查或销售调查等的费用支出都不一样；此外，调查方式、规模、时间、项目的多少也直接影响费用的支出。

2. 制定调查计划阶段

（1）确定调查内容和调查时间。对调查内容的说明。这部分内容实际上是将各种调查的构想和操作明确化。它包括调查的目的、调查的方法和技术、资料的收集和整理、调查对象的选择、经费估算以及人员安排等具体内容。

调查进度表。调查进度表是将调查过程每一阶段需完成的任务做出规定，避免重复劳动和拖延时间。

（2）收集“文案”资料、准备实地调查方案。

① 收集文字资料：对现有的文字资料进行调查和收集。即通过企业的各种报表、外部统计资料了解企业的生产、经营、销售及库存方面的情况。

② 确定哪些资料还需要进行实地调查，同时准备实地调查方案，拟订抽样形式和抽样对象，准备调查问卷等。

3. 实地调查阶段（即收集第一手资料）

采用前面定量分析中所提及的询问法、观察法和试验法。

4. 数据资料整理阶段

（1）资料的核实与分类汇总。

（2）集中趋势和离中趋势分析。

（3）市场预测。

5. 市场调研报告

市场调查报告是市场调查的成果，报告的写作应力求语言简练、明确、易于理解，内容讲求适用性，并配以图表进行说明。如果是技术性的报告，因其读者大多数是专业人员或专家，因此，要力求推理严密，并提供详细的技术资料及资料来源说明，注重报告的技术性，以增强说服力。

6. 跟踪调查

跟踪调查是调研部门的售后服务。

追踪了解调查报告中所提建议是否符合实际，所提数据是否准确、合理，以检验调查工作的成效。追究调查结果是否被委托人完全采纳。没有采纳的原因是什么，调查报告未被采纳或被搁置是调查单位的责任，还是委托单位的问题。

▶【教学互动 2-3】

互动问题：

（1）在市场调研策划中你认为哪些步骤较容易把握；哪些步骤较为重要而较难把握。

（2）一款男士洗化用品即将进入你所在的城市，请为其进行市场调研的策划。

要求：同“教学互动 1-1”的“要求”。

▶ 2.3.2 市场调研报告的撰写

1. 市场调研报告的格式和内容

市场调研报告的格式并不唯一，但一般包括以下几个部分：

（1）题目。题目包括市场调查题目、报告日期、委托方、调查方，一般应打印在扉页上。

市场调研报告基本格式

关于题目，一般是通过标题把被调查单位、调查内容明确而具体地表示出来，如《关于北京市居民收支、消费及储蓄情况调查》。有的调查报告还采用正、副标题形式，一般正标题表达调查的主题，副标题则具体表明调查的单位和内容。如《“上帝”眼中的〈北京青年报〉——〈北京青年报〉读者调查总体研究报告》

（2）目录。提交调查报告，如果调查报告的内容、页数较多，为了方便读者阅读，应当使用目录或索引形式列出报告所分的主要章节和附录，并注明标题、有关章节号码及页码。一般来说，目录的篇幅不宜超过一页。

（3）概要。概要主要阐述课题的基本情况，它按照市场调查课题的顺序将问题展开，阐述对调查的原始资料进行选择、评价、作出结论、提出建议的原则等。主要包括四方面内容：

① 简要说明调查目的。即简要地说明调查的由来和委托调查的原因。

② 介绍调查对象和调查内容，包括调查时间、地点、对象、范围、调查要点及所要解答的问题。

③ 简要介绍调查研究的方法。例如，某调查工作技术报告“执行情况”部分如下：本次抽样采用二阶段抽样方法，根据第六次人口普查数据，在第一阶段中使用概率比例规模抽样方法从 ×× 地区随机抽出 20 个居委会，第二阶段从每个居委会中使用简单随机抽样的方法选出 50 个居民户。抽样置信度为 5%。

抽样及入户调查由国际公认的调查网认证通过。

问卷设计与后期数据处理及技术分析报告由 ×××× 技术公司完成。抽样与入户调查由 ××××× 调查队负责完成。调查进行日期从 201× 年 × 月 × 日至 × 日。

问卷设计为封闭式，共 81 个问题。入户调查采用调查员询问代填方式。问卷总数为 1 001 份，收回 997 份。

④ 抽样基本情况：抽样的男女比例与总体一致，年龄分布呈正态分布；被调查者中所占比例最高的为国有企业、事业单位以及政府机关员工；所有的被调查者中有 84.45% 的人享受公费医疗；被调查者中 45% 的人收入在 1 000 元 ~3 000 元，39% 的人收入在 3 000 元 ~5 000 元；79.7% 的人均已婚并有小孩。

（4）正文。正文是市场调查分析报告的主要部分。正文部分必须准确阐明全部有关论据，包括从问题的提出到引出的结论，论证的全部过程，以及分析研究问题的方法。还应当有可供市场活动的决策者进行独立思考的全部调查结果和必要的市场信息，以及对这些情况和内容的分析、评论。

（5）结论和建议。结论和建议是撰写综合的分析报告的主要目的。这部分包括对引言和正文部分所提出的主要内容的总结，以及如何利用已证明为有效的措施和解决某一具体问题可供选择的方案与建议。结论和建议与正文部分的论述要紧密对应，不可以提出无论据的结论，也不要没有结论性意见的论证。

（6）附件。附件是指调查报告正文包含不了或没有提及，但与正文有关必须附加说明的部分。它是对正文报告的补充或更详尽说明。

2. 市场调研报告的可行性分析和评价

市场调研报告成文后，需要对其质量进行评估，主要从可行性和评价等方面进行。

（1）调查方案可行性分析的方法。

① 经验判断法。经验判断法是指通过组织一些有丰富市场调查经验或者相关领域的专家等，对初步设计的市场调查策划方案凭借经验进行评估，以确定该方案是否具备科学性和可行性。

市场调研结果分析与处理

② 逻辑分析法。逻辑分析法是指从正常的逻辑的层面对调查策划方案进行把关，考察其是否符合逻辑和常理。

③ 试点调查法。试点调查法是小范围地选择部分调查单位进行试验性调查，对调查方案进行实地检验，以确定市场调查策划方案的可行性。试点调查法具备比较突出的作用：

a. 试点调查的目的在于对调查方案进行实地检验。

b. 试点调查还可以理解成实战前的演习，可以在大规模推广应用之前及时了解我们的调查工作哪些是合理的、哪些是我们工作的薄弱环节。

（2）调查方案模拟实施。模拟调查结果的分析非常重要，是下一步正式大规模调查工作成败的关键。

（3）调查方案设计的总体评价。市场调查方案设计的总体评价涉及以下三个方面：① 方案设计是否体现调查目的。② 调查方案是否具有可操作性。③ 方案是否科学和完整。

▶【职业道德与企业伦理 2-1】

背景与情境：某市江北区的一个市民前不久办了一张信用卡。“没想到被保险公司盯上了，每天都会接到保险推销电话。”当该市民询问保险公司是怎么得到自己电话时，保险公司并不讳言，“是银行给的”。

“这是保险公司和银行的合作。”一家保险公司的客户经理告诉记者，保险公司从银行“拿”到“优质客户”信息，再电话推销保险产品。

据他介绍，由于我国个人信用系统还不完善，无论是个人还是机构，对于个人信息保密的意识还不强；在法律层面上，国家对于泄露个人信息的保护也不够，因此消费者常常在某个机构填一份表格后，就会收到众多的推销电话。

一位银行内部人士告诉记者，银行与保险等金融机构之间的确存在个人信息和信用记录交换的渠道。银行只需给保险公司提供一份优质客户信息名单，保险公司就在电话后台推销不同的保险产品，再根据实际销售结果给银行“分成”。

很多消费者都有类似的遭遇：热心接受了某次市场调查，就会收到很多不相干的广告、“骚扰”电话；就医还没结束，家里就接到了保健品宣传单……这些都表明消费者的个人信息已经泄露。

资料来源：和讯网，2013-02-20.

问题：如何从社会责任和企业伦理的角度理解这种行为？

分析提示：虽然大部分消费者可以理解和接受市场营销调研在产品和服务提供方面所扮演的正面角色，他们了解调研的结果会给自身带来价格优惠和服务提升度，但还是有相当一部分消费者认为调研过程或方法是对隐私的触犯。出发点良好的市场营销调研极有可能由于忽视或触犯了被调研对象的道德禁忌，或采用了不道德的调研方法和手段而导致调研结果的真实性下降。

■ 主要概念

市场调研　市场营销信息系统　市场调研策划　定量研究　定性研究

■ 重点实务

市场调研的常用方法策划 市场调研的流程策划

■ 单元训练

□ 理论题

▲ 单选题

1. 以大量的历史观察值为主要依据，建立适当的数学模型，推断或估计市场未来的供给量和需求量是（　　）的特点。

A. 定性市场预测　　B. 定量市场预测

C. 单项商品预测　　D. 商品总量预测

2. 下列选项中，（　　）不是市场营销信息系统的子系统。

A. 市场营销情报系统　　B. 市场营销调研系统

C. 企业经营财务系统　　D. 内部报告系统

3. 市场调研信息的使用者是（　　）。

A. 市场调研公司　　B. 政府

C. 大众消费者　　D. 企业

▲ 多选题

1. 市场调研策划的主要内容包括确定（　　）。

A. 调研课题　　B. 调研目的

C. 调研方法　　D. 经费预算

2. 市场调研策划的内容包括（　　）。

A. 宏观环境　　B. 消费者调查

C. 竞争者调查　　D. 产品调查

3. 询问法的类型不包括（　　）。

A. 心理绘画　　B. 电话调查

C. 邮寄调查　　D. 日记调查

▲ 判断题

1. 市场调查的最终目标是影响公众的意见或倾向。（　　）

2. 定量调查可用于了解消费者的态度、感觉、动机、反应等方面。（　　）

3. 消费者行为是市场调查中带有不确定性的因素，其具有不确定性是因为受多方面因素影响。（　　）

4. 定量调查是指围绕一个特定的主题取得有关定性资料的调查方法。（　　）

□ 实务题

▲ 业务解析

在澳大利亚昆士兰州，许多远道而来的顾客特别是生怕忘事的家庭主妇，在到商店购物前总喜欢把准备购买的商品名字写在纸条上，买完东西后则随手丢弃。一家大百货公司的采购经理注意到这一现象后，除了自己经常捡这类纸条外，还悄悄发动其他管理人员也行动起来。他以此作为重要依据，编制了一套扩大经营的独家经验，结果可想而知：许多主妇从前要跑很远的路才能购买到的商品，现在到附近分店同样也能买到，这家商店的生意也日益兴隆。

请你查阅相关材料，运用消费者调研的各项内容分析其成功的原因。

□ 案例题

▲ 案例分析

“半日游逛”

背景与情境：德国的哈夫门公司格外善于捕捉市场信息，享有“新鲜公司”之雅号。他们的方法是经理和高级职员每天半日坐班，半日深入社会，广抓信息。一次，公司的管理部长进剧院看戏，却三心二意难以投入剧情，而不远处一对青年男女的对话，却声声入耳：“你能给我买顶有朵白花饰物的绒帽吗？我们公司的女孩们都想得到那样一顶漂亮的帽子。只有赫得公司卖过一批，可以后再也见不到了。”“亲爱的，我保证给你买到。你知道吗，我们公司的同事们都在想买那种双背带背包，省力又不会使肩膀变形，你要是能为我买来，他们肯定既羡慕又嫉妒。”管理部长坐不住了，出门直奔几家商店，回答是问的人多，可没货。部长连夜找来几位设计师，两周后，大白花绒帽和双背带背包作为哈夫门公司献给大家的圣诞礼物摆上了柜台，生意之红火就不用说了。

问题：

1. “半日游逛”的真实意图是什么？
2. 这样的市场调研属于市场调研哪一部分的内容？
3. 请分析这种市场调研的好处和弊端。

分析要求：同第 1 章本题型的“分析要求”。

▲ 决策设计

汽车经销公司的竞争策略

背景与情境：轿车经销商 A 在 C 市从事轿车代理经销多年，有一定的经营实力，商誉较好，知名度较高。但近两年，C 市又新来了几家轿车经销商，这对经销商 A 的经营造成了一定的冲击，轿车销售量有所下降。为了应对市场竞争，经销商 A 急需了解 C 市居民私家车的市场普及率和市场需求潜力，了解居民对轿车的购买欲望、动机和行为，了解现有私家车用户有关轿车使用方面的各种信息，以便调整公司的市场营销策略。为此，经销商 A 要求市场调查部门组织一次关于 C 市居民轿车需求与用户反馈为主题的市场调查。

问题：假如你是这个公司的营销人员，该怎样设计该企业的市场调研以解决问题？

设计要求：同第 1 章本题型的“设计要求”。

▲ 道德研判

一次失败的市场调研

背景与情境：北华饮业是最早准备在中国开辟茶饮料市场的企业之一，而中国的茶文化认为，冷茶、隔夜茶甚至放在不合适的器皿里的茶都是不能喝的，于是它求助于市场调研公司，试图找到解决问题的办法。市场调研公司询问被访者：“既是冷茶，也是隔夜茶，而且还放在塑料瓶里，你会喝吗？”消费者回答：“谁会喝那玩意。”但“康师傅”与“统一”没有相信这次调研结果，率先占据了“绿茶”“冰红茶”等茶饮料市场，而北华饮业已是后悔莫及。

问题：

1. 本案例中存在哪些道德伦理问题？
2. 试对上述问题作出你的道德研判。
3. 对照本教材附录三和网上调研资料，说明你的道德研判所依据的行业道德规范。
4. 请从市场调研策划与道德研判角度对饮料市场做出评价。

研判要求：同第 1 章本题型的“研判要求”。

□ 实训题

“市场调研策划运作”业务胜任力训练

【实训目的】

见本章“学习目标”中的“实训目标”。

【实训内容】

专业能力训练：其能力领域、技能点、名称和操作的参照规范与标准见表 2-7。

表2-7 专业能力训练领域、技能点、名称及其参照规范与标准

能力领域	技能点	名称	参照规范与标准
市场调研策划运作	技能 1	市场调研内容选择技能	（1）能够及时发现与识别企业的经营机会与问题。 （2）能够正确选择市场调研的内容。 （3）能根据市场调研的内容分析与评价，按照规范格式写出企业的市场机会分析报告
	技能 2	市场调研方法选择与原则运用技能	（1）能较全面地了解和把握各种市场调研方法与原则。 （2）能正确地选择市场调研方法。 （3）能正确地运用市场调研方法和原则进行市场调研

续表

能力领域	技能点	名称	参照规范与标准
市场调研策划运作	技能 3	市场调研程序化运作技能	（1）能较全面地了解和把握市场调研的流程。 （2）能较规范地运用相关流程知识进行市场调研的程序化运作
	技能 4	市场调研报告撰写技能	（1）能较全面地了解和把握市场调研报告的格式与内容、可行性分析方法和总体评价要求等知识。 （2）能根据依据上述知识较规范地设计和撰写市场调研报告

职业核心能力和职业道德训练：其内容、种类、等级与选项见表 2–8；各选项操作的“参照规范与标准”见本教材附录二和附录三。

表2–8　职业核心能力与职业道德训练内容、种类、等级与选项

内容	职业核心能力							职业道德						
种类	自我学习	信息处理	数字应用	与人交流	与人合作	解决问题	革新创新	职业观念	职业情感	职业理想	职业态度	职业良心	职业作风	职业守则
等级	中级	中级	中级	中级	中级	中级	中级	认同	认同	认同	认同	认同	认同	认同
选项		√		√	√	√	√	√			√	√	√	√

【组织形式】

将班级学生分成若干实训小组，根据实训内容和项目需要进行角色划分。

【实训要求】

1. 将职业核心能力和职业道德训练融入专业能力训练中。

2. “市场调研策划”的“专业能力训练”参照本教材网络教学资源包《学生考核手册》考核表 2–3 中的“考核指标”与“考核标准”；“职业核心能力训练”和“职业道德训练”分别参照本教材附录二和附录三中相关选项的“参照规范与标准”。

3. 对本次实训活动进行总结，参照本教材“课业范例”之范例综 –2 的结构与体例完成本实训课业。

【情境设计】

将学生分成若干实训组，分别选择当地某企业经营项目进行实训。各实训组通过对所选企业（或本校专业实训基地，或毕业生创业团队）所处市场环境和企业经营情况进行分析，寻找市场机会和寻找企业经营问题，合理选择进行市场调研的内容和正确的方法，按照正确的流程进行市场调研的策划，以及《××（企业）市场调研策划方案》和《××（企业）市场调研报告》的撰写等活动的参与和体验，完成本实训操练题的各项实训任务，在此基础上撰写《××（企业）市场调研策划实训报告》。

【指导准备】

专业知识准备：

1. 市场调研策划的相关知识准备。

2. 市场调研策划的内容、方法和流程相关知识准备。

3. 与本章“职业核心能力‘强化训练项’”各技能点相关的“‘知识准备’参照范围”。

4. 涉及本章“职业核心能力领域‘强化训练项’”各技能点和“职业道德领域‘相关训练项’”各素质点的“规范与标准”知识。

操作指导：

（1）教师向学生阐明“实训目的”“能力与道德领域”和“知识准备”。

（2）教师就“知识准备”中的第（3）（4）项，对学生进行培训。

（3）教师指导学生就操练项目的市场进行调研、资料收集与整理。

（4）教师指导学生撰写《××（企业）市场调研策划实训报告》。

【实训时间】

本章授课结束后一周内。

【实训步骤】

1. 将学生分成若干个实训组，每 8 ～ 10 位同学一组，每组确定 1 ～ 2 人负责。

2. 对学生进行市场调研内容、方法和流程培训，确定市场调研策划的范围。

3. 各实训组分别选择正在实施“市场调研策划”的企业、校实训基地或毕业生创业团队的项目，各自确定调研任务，对其进行现状调查。

4. 各实训组分析调查结果拟订《××（企业）市场调研策划方案》。

5. 各实训组实施《××（企业）市场调研策划方案》，并在此基础上撰写《××（企业）市场调研报告》。其中：“专业能力训练”重点体验市场调研内容的选择、方法与原则的运用和市场调研报告格式与内容的规范化处理等技能点的有质量、有效率的操作；“职业核心能力训练”和“职业道德训练”重点体验相关选项中各技能点的相应级别操作。

6. 综合以上阶段性成果，撰写《××（企业）市场调研策划实训报告》。其内容包括：实训组成员与分工；实训过程；实训总结（包括对“专业能力训练”“职业核心能力训练”和“职业道德训练”成功与不足的分析说明）；附录（包括各种阶段性成果全文）。

7. 在班级交流、讨论各组的《××（企业）市场调研策划实训报告》。

8. 根据交流、讨论结果，各组修订其《××（企业）市场调研策划实训报告》，并使之各具特色。

【成果形式】

实训课业：《××（企业）市场调研策划实训报告》

课业要求：

1.“实训课业”的结构与体例参照本教材“课业范例”中的范例综 -4。

2. 将《××（企业）市场调研策划方案》和《××（企业）市场调研报告》全文以“附件”形式附在《实训报告》正文之后。

3. 在校园网的本课程平台上展示经过教师点评的班级优秀《实训报告》。

■ 单元考核

考核要求：同第1章“单元考核”的“考核要求”。

项目三 市场细分与市场定位策划

03

- 学习目标
- 思维导图

- 主要概念
- 重点实务
- 单元训练
- 单元考核

+03

学习→目标

通过本章学习，应该达到以下目标：

- 理论目标：学习和把握市场细分的概念和内容，目标市场的类型，市场定位的概念和作用等陈述性知识；能用其指导“市场细分与市场定位策划”的相关认知活动。
- 实务目标：学习和把握市场细分策划的基础、标准与程序，目标市场策划的选择与营销策略，市场定位策划的步骤与方法，以及“业务链接”等程序性知识；能用其规范“市场细分与市场定位策划”中的相关技能活动。
- 案例目标：运用本章理论与实务知识研究相关案例，培养“市场细分与市场定位策划”业务情境中分析问题、决策设计和道德研判能力。
- 实训目标：参加“市场细分与市场定位策划”的实践训练。在了解和把握本实训相关技能点的“规范与标准”的基础上，通过“市场细分与市场定位策划”实训中系列技能操作的实施，《市场细分与市场定位策划实训报告》的撰写、讨论与交流，培养“市场细分与市场定位策划”的专业能力、相关选项的职业核心能力（中级），并通过相关选项的职业道德（认同级）教育，促进健全职业人格的塑造。

■ 思维导图

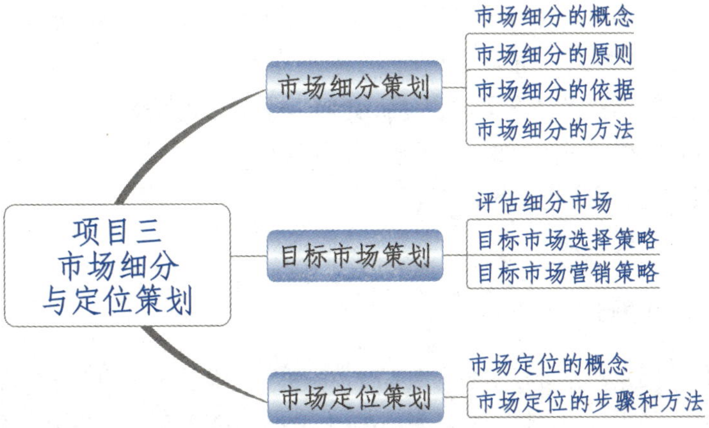

▶ 引例

江小白的 STP 策划

背景与情境：一款单品售价只有 20 元的白酒品牌——江小白，以黑马之势席卷而来，做到了一年 3 亿的销售额。江小白，是重庆江小白酒业有限公司旗下江记酒庄酿造生产的一种自然发酵并蒸馏的高粱酒品牌。

如今低价白酒市场竞争非常激烈，而江小白以其时尚的包装、个性十足的品牌形象，迅速赢得了年轻消费者的青睐。一句"我是江小白，生活很简单"，引起了年轻消费者的共鸣。

问题：试从营销策划的角度分析，江小白为什么会取得巨大的成功呢？

在现代市场营销理论中，市场细分（Segmenting）、目标市场（Targeting）和市场定位（Positioning）是 STP 战略营销的三大核心内容。江小白以年轻消费者为目标市场，展示年轻个性的市场定位，是 STP 策划的典型范例。本章将系统地阐述企业如何寻找与自身相匹配的发展机遇，正确地进行市场细分和目标市场选择，从而为企业进行正确的市场定位，在竞争中取得顺利发展。

▶ 3.1 市场细分策划

名家名著：杰克·特劳特与《定位》

市场细分是市场研究中最吸引人的领域之一，它不仅是一种使用诸多数理分析方法的科学工作，还是一项需要研究者发挥想象力和洞察力的艺术创造。

▶ 3.1.1 市场细分的概念

营销以满足顾客需求为宗旨，但鉴于任何一个企业所能控制的资源是有限的，其供给能力总是小于市场整体需求。换一句话说，任何企业所生产的产品或提供的服务都不可能满足所有顾客的需要，也不可能满足顾客的所有需要，只能满足一部分顾客的一部分需求，这是企业进行市场细分的基础。

市场细分，就是根据消费者明显不同的需求特性，把市场区分为两个或者两个以上的消费者群，以便企业选择目标市场。将一群具有近似特征的消费者群，从差异万千的大市场中划分出来，作为一个个分市场，这就是市场细分的过程。

▶ 3.1.2 市场细分的原则

企业可根据单一因素，亦可根据多个因素对市场进行细分。选用的细分标准越多，相应的子市场也就越多，每一子市场的容量相应就越小；相反，选用的细分标准越少，子市场就越少，每一子市场的容量则相对较大。如何寻找合适的细分标准，对市场进行有效细分，在营销实践中并非易事。一般而言，成功、有效的市场细分应遵循以下四个基本原则。

1. 可衡量性

可衡量性是指细分的市场是可以识别和衡量的，即细分出来的市场不仅范围明确，而且对其容量大小也能大致做出判断。有些细分变量，如具有“依赖心理”的青年人，在实际中是很难测量的，以此为依据细分市场就不一定有意义。

2. 可进入性

可进入性是指细分出来的市场应是企业营销活动能够抵达的，即企业通过努力能够使产品进入并对顾客施加影响的市场。一方面，有关产品的信息能够通过一定媒体顺利传递给该市场的大多数消费者；另一方面，企业在一定时期内有可能将产品通过一定的分销渠道运送到该市场。否则，该细分市场的价值就不大。

3. 有效性

有效性是指细分出来的市场，其容量或规模要大到足以使企业获利。进行市场细分时，企业必须考虑细分市场上顾客的数量，以及他们的购买能力和购买产品的频率。如果细分市场的规模过小、市场容量太小、细分工作繁琐、成本耗费大、获利小，就不值得企业去开发。

4. 对营销策略反应的差异性

对营销策略反应的差异性是指各细分市场的消费者对同一市场营销组合方案会有差异性反应，或者说对营销组合方案的变动，不同细分市场会有不同的反应。如果不同细分市场顾客对产品需求差异不大，行为上的同质性远大于其异质性，此时，企业就不必费力对市场进行细分。对于细分出来的市场，企业应当分别制定独立的营销方案。如果无法制定出这样的方案，或其中某几个细分市场对是否采用不同的营销方案不会有大的差异性反应，便不必进行市场细分。

▶ 3.1.3 市场细分的依据

市场细分的含义和作用

市场细分的依据实际上也就是客观地存在于市场上的消费者需求差异化的各种因素。通常消费者市场细分的依据包括：

1. 地理因素的细分

地理因素主要包括消费者所居住的地区以及这些地区的自然特点，如区域类型、城市乡村、人口密度、气候、城市规模等。企业之所以可以按照地理标准来细分市场，关键在于生活在具有不同地理特征地区的消费者，对同一类产品往往会有不同的需要与偏好，他们对于企业制定的营销策略往往也会产生不同的反应。地理因素是一个静态因素，往往容易辨别，它对于分析研究不同地区消费者的需求特点、需求总量及其发展变化趋势具有一定的意义，有助于企业地域市场的开拓。目前，现代市场营销学中强调的“本土化营销”理念，其目的就是适应本地区顾客的需求。

2. 人口因素的细分

人口因素的细分是把目标市场的顾客，按年龄、性别、家庭生命周期、职业、收入、教育、种族等，根据其特征因素，分成不同的子市场。人口因素在细分顾客市场中的应用比较多，参见表 3-1。

3. 行为因素的细分

行为因素是根据顾客对产品的使用、忠诚度、购买后的反映等特征因素，按照一定的特征进行细分，经常使用到的是顾客对产品的使用程度、品牌忠诚度与利益因素的结合。

表3-1 人口因素主要变量与营销要点

人口因素	主要变量	营销要点
性别	男女构成	了解男女构成及消费需求特点
年龄	婴儿、儿童、少年、青年、成年、老年	掌握年龄结构、比重及各档次年龄的消费特征
收入	高收入、中高收入和低收入者	掌握不同收入层次的消费特征和购买行为
家庭生命周期	单身阶段、备婚阶段、新婚阶段、育儿阶段、满巢阶段、空巢阶段、寡鳏阶段	研究各家庭处在哪一阶段、不同阶段消费需求的数量和结构
职业	工人、农民、军人、学生、干部、教育工作者、文艺工作者等	了解不同职业的习惯特点及消费差异
文化程度	文盲、小学、中学、大学等	了解不同文化层次人群购买种类、行为、习惯及结构
民族	汉族、满族、回族、蒙古族等	了解不同民族的文化、宗教、风俗及不同的消费习惯

（1）购买习惯。即使在地理环境、人口状态等条件相同的情况下，由于购买习惯不同，仍可以细分出不同的消费群体。购买时间习惯标准，就是根据顾客产生需要购买或使用产品的时间来细分市场的。例如，欢度中秋节，人们总是要购买月饼，家庭团聚；春节前商品及团圆饭的预定达到高峰。从购买地点习惯看，一般日用品消费者愿意去超市、便利店购买，这就为企业市场定位提供了依据。

（2）利益因素。顾客的消费总是希望尽量地满足某种需要，寻找一种商品、服务或是环境，也许是满足心理上的欲望。可根据顾客对产品的态度、追求的利益的类型对市场进行细分，这种细分的方法越来越受到营销工作者的重视，被广泛地推广使用。

（3）顾客状况。根据顾客是否使用和使用的情况来细分市场。一般可分为经常性的消费、首次消费、潜在的顾客、非顾客等。大企业往往注重将潜在顾客转变为实际顾客，小型企业则注重于保持现有顾客，并设法将吸引使用竞争者产品的顾客转变为自己企业的顾客。

（4）品牌忠诚程度。企业还可根据顾客对产品的忠诚程度细分市场。有些顾客经常变换品牌，有些顾客则在较长时期内专注于某一或少数几个品牌。通过了解顾客品牌忠诚程度情况，以及品牌忠诚者与品牌转换者的各种行为与心理特征，不仅可为企业细分市场提供一个依据，同时也有助于企业了解为什么有些顾客忠诚本企业产品，而另外一些顾客则忠诚于竞争企业的产品，从而为企业选择目标市场提供启示。

4. 心理因素的细分

心理因素的细分就是根据顾客的社会阶层、生活方式、性格等特征因素进行细分。社会阶层是职业、收入、社会地位、教育等多种因素作用的结果。由于社会阶层的不同，会产生不同的价值观念、行为方式、生活方式。所以，研究社会阶层也是市场细分的重要元素。

市场细分的标准

（1）社会阶层因素。社会阶层是指在某一社会中具有相对同质性和持久性的群体。处于同一阶层的成员具有类似的价值观、兴趣爱好和行为方式，不同阶层的成员则在上述方面存在较大的差异。很显然，识别不同社会阶层的顾客所具有的不同的特点，对于很多产品的市场细分将提供重要的依据。

（2）生活方式因素。人们生活在不同的社会环境中，会逐渐养成不同的生活方式和价值观念，随着生活水平的不断提高，人们的生活方式也发生了明显的变化。

（3）性格因素。性格是人的特有的心理特征，存在理智、冲动等性格类型，由于性格的不同，会导致对所处环境做出不同的反应，参见表 3-2。

表3-2 不同性格的消费需求特点

性格	消费需求特点
习惯型	偏爱、信任某些熟悉的企业或品牌，消费时注意力集中，定向性强，反复购买
理智型	不易受广告等外来因素影响，消费时头脑冷静，注重对企业或产品的了解和比较
冲动型	容易受信息或企业、产品的外表或促销的刺激而产生消费，对企业或产品的评价以直观为主，在消费前并没有明确目标
想象型	感情丰富，善于联想。重视企业或产品的外观及命名，以自己丰富的想象力去联想产品的意义
时髦型	易受相关群体、流行时尚的影响，以标新立异、赶时髦为荣，消费时注重引人注意，或显示身份和个性
节俭型	对产品的价格比较敏感，力求以较少的钱换来更多的利益，消费时精打细算、讨价还价

▶【同步业务 3-1】

日本漫画的市场细分

日本是世界上最大的漫画书刊生产国。从儿童、青少年到家庭主妇和中年男子，日本漫画业通过明确市场细分，把各年龄、各阶层的受众网罗其中。以杂志载体的受众类型来划分，通常有四种，少年漫画、少女漫画、女性漫画、男性漫画。

如果是从题材划分，日本动漫种类则更加包罗万象。历史类、科幻类、超能力幻想类、纯爱情感类、校园故事、侦探故事等等，几乎涵盖了所有方面。

漫画市场可以采用哪些细分标准进行市场细分？通过该事例，你有何启示？

业务分析：细分标准总体有四类。地理细分、人口细分、行为细分和心理细分。本例中，漫画市场的细分标准重点采用了人口细分。隐藏的细分标准可能包含心理因素的细分。

本例中结合漫画市场的实际情况，依据题材进行细分，也对市场细分的操作具有借鉴意义。

通过市场细分，我们可以发现新的市场机会、避开激烈的市场竞争。

业务程序：漫画市场首先采用年龄细分，分为少年和成人市场。其次采用性别，分为男性和女性市场。结合漫画市场的实际情况，依据题材进行细分，分为历史类、科幻类、超能力幻想类、纯爱情感类、校园故事、侦探故事等细分市场。

资料来源：三联生活周刊，《日本漫画的市场细分》，2013-10-10.

▶ 3.1.4 市场细分的方法

市场细分的方法包括：

1. 单一因素细分法

即根据影响消费者需求的某一个重要因素进行市场细分。如奶粉企业，按年龄细分市场，可分为婴儿、儿童、中老年等奶粉。

2. 综合因素细分法

即根据影响消费者需求的两种或两种以上的因素进行市场细分。如服装企业，按性别、年龄、收入三个变量细分市场。

3. 系列因素细分法

是根据两种或两种以上的因素，且按照一定的顺序，由粗到细依次地对市场进行细分，下一阶段的细分是在上一阶段选定的子市场中进行的。这种方法可使目标市场更加明确具体，有利于企业更好地制定相应的市场营销策略。如摩托车市场细分见图 3-1。

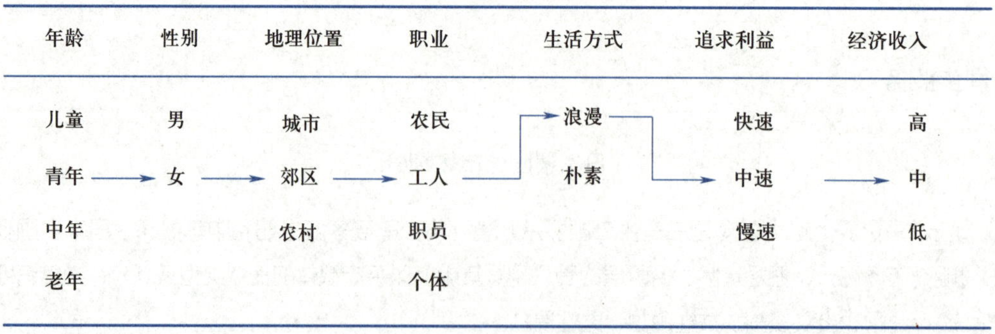

图 3-1 摩托车系列因素细分

▶【教学互动 3-1】

互动问题：

如何用上述四种市场细分的依据对水杯进行市场细分呢？

要求：同“教学互动 1-1”的“要求”。

互动提示：水杯市场细分

▶ 3.2 目标市场策划

▶ 3.2.1 评估细分市场

企业要确定目标市场，必须解决如何评价不同细分市场的价值问题。很明显，并非所有的细分市场都会成为企业的目标市场。

一般来说，评价细分市场的指标至少应该包括以下几个方面。

1. 市场规模

细分市场要有一定的市场规模，这是企业决定是否进入该细分市场的主要因素。

2. 市场增长率

市场增长率是指企业在某一细分市场上、在一定时期内销售额或利润增长的百分比。

3. 市场吸引力

一个具有适度规模和良好潜力的细分市场，如果存在所需的原材料被一家企业垄断、退出壁垒很高、竞争者很容易进入等问题，想必它对企业的吸引力会大打折扣。因此，对细分市场的评价除了考虑其规模和发展潜力外，还要对其吸引力做出评价。波特认为有五种力量决定整个市场或其中任何一个细分市场的长期内在吸引力。这五种力量是：同行业竞争者、潜在的新加入的竞争者、替代品、购买者和供应商。细分市场的吸引力分析就是对这五种威胁本企业长期盈利的主要因素做出评价。

4. 符合企业的目标和能力

理想的目标市场，还必须结合企业的目标与能力来考虑。某些细分市场也许有较大的吸引力，但不符合企业的长远目标，甚至分散企业的精力，使其无法完成主要目标。

同时，企业还必须考虑自身是否拥有在该市场获胜所需的技术和资源。无论在什么样的市场，企业要在其中取得成功，都必须具有某些条件。如果企业在该市场中不具有优势，就不可贸然进入。

▶ 3.2.2 目标市场选择策略

目标市场是企业打算进入的细分市场，或打算满足的具有某一共同需求的顾客群体。企业在选择目标市场时有五种可供选择的模式（见图 3-2）。

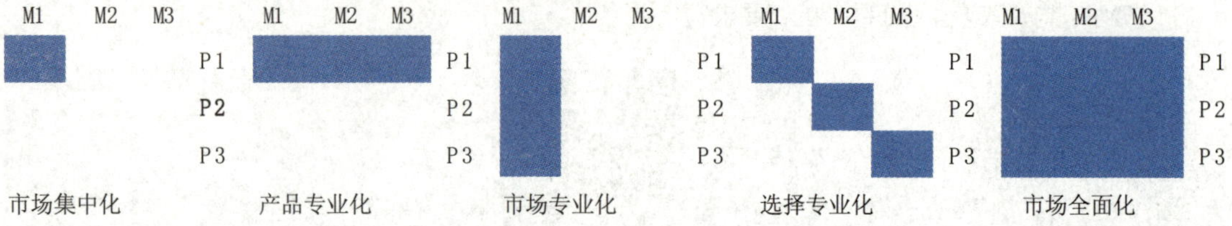

P:产品；M:市场

图 3-2 目标市场选择策略

1. 市场集中化

企业只选择一个细分市场，并且只生产一种产品，满足一个细分市场的需求。例如某服装生产企业只选择儿童服装市场，并且只生产儿童服装中上衣或某一品类。

目标市场的选择方式

单一市场集中模式使企业能够集中力量，在一个细分市场上，具有较大的市场占有率，而不是在较大市场上占有太低的市场份额。但是，这种模式风险较大。由于目标市场范围狭窄，一旦市场情况突然变坏，如顾客偏好发生转移，价格猛跌，或者出现强有力的竞争者等，企业就可能陷入困境。

2. 产品专门化

企业生产一种产品，向各类顾客销售。例如，许多冰箱生产厂家同时向来自家庭、科研单位实验室、饭店餐馆等顾客销售冰箱，但并不生产他们需要的其他电器。通过这种模式，不仅可以分散风险，利于企业发挥生产、技术潜能，而且可以在某个产品领域树立很高的声誉。该模式通常出现在单一市场选择策略之后。

3. 市场专业化

企业面对一个细分市场，生产、经营他们所需的各种产品。这样可以分散风险，并在这一类顾客中树立良好声誉。例如，许多电器厂家，专门生产各种家用电器，从电冰箱、洗衣机到电视机、录像机和家庭组合音响，应有尽有。市场专业化经营的产品类型众多，能有效地分散经营风险。但是，由于集中于某一类顾客，当这一类顾客一旦购买力下降，或减少在这方面的开支，实行这种策略的企业收益就会下降。

4. 选择专业化

企业选择若干个细分市场为目标市场，其中每个细分市场都能提供有吸引力的市场机会，但是彼此之间很少或根本没有任何联系。实际上这是一种多角化经营的模式，可以较好地分散企业的风险。即使企业在某个细分市场失利，也能在其他细分市场得到弥补。采用选择专业模式的企业应具有较强资源和营销实力。

5. 市场全面化

企业生产各种产品或一种产品，满足市场上所有顾客群体的需求，以期覆盖整个市场。实力雄厚的大企业选用这种模式。例如，美国通用汽车公司在汽车市场上采用的便是这种目标市场策略。

▶【同步案例 3-1】

足力健鞋业的精准的老年目标市场

背景与情境：“足力健”这家专做老人鞋的企业，这两年火了起来。“足力健”以专做老年人健康鞋而闻名，目前的“足力健”已发展成为一家专注老人脚部健康，集研发、生产、销售专业老人鞋为一体的综合型企业。

“足力健”成立的第一个部门，就是消费者需求调研部（后来升级为用户研究中心）。通过一次次面对面接触，“足力健”对老人穿鞋的需求、痛点逐渐清晰起来。老年人买鞋难、穿鞋难，是因为老年人的脚发生了三大变化。一是脚前后变宽，脚背变高，脚变长了；二是趾骨变软，大骨头塌陷，脚踝骨变脆，有骨刺；三是脚上皮肤有脚垫，脚跟疼，包括皮肤松软。

针对老年人穿鞋的需求与痛点，“足力健”开始了立项、打样、试穿，根据用户反馈，再不断改进颜色、款式、质量。“足力健”推出的第一款鞋为“足力健动力鞋”，主打“穿上不挤脚，出门不打滑”，最终一年卖了 50 万双。

“足力健”的实体店专门开在超市里，这是因为“足力健”经过调研发现，超市是老人生活中最常去的地方之一；而且，很多老人认为，超市里的品牌可信度更高。可以说，关注老年人需求，坚持做老年目标市场，是“足力健”在市场缝隙中生根、绽放的根本所在。

问题：足力健鞋业选择老年人作为目标市场的依据有哪些？

分析提示：目标市场的选择是建立在对各个细分市场的筛选的基础上。对于细分市场的筛选或者选择目标市场的依据可以有市场规模、市场增长率、市场吸引力以及符合企业的目标和能力。

▶ 3.2.3 目标市场营销策略

目标市场营销策略通常有三种形式：

1. 无差异营销

无差异营销通常也叫做**无差异目标市场策略**。这种策略着眼于满足整个市场的共同需要，而舍弃在细分市场中所表现的某些差异；以整个市场为目标市场，推出一种产品，以一种市场营销组合力求满足整个市场的某种需求。

这种策略最大的优点是生产集中，品种单一，批量大，生产成本很低；其所面对的市场选择能力不强，不需大量广告宣传，从而营销费用相对较少。例如，美国的可口可乐公司，由于拥有世界性的专利，在相当长的一段时间内仅生产一种口味、一种规格和形状的瓶装可口可乐，来满足世界各地消费者对饮料的共同需求。

但是，如在同一细分市场上有几家企业都采取无差异性营销，必将导致竞争日趋激烈，给企业带来较大的风险。

2. 差异性营销

也叫**差异性目标市场策略**。通过市场细分，选择几个子市场为目标市场，并针对每个子市场的不同需求特征，设计不同的产品和采用几种不同的营销组合。例如，在饮料市场竞争激烈的压力下，可口可乐公司改变了原来的目标市场策略，针对各地区消费者的不同口味、消费习惯等特征，设计出不同的饮料，并采用不同形式、大小的包装容器；针对各地区消费者的文化习惯设计出不同的广告形式和广告用语，从而确保了它在世界饮料市场的霸主地位。

这种策略的优点在于符合消费者的不同需求，增加了销售机会，有利于市场的拓展。可以使企业在几个细分市场同时占据优势，提高企业声誉，树立企业的良好形象，从而有利于在竞争中夺取更大的市场占有率。这种策略的缺陷是同时经营几个细分市场，会使企业资源过于分散，从而失去竞争优势。这种策略会导致生产成本和营销费用的增加，降低营销活动的经济效益。

3. 集中性营销

一般也称为**密集性目标市场策略**。对一些资源条件较弱的小企业，其市场营销决策者的指导思想是：与其在一个大市场或几个细分市场上占有一个小份额，不如在一个细分市场中占有大份额。因此，选择一个细分市场为目标市场，集中企业的资源，实行专业化经营。

采用这种策略，可为企业带来的好处是：① 由于集中经营，对目标市场的需求调研也可较为深入，从而采取针对性较强的营销手段，使企业在这一细分市场中占据有利地位。② 集中经营中专业化程度的提高可相对降低产品生产成本和营销费用。③ 可使企业对自己产品的质量精益求精，提高产品品牌和企业的声誉。

但是，要看到这种策略选择市场较为狭小，风险也较大。例如，市场需求发生变化、竞争者的出现都可能导致目标市场收益的滑坡，国内诸如此类现象举不胜举。为此，企业可同时选择几个、很少甚至根本没有任何联系的细分市场作为目标市场，实施集中性与差异化相结合的营销方式，这样当某一目标市场失去吸引力，企业仍能从其他目标市场上获利。

对比上述三种策略，前两种是以整个市场为目标，以满足整个市场的共同需求或几种不同的需求为策略的指导思想。而最后一种则是以一个或几个细分市场为目标市场，满足一小部分需求为指导思想来制定的策略。

▶ 3.3 市场定位策划

▶ 3.3.1 市场定位的概念

所谓市场定位就是企业为其产品或企业创造一定的有别于其他产品或市场的特色，努力使自己的产品或企业在消费者的心目中树立良好的市场形象的过程。靠特色吸引消费者，靠形象形成企业的竞争优势，这是市场定位的精髓，也是企业竞争的有力武器。这种特色和形象可以是实物方面的，也可以是心理方面的，或者两方面兼而有之。

▶ 3.3.2 市场定位的步骤和方法

1. 市场定位的步骤

市场定位可以通过三个步骤来实现：第一，识别可能的竞争优势，列出与竞争者的差异点；第二，选择合适的竞争优势，这些优势必须具有独特性、感知性、盈利性等特征；第三，传播并送达选定的市场定位，用相应的营销组合策略予以配合。可见市场定位通过识别潜在竞争优势、企业核心竞争优势定位和制定发挥核心竞争优势的战略三个步骤实现。

市场定位的含义和策划

（1）识别潜在竞争优势。识别潜在竞争优势是市场定位的基础。通常企业的竞争优势表现在两方面：成本优势和产品差别化优势。成本优势是企业能够以比竞争者低廉的价格销售相同质量的产品，或以相同的价格水平销售更高一级质量水平的产品；产品差别化优势是指产品独具特色的功能和利益与顾客需求相适应的优势。

为实现此目标，首先必须进行规范的市场研究，切实了解目标市场需求特点以及这些需求被满足的程度。这是能够取得竞争优势，实现产品差别化的关键；其次，要研究主要竞争者的优势和劣势，知己知彼，方能战而胜之。

（2）企业核心竞争优势定位。核心竞争优势是与主要竞争对手相比，企业在产品开发、服务质量、销售渠道、品牌知名度等方面所具有的可获取明显差别利益的优势。应把企业的全部营销活动加以分类，并将主要环节与竞争者相应环节进行比较分析，以识别和形成核心竞争优势。

（3）制定发挥核心竞争优势的战略。企业在市场营销方面的核心能力与优势，不会自动地在市场上得到充分的表现，必须制定明确的市场战略来加以体现。譬如，通过广告传导核心优势，逐渐形成一种鲜明的市场概念，这种市场概念能否成功，取决于它是否与顾客的需求和追求的利益相吻合。

▶【同步案例 3-2】

片仔癀化妆品的市场定位

背景与情境：2017 年，片仔癀化妆品和湖南卫视王牌时尚栏目《我是大美人》电视栏目达成合作。携手打造“祛黄领军品牌”，进一步打造片仔癀“祛黄美白”的市场定位，强化黄金单品“片仔癀雪肌无暇润白雪融霜”在用户心中的美白淡斑地位。

问题：如何理解片仔癀化妆品癀雪肌无暇润白雪融霜的市场定位？

分析提示：产品功效是重要的，但更重要的是消费者对片仔癀雪肌无暇润白雪融霜功效的认知和认可。从营销策划的角度就是能不能形成清晰的市场定位非常关键。案例中片仔癀化妆品从产品质量入手，加上综合营销手段，使消费者形成了清晰的产品认知和对市场定位的认同。

2. 市场定位的方法

在具体进行市场定位时，大致有七种方法可供选择。

（1）特色定位。特色定位即从企业和产品的特色上加以定位。如“正宗凉茶就喝加多宝”。

（2）功效定位。功效定位即从产品的功效上加以定位。如“海飞丝”定位于“去头屑”。

（3）质量定位。质量定位即从产品的质量加以定位。如“好空调，格力造”。

（4）利益定位。利益定位即从顾客获得的主要利益上加以定位。如娃哈哈奶强调“喝了娃哈哈，吃饭就是香”。

（5）使用者定位。使用者定位即根据使用者的不同加以定位。如“百事可乐，年青一代的选择”。

（6）竞争定位。竞争定位即根据企业所处的竞争位置和竞争态势加以定位。如光大银行强调“不求最大，但求最好”。

（7）价格定位。价格定位即从产品的价格上加以定位。如格兰仕定位在以最低的价格出售最好的产品。

市场定位的重要目的就是为本企业产品建立有别于竞争者的形象，其方法不局限于以上七种，只要能够在消费者心目中留下独特的感觉和印象，就达到了市场定位的目的。

▶【职业道德与企业伦理 3-1】

长生公司的过期疫苗事件

背景与情境：2018 年 7 月 15 日，国家药品监督管理局发布公告，国家药品监督管理局组织对长春长生开展飞行检查，发现该企业冻干人用狂犬病疫苗生产存在记录造假等严重违反《药品生产质量管理规范》的行为。长生公司从 2014 年起，在生产狂犬病疫苗过程中严重违反药品生产管理规范，其有的批次混入过期原液、不如实填写生产日期和批号、部分批次向后标示生产日期。

问题：如何从社会责任和企业伦理的角度理解这种行为？

分析提示：长生公司不仅违背了应有的职业道德和企业伦理，还涉及违法。由该案例可知：一是企业追求经济利益不能以损害社会利益为代价，二者要统一才能获得合理回报；二是竞争手段要以合法为前提，尤其是在我国建设社会主义市场经济的今天，更需要共同努力提升企业的社会责任感。

主要概念

市场机会　市场细分　目标市场　市场定位

重点实务

细分市场的依据和方法　目标市场选择策略

单元训练

理论题

单选题

1. 市场机会是指（　　）。
   A. 产生一种新产品　　B. 促销带来销量的提高
   C. 销售范围的扩大　　D. 产生新的有待满足的需求
2. 市场细分是（　　）
   A. 对竞争对手的划分　　B. 对产品的划分
   C. 对消费者的划分　　D. 对资金配置的划分
3. 目标市场选择策划就是（　　）。
   A. 只选择一个细分市场即可　　B. 选择所有细分市场
   C. 选择一个或几个细分市场　　D. 一定要同时进入所选择的细分市场

多选题

1. 依据消费者行为因素进行市场细分包括（　　）。
   A. 购买习惯　　B. 利益因素
   C. 顾客状况　　D. 品牌忠诚度
2. 市场机会的特性包括（　　）。
   A. 利益性　　B. 针对性
   C. 可衡量性　　D. 公开性
3. 市场定位的方式不包括（　　）。
   A. 地域定位　　B. 收入定位
   C. 文化定位　　D. 个性特点

判断题

1. 企业如果进行市场细分将失去很多市场。（　　）
2. 市场机会对于所有企业是公平的，因此企业可以选择任意市场机会。（　　）
3. 市场定位就是企业选择与竞争对手不同的细分市场。（　　）
4. 只要市场细分完成，就可以不加评判，选择其中一个目标市场。（　　）

□ 实务题

▲ 业务解析

李锦记由李锦裳于1888年在广东南水创立，当时以制造蚝油起家。1902年李锦记蚝油庄迁至澳门，并在广东及香港地区销售。1946年，李锦记总部迁到香港，此时只有蚝油、虾酱两种产品，以海外为销售主战场。20世纪70年代开始发展香港市场，并着手研制新产品以迎合消费者的多元化需求，至今已有烹饪调味产品150多种。李锦记被国际品牌顾问公司评为亚洲食品第一品牌以及被《读者文摘》的读者评选为国际品牌。近年来，李锦记以“蒸鱼豉油”（豉油即酱油）进入家用调味品市场并取得了成功，其STP策划有着很好的借鉴意义。

请你查阅相关材料运用市场细分、目标市场选择和市场定位策划的相关知识分析其成功的原因。

□ 案例题

▲ 案例分析

可口可乐换新装塑造年轻形象

背景与情境：可口可乐的官方微博发布“换装”消息：可口可乐将新装称为“昵称瓶”，一共有24款。新包装上分别印有闺蜜、氧气美女、白富美、高富帅、纯爷们、文艺青年，小萝莉等网络热词。

纵观可口可乐的营销战略，更换新包装是其惯用手段。商品外包装是产品给消费者的第一印象，新包装能带给消费者新的感受和鲜活的形象。在过去陆续推出过十二生肖系列包装、“福娃”系列包装、中国奥运举办城市系列包装等。这一次可口可乐以网络词汇包装方式“卖萌”，本质上是又一次和“中国特色”的结合，不过更加前卫。

另外，通过这一行为，也可以看出可口可乐正在更加努力地靠近年轻人，其中的背景是作为饮料的主要消费者——年轻群体，因为对碳酸饮料的热情正在降低。

资料来源：可口可乐：穿新衣“卖萌”. 第一营销网，2013-06-03.

问题：

1. 可口可乐公司的碳酸饮料如何进行市场细分？
2. 可口可乐公司的碳酸饮料的目标市场该如何描述？
3. 怎样将可口可乐碳酸饮料换新装与市场定位联系起来？

分析要求：同第1章本题型的“分析要求”。

▲ 决策设计

功能饮料的STP策划

背景与情境：饮料市场历来竞争激烈，功能饮料是饮料市场的一个重要品类。现在，功能饮料市场存在的主要品牌有：红牛、东鹏特饮、乐虎、启力等。经过市场的洗礼，功能饮料市场不再是红牛一枝独秀，市场竞争也越来越激烈。

在功能饮料的营销策划中，除了较大力度的促销、渠道便利度之外，还要考虑功能饮料的市场细分、目标市场以及市场定位。经过 STP 策划，明确品牌核心的价值，能够带来什么核心利益；品牌的卖点以及品牌的独特之处等方面。

问题：假如你是这个公司的营销人员，该怎样对功能饮料市场进行 STP 策划？

设计要求：同第 1 章本题型的“设计要求”。

▲ 道德研判

动物园搞“园中园”，收费有违公益定位

背景与情境：某动物园被曝存在“园中园”收费，开辟动物行为展示馆，借科普展示之名，行动物表演之实，向游客收取 20 元门票钱。国家住建部明确规定，禁止将动物园、公园动物展区、动物场馆场地或园内动物以租赁、承包、买断等形式转交给营利性组织或个人经营，存在上述问题的动物园、公园要限期整改，尽早恢复动物园的公益性质。该动物园的官方网站也明确写着，“动物园是市政园林公用事业的一部分，必须体现公益性”。其实，该动物园打擦边球，绕开“园中园”收费禁令的，不止动物行为展示馆这一处。园内动物广场、锦鳞苑等项目都要另收 20 元门票。

具有公益性质、享受政策优惠的市动物园大搞经营创收，有利用公共资源肥私人腰包的嫌疑，有违其公益定位。

资料来源：动物园搞“园中园”收费有违公益定位．新快网，2012-09-14.

问题：

1. 本案例中存在哪些道德伦理问题？
2. 试对上述问题作出你的道德研判。
3. 对照本教材附录三和网上调研资料，说明你的道德研判所依据的行业道德规范。
4. 请从市场定位策划与道德研判角度对该行为做出评价。

研判要求：同第 1 章本题型的“研判要求”。

□ 实训题

市场细分与定位策划运作

【实训目的】

见本章“学习目标”中的“实训目标”。

【实训内容】

专业能力训练：其能力领域、技能点、名称和操作的参照规范与标准见表 3-3。

职业核心能力和职业道德训练：其内容、种类、等级与选项见表 3-4；各选项操作的“参照规范与标准”见本教材附录二和附录三。

表3-3 专业能力训练领域、技能点、名称及其参照规范与标准

能力领域	技能点	名称	参照规范与标准
市场细分与定位策划运作	技能 1	市场机会分析技能	（1）能够及时发现与识别企业的市场机会。 （2）能够深入分析和正确评价企业的市场机会。 （3）能根据调研分析与评价，按照规范格式写出企业的市场机会分析报告
	技能 2	市场细分技能	（1）能初步了解和把握消费者的不同偏好。 （2）能正确地选择市场细分变量。 （3）能正确地运用市场细分方法进行有效的市场细分。 （4）能较规范地制订市场细分表准确描述各细分市场
	技能 3	目标市场选择技能	（1）能了解和掌握各种目标市场策略。 （2）能根据市场细分表，在全面考虑相关因素的基础上，有针对性地选择并正确运用目标市场策略。 （3）能根据企业的主客观条件，选择特定商品进入目标市场
市场细分与定位策划运作	技能 4	目标市场定位技能	（1）能够了解和掌握市场定位的方式。 （2）能够运用市场定位的方法找准目标顾客群体并确定其特定需求。 （3）能够合理设计并有效实施可以满足目标顾客群体特定需求的营销组合方案

表3-4 职业核心能力与职业道德训练内容、种类、等级与选项

内容	职业核心能力							职业道德						
种类	自我学习	信息处理	数字应用	与人交流	与人合作	解决问题	革新创新	职业观念	职业情感	职业理想	职业态度	职业良心	职业作风	职业守则
等级	中级	中级	中级	中级	中级	中级	中级	认同	认同	认同	认同	认同	认同	认同
选项		√		√	√	√	√	√			√	√	√	√

【组织形式】

将班级学生分成若干实训小组，根据实训内容和项目需要进行角色划分。

【实训要求】

1. 将职业核心能力和职业道德训练融入专业能力训练中。

2.“市场细分与定位策划”的“专业能力训练”参照本教材网络教学资源包《学生考核手册》考核表 4-3 中的“考核指标”与“考核标准”；“职业核心能力训练”和“职业道德训练”分别参照本教材附录二和附录三中相关选项的“参照规范与标准”。

3. 对本次实训活动进行总结，参照本教材“课业范例”之范例综 -3 的结构与体例完成本实训课业。

【情境设计】

将学生分成若干实训组，分别选择当地某企业经营项目进行实训。各实训组通过对所选企业（或本校专业实训基地，或毕业生创业团队）项目所处市场机会进行分析，寻找市场机会，根据市场机会，合理进行市场细分和目标市场的选定，并进行目标市场的定位策划等活动的参与和体验，完成本实训操练题的各项实训任务，在此基础上撰写《× ×（企业）市场细分与定位策划实训报告》。

【指导准备】

专业知识准备：

1. 市场机会分析的相关知识准备。

2. 市场营销中的 STP 相关知识准备。

3. 涉及本章“职业核心能力领域‘强化训练项’”各技能点和“职业道德领域‘相关训练项’”各素质点的“规范与标准”知识。

操作指导：

1. 教师向学生阐明“实训目的”“能力与道德领域”和“知识准备”。

2. 教师就“知识准备”中的第 3 项，对学生进行培训。

3. 教师指导学生就操练项目的市场进行调研、资料收集与整理。

4. 教师指导学生就操练项目进行市场机会分析、市场细分、目标市场选择和市场定位设计。

5. 教师指导学生撰写《× ×（企业）市场细分与定位策划实训报告》。

【实训时间】

本章授课结束后一周内。

【实训步骤】

1. 将学生分成若干个实训组，每 8 ～ 10 位同学一组，每组确定 1 ～ 2 人负责。

2. 对学生进行市场细分与定位策划培训，确定 STP 策划分析的范围。

3. 各实训组分别选择正在实施“市场细分与定位策划”的企业、校实训基地或毕业生创业团队的项目，各自确定调研任务，对其进行现状调查。

4. 各实训组分析调查结果，撰写《× ×（企业）市场机会分析报告》，并在此基础上制定具有创新性质的《× ×（企业）市场细分与定位策划方案》。其中：“专业能力训练”重点体验市场机会分析、市场细分、目标市场选择和市场定位等技能点的有质量、有效率操作；“职业核心能力训练”和“职业道德训练”体验相关选项中各技能点的相应级别操作。

5. 综合以上阶段性成果，撰写作为最终成果形式的《××（企业）市场细分与定位策划实训报告》。其内容包括：实训组成员与分工情况；实训过程；实训总结（包括对专业能力训练、职业核心能力训练和职业道德训练成功与不足的分析说明）；附录（包括各种阶段性成果全文）。

6. 在班级交流、讨论各组的《××（企业）市场细分与定位策划实训报告》。

7. 根据交流、讨论结果，各组修订其《××（企业）市场细分与定位策划实训报告》，并使之各具特色。

【成果形式】

实训课业：《××（企业）市场细分与定位策划实训报告》

课业要求：

1. “实训课业”的结构与体例参照本教材“课业范例”中的范例综 -4。
2. 将《分析报告》《策划方案》全文以“附件”形式附在《实训报告》正文之后。
3. 在校园网的本课程平台上展示经过教师点评的班级优秀《实训报告》。

■ 单元考核

考核要求：同第 1 章“单元考核”的“考核要求”。

项目四 产品策划

04

- 学习目标
- 思维导图

引例 吉福思罗汉果的产品力

4.1 产品与产品组合策划

4.2 品牌策划

4.3 新产品开发

- 主要概念
- 重点实务
- 单元训练
- 单元考校

+04

学习→目标

通过本章学习，应该达到以下目标：

- 理论目标：学习和把握产品整体概念、产品线及产品组合的基本内容，产品生命周期理论；品牌策划的基本类型，新产品的概念；能用其指导“产品策划”的相关认知活动。
- 实务目标：学习和把握产品与产品组合策划的影响因素和目标，品牌策略，新产品开发的流程和筛选标准，以及“业务链接”等程序性知识；能用其规范“产品策划”中的相关技能活动。
- 案例目标：运用本章理论与实务知识研究相关案例，培养“产品策划”业务情境中分析问题、决策设计和道德研判能力。
- 实训目标：参加“产品策划运作”的实践训练。在了解和把握本实训相关技能点的“规范与标准”的基础上，通过系列技能操作的实施，《产品策划运作实训报告》的撰写、讨论与交流等有质量、有效率的活动，培养“产品策划”的专业能力、相关选项的职业核心能力（中级），并通过相关选项的职业道德（认同级）教育，促进健全职业人格的塑造。

■ 思维导图

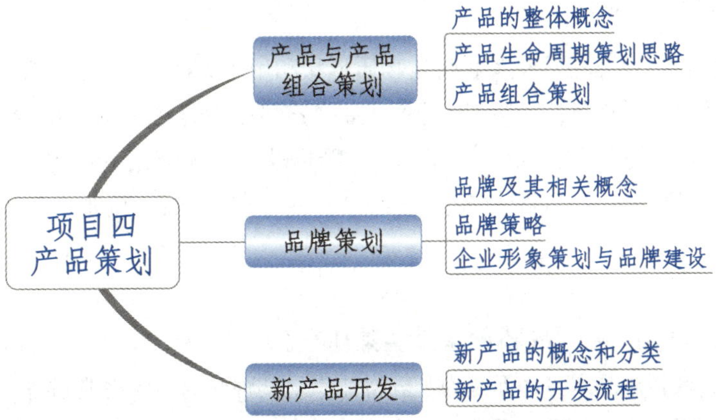

▶ 引例

吉福思罗汉果的产品力

背景与情境： 蓝福生的吉福思（中国）罗汉果有限公司是全球罗汉果专家及领导者，其罗汉果甜味剂出口额遥遥领先，一直居首位，并在美国和新西兰成立了全资子公司，出口市场已经遍布北美、欧洲、印度、韩国及东南亚地区。

据了解，小茗同学、海之言、汇源等国内饮料品牌已经使用了他们的产品，更有其他大型饮料、乳制品公司的相关产品也正在开发中。2016 年 10 月，在第二届中国罗汉果节上，吉福思正式推出了两款终端产品——罗汉果茶膏和罗汉果蜜，从 B 端市场转向 C 端市场，进一步扩大罗汉果在消费端的影响力，也是为了配合国内的市场需求和品牌战略。

问题： 吉福思（中国）罗汉果有限公司的核心竞争力体现在哪些方面?

资料来源：第一营销网，寇尚伟．“罗汉果甜味剂之父”与他的“甜蜜王国”，2017-02-21.

引例中的吉福思能够成为罗汉果行业的领导者，关键在于对产品策划的重视。吉福思以高质量的产品最先切入生产者市场，又通过产品开发进入消费者市场。吉福思的成功离不开好的产品力。本章系统地阐述产品与产品组合策划、品牌策划以及新产品的开发等重要内容。

名家名著：唐·舒尔茨与《整合营销传播》

▶ 4.1 产品与产品组合策划

营销组合策划是市场营销策划的重要组成部分，它包括产品策划、价格策划、渠道策划和促销策划。其中，产品策划是价格策划、促销策划和渠道策划的重要基础。因为，消费者对企业的认可，需要通过企业的产品来实现。

▶ 4.1.1 产品的整体概念

人们通常理解的产品是指具有某种特定物质形状和用途的物品，是看得见、摸得着的实物，这是一种狭义的定义。从市场营销策划的意义上讲，**产品**是指通过占有、使用或消费等手段，来满足某种欲望和需要而提供给市场的一切载体。它既可以是有形载体，也可以是无形载体。

产品是一个整体概念，产品整体概念包含核心产品、有形产品、附加产品和心理产品四个层次，参见图 4-1。

1. 核心产品

核心产品也称实质产品，是指消费者购买某种产品时所追求的利益。消费者购买某种产品，并不是为了占有或获得产品本身，而是为了获得能满足某种需要的效用或利益。例如，消费者购买钻头不是为了获得钻头，而是为了获得钻头钻出的孔。因此，企业在进行产品策划时应明确消费者所追求的核心利益，确定产品能提供的实质利益，提升产品的吸引力。

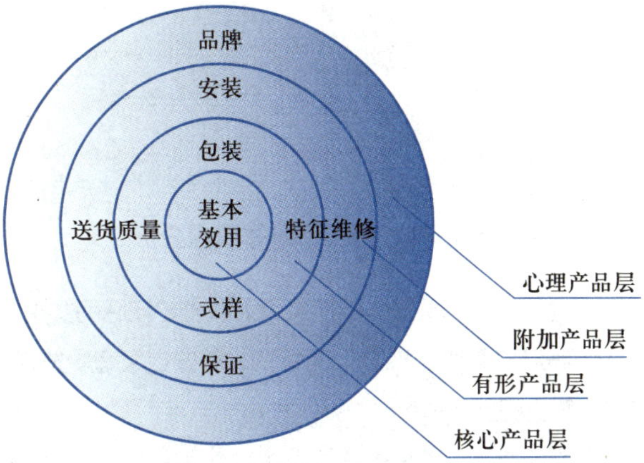

图 4-1 产品整体概念层次

产品整体概念

2. **有形产品**

有形产品是核心产品借以实现的形式，即向市场提供的实体和服务的形式。产品的基本效用必须通过某些具体的形式才得以实现。产品的有形特征主要指质量、式样、特征、包装等。例如，自行车的有形产品不仅仅指自行车的骑行功能，还包括它的质量、造型、颜色等内容。营销策划者应着眼于顾客购买产品时所追求的核心利益，提供完美的有形产品，以求满足顾客需要。

3. **附加产品**

附加产品是指顾客购买有形产品时所获得的全部附加服务和利益。它包括送货、保证、维修、安装等。消费者的目的是为了满足某种需要，因而他们希望得到与该项需要有关的一切载体。随着竞争的加剧，竞争不仅发生在各个公司生产什么产品，而且还发生在其产品能提供何种附加利益，例如服务、广告、顾客咨询、融资、送货、仓储及具有其他价值的形式。

4. **心理产品**

心理产品是指产品的品牌和形象提供给顾客心理上的满足。产品的消费是生理消费和心理消费相结合的过程。随着人们生活水平的提高，人们对产品的品牌和形象看得越来越重，因而它也是产品整体概念的重要组成部分。

心理产品层更好地满足了消费者的精神需求。通过对产品整体概念的理解可以知道消费者在消费一件商品时，不仅追求功能的满足，而且要追求精神的满足。消费层次越高，对精神满足的追求通常就会越强烈，如果一件产品通过广告、材质、造型等营销手段的应用，塑造了良好的心理产品层，那么，该产品就会更好地满足消费者的精神需求。

心理产品层的塑造是区别于竞争对手的有力手段。随着竞争加剧、技术水平的提高，厂商要维持产品功能的垄断，变得越来越困难，这就迫使厂商在产品整体概念中的心理产品层上做文章。通过恰当的营销手段使功能相似的产品在心理产品层上出现巨大差异，从而有效地与竞争对手区隔开来，以此获得竞争优势，并获取超高额利润。

心理产品层的获得手段多样，其目的是营造消费者对该产品认知上的差异。例如通过广告，可口可乐、百事可乐分别塑造出时尚与经典的心理差别；也可以通过材质的不同来体现，同样的一把匙子，取材木头或金属，则分别代表了中西方的不同文化，从而体现出心理差异。由此可见，心理产品层塑造的手段非常丰富。塑造不同的心理感受满足不同精神追求，与竞争对手严格区别开来，是其主要的目的。

▶【同步业务 4-1】

德芙巧克力的产品整体概念分析

德芙巧克力是很多美食爱好者的心头爱，即使是天天喊着要减肥的女生，也抵挡不了德芙巧克力的诱惑。德芙巧克力不仅美味，精美、独立化的包装，既好看又方便携带。加上“此刻尽丝滑”的经典广告，已经成为爱情的化身。

业务分析：请运用产品整体概念，分析由德芙巧克力所产生的核心产品、有形产品、附加产品和心理产品。

业务程序：德芙巧克力的核心产品是巧克力的甜美，提供给人味觉享受，德芙巧克力的有形产品层是产品的实体，块状的巧克力结构，附加产品层是对德芙巧克力品质的保证，最重要的是心理产品层，德芙巧克力成为表达爱情的工具。营销策划中的产品策划应当牢牢把握产品整体概念及其四个层次。

▶ 4.1.2 产品生命周期策划思路

1. 产品生命周期理论

产品生命周期是指一种新产品从开始进入市场到被市场淘汰的整个过程。典型的产品生命周期一般可以分成四个阶段，即导入期、成长期、成熟期和衰退期，参见图 4-2。

（1）第一阶段：导入期。导入期是产品从设计投产到投入市场进行销售的阶段。在导入期产品品种少，顾客对产品还不了解，除少数追求新奇的顾客外，几乎无人实际购买该产品。生产者为了扩大销路，不得不投入大量的促销费用，对产品进行宣传推广。该阶段由于生产技术方面的限制，产品生产批量小，制造成本高，广告费用高，产品销售价格偏高，销售量有限，企业通常不能获利，反而可能亏损。

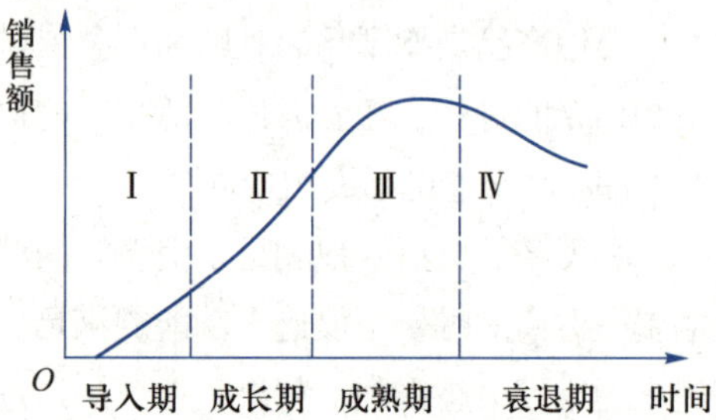

图 4-2 产品生命周期

（2）第二阶段：成长期。在成长期产品试销效果良好，购买者逐渐接受该产品，产品在市场上站住脚并且打开了销路，这是需求增长阶段。需求量和销售额迅速上升，生产成本大幅度下降，利润迅速增长。同时，竞争者看到有利可图，纷纷进入市场参与竞争，使同类产品供给量增加，价格随之下降，企业利润增长速度逐步减慢，最后达到生命周期利润的最高点。

（3）第三阶段：成熟期。产品成熟期是产品经过成长期之后，开始大批量生产并稳定地进入市场销售。随着购买产品的人数增多，市场需求趋于饱和。此时，产品普及并日趋标准化，成本低而产量大。销售增长速度放缓直至转而下降。由于竞争的加剧，导致同类产品生产企业之间不得不加大在产品质量、花色、规格、包装服务等方面的投入，在一定程度上增加了成本。

（4）第四阶段：衰退期。产品衰退期是指产品进入了淘汰阶段。由于科技的发展以及消费习惯的改变等原因，产品的销售量和利润持续下降。产品在市场上已经老化，不能适应市场需求，市场上已经有其他性能更好、价格更低的新产品，以满足消费者的需求。此时成本较高的企业就会无利可图而陆续停止生产，直至该类产品最后完全退出市场。

企业要想使其产品有一个较长的销售周期，以便赚取足够的利润来补偿在推出该产品时所付出的成本，就必须认真研究和运用产品的生命周期理论。

产品生命周期

2. 产品不同生命周期的营销策划思路

产品不同生命周期的营销策划思路，参见表 4-1。

表4-1 产品生命周期营销策略分析

产品生命周期	基本思路	具体策略	策略目的
导入期	快	先声夺人（高价高促）	树立品牌，赢得高消费人群的青睐
		密集渗透（低价高促）	应对潜在的激烈竞争，扩大市场规模
		愿者上钩（高价低促）	当竞争、市场不大时赢得高消费群体
		以廉取胜（低价低促）	价格敏感、市场较大时扩大市场规模
成长期	好	建立品牌形象	树立品牌忠诚
		开辟新市场	细分和扩大市场份额
		密集分销	扩大市场规模，降低生产成本
		改进产品	提高产品质量，增加产品品种
成熟期	改	改进市场	扩大市场规模，提高销量
		改进营销组合	保持市场占有率
		改进产品	吸引新顾客
衰退期	退	立即放弃	尽快转入新产品
		逐步放弃	逐步转入新产品
		自然淘汰	最大限度获取利润

对于处在生命周期不同阶段的产品，其策划的基本思路有所不同。产品导入期的基本思路是突出一个“快”字。在产品导入期，企业营销策划重点主要集中在促销与价格方面。

进入成长期，营销策划主要强调一个“好”字，即不断提高产品质量，改进服务，树立良好的企业及品牌形象，抓住难得的市场机会，扩大市场占有率。

在成熟期，策划人员应系统地考虑市场、产品和营销组合改进等主动进攻的策略。

衰退期是产品销售每况愈下的阶段，企业利润很低。越来越少的采用者继续购买该产品，大部分消费者购买行为发生转移，竞争者大批退出市场。面临上述情况，可采取的策略主要是“退”字。

▶【同步案例 4-1】

中兴守护宝手机对产品生命周期的启示

背景与情境： 随着智能手机的普及，功能手机正走向产品的衰退期。中兴守护宝手机就是一款功能机。面对产品衰退期这样的不利时期，中兴守护宝手机大胆采用改进市场策略，将目标市场集中于老年人和青少年。它以时尚的外观、稳定的质量、简单的操作赢得了目标客户的青睐。

问题： 怎样理解产品的生命周期？处在不同的生命周期阶段的营销策划的重点有何不同？

分析提示： 功能手机已经历产品生命周期的四个阶段。对于中兴守护宝手机，可根据产品周期的不同阶段和不同的营销策略进行分析。

在技术日新月异的今天，互联网和电子商务对传统商业模式的冲击，对产品的生命周期提出了崭新的课题。

▶ 4.1.3 产品组合策划

企业为了更好地满足目标市场的需要，同时分散经营的风险，往往生产经营多种产品。企业如何根据市场需要和自身能力，决定生产经营哪些产品，并明确各产品之间的配合关系，对企业的兴衰有着重要的影响，企业需要对产品组合进行研究和选择。

1. 产品组合及其相关概念

（1）**产品组合**指各种不同产品的全部产品大类、产品项目的组合。

（2）**产品线**指同一产品种类中具有密切关系的一组产品。他们以类似的方式起作用，或通过相同的销售网点销售，或满足消费者相同的需要。

（3）**产品项目**指一类产品中品牌、规格、式样、价格有所不同的每一个具体产品。

（4）产品组合四个要素：

① **宽度**指产品组合所包含的产品大类的多少。

② **长度**指产品组合中所包含的产品项目的总和。

③ **深度**指每类产品所包含花色、式样、规格的多少。

④ **关联性**指一个企业的各个产品线在最终使用、生产条件、分销渠道和其他方面相互关联的程度。

2. 产品组合策略

市场需求和竞争形势的变化，会引起产品组合的变化，企业要对产品组合寻求一种动态平衡。产品组合动态平衡的形成需要综合性地研究企业资源和市场环境可能发生的变化、各产品项目或产品线的成长率、利润率、市场占有率将会发生的变化，以及这些变化对企业总利润率所起的影响。对一个产品项目或产品线众多的企业来说这是一个非常复杂的问题，目前系统分析方法和电子计算机的应用，已为解决产品组合最优化问题提供了良好的前景。

通常产品组合的策略大体分为四种：① 扩大产品组合策略，就是开拓产品组合的宽度和加强产品组合的深度；②缩减产品组合策略，就是削减产品线或产品项目，特别是要取消那些获利小的产品，以便集中力量经营获利大的产品线和产品项目；③向上延伸策略，就是在原有的产品线内增加高档次、高价格的产品项目；④向下延伸策略，就是在原有的产品线中增加低档次、低价格的产品项目。四种策略的优缺点参见表 4-2。

表4-2 产品组合策略分析

策略类型	优点	缺点
扩大产品组合策略	满足不同消费者的需要、提高占有率 完善产品系列、扩大市场规模 分散经验风险	不利于专业化 较高的投资水平
缩减产品组合策略	集中企业有限资源 有利于生产的专业化 提高单个产品的生产效率和质量	选择不当易加大经营风险 不能满足不同消费者的需要
向上延伸策略	提高企业的整体形象 获得较高的利润 提高企业的技术和管理水平	企业的固有形象不易改变 较高的投资水平
向下延伸策略	可借助原有的品牌形象 增加销售额、扩大市场占有率 完善产品系列	处理不当会影响原有的好品牌形象

▶ 4.2 品牌策划

随着竞争的加剧和技术的发展，产品同质化程度越来越高。竞争的层次逐步由产品实物形态的竞争过渡到产品所附着的文化和精神层次的竞争，而品牌恰恰是产品精神和文化的很好载体，于是品牌策划就成为营销策划中的重要一环。

▶ 4.2.1 品牌及其相关概念

1. 品牌的概念

品牌是一种名称、术语、标记、符号或图案，或是它们的相互组合，用以识别企业提供给某个或某群消费者的产品或服务，并使之与竞争对手的产品或服务相区别。通过品牌，人们可以获得很多关于产品和公司的信息，但是品牌往往是一个更为复杂的符号标志，它能表达六层意思：

（1）属性。一个品牌首先给人带来特定的属性。例如，沃尔沃轿车代表安全、工艺精良和耐用。

（2）利益。属性需要转换为功能和情感利益。属性“安全”可以转化为功能利益——“这车可以使我免受伤害。”属性“耐用”意味着“我可以开很长时间而不必担心车子坏掉”。

（3）价值。品牌还体现了该制造商的某些价值观。例如，沃尔沃轿车体现了公司对生命的呵护。

（4）文化。品牌可以象征一定的文化。例如，沃尔沃轿车代表了北欧国家以人为本的生活理念。

（5）个性。品牌还代表了一定的个性。例如，沃尔沃轿车可以使人想起一位高效率同时又对生活充满热情的人。

（6）使用者。品牌还体现了购买或使用这类产品的是哪一种消费者。例如，沃尔沃轿车使用者通常是严谨而热情的。

2. 与品牌相关的概念

（1）品牌符号。品牌符号是区别产品或服务的基本手段，包括名称、标志、标准色、口号、象征物、代言人、包装等。这些识别元素形成一个有机结构，对消费者施加影响。品牌符号是形成品牌概念的基础，成功的品牌符号是公司的重要资产，在品牌与消费者的互动中发挥作用。

（2）品牌形象。品牌形象是指消费者基于能接触到的品牌信息，经过自己的选择与加工，在大脑中形成的有关品牌的印象总和。

（3）品牌文化。品牌文化是指品牌在经营中逐步形成的文化积淀，代表了企业和消费者的利益认知、情感归属，是品牌与传统文化以及企业个性形象的总和。

（4）商标。商标是一种法律用语，是具有显著特征的标志。商标由文字、图形或者其组合构成。

在商标右上角加注®，是“注册商标”的标记，表示该商标已在国家商标局进行注册申请并已经由商标局审查通过，成为注册商标。®中的R是英文单词注册（register）的开头字母。注册商标具有排他性、独占性、唯一性等特点，属于注册商标所有人所独占，受法律保护，任何企业或个人未经注册商标所有权人许可或授权，不可自行使用，否则将承担侵权责任。

在商标右上角加注的TM也是商标标记符号，但不一定已经注册。TM是英文trademark的缩写。与®不同，TM表示的是该商标已经向国家商标局提出申请，并且国家商标局也已经下发了“受理通知书”，进入了异议期，这样就可以防止其他人提出重复申请，也表示现有商标持有人有优先使用权。

商标与品牌既有密切联系又有所区别。严格地说，商标是一个法律名词，而品牌是一种商业称谓，品牌要注册成商标必须具备法律规定的条件。

▶ 4.2.2 品牌策略

1. 品牌化策略

品牌化策略是指企业决定是否使用品牌的策略。当前很少有企业使用无品牌的策略，除非使用品牌的成本高于使用品牌所获得的收益时，无品牌策略才会被采用（如单个的农户销售自己生产的农产品）。

2. 品牌使用者策略

品牌使用者策略是指企业决定使用谁的品牌的策略。即企业决定使用本企业（制造商）的品牌，还是使用经销商的品牌，或两种品牌同时兼用。

通常品牌是制造商的产品标记。近年来，经销商的品牌日益增多。西方国家许多享有盛誉的百货公司、超级市场、服装商店等都使用自己的品牌，有些著名商家（如美国的沃尔玛）经销的很多商品都使用自己的品牌。

制造商品牌和经销商品牌之间的竞争，本质上是制造商与经销商之间实力的较量。在制造商具有良好的市场声誉、拥有较大市场份额的条件下，多使用制造商品牌，无力经营自己品牌的经销商只能接受制造商品牌。相反，当经销商品牌在某一市场领域中拥有良好的品牌信誉及庞大的、完善的销售体系时，利用经销商品牌也是有利的。

3. 品牌数量策略

品牌数量策略是企业决定使用多少个品牌的策略。

（1）个别品牌策略。**个别品牌策略**是企业为其生产的不同产品分别使用不同的品牌。采用个别品牌策略，为每种产品寻求不同的市场定位，有利于增加销售额和对抗竞争对手，还可以分散风险，使企业的整个声誉不致因某种产品表现不佳而受到影响。

（2）统一品牌策略。**统一品牌策略**是企业生产经营的所有产品均使用同一个品牌。对于那些享有高声誉的著名企业，产品全部采用统一品牌名称策略可以充分利用其品牌效应，使企业所有产品畅销。同时企业宣传介绍新产品的费用开支也相对较低，有利于新产品进入市场。

（3）分类品牌策略。**分类品牌策略**是企业依据一定的标准将其产品分类，并分别使用不同的品牌。企业使用这种策略，一般是为了区分不同大类的产品，一个产品大类下的产品使用共同的品牌，以便在不同大类产品领域中树立各自的品牌形象。

（4）企业名称加个别品牌策略。**企业名称加个别品牌策略**是企业生产经营的各种不同的产品分别使用不同的品牌，且在每个品牌之前都冠以企业的名称。企业多把此种策略用于新产品的开发。在新产品的品牌名称上增加企业名称，可以使新产品享受企业的声誉，而采用不同的品牌名称，又可使各种新产品显示出不同的特色。

4. 品牌延伸策略

品牌延伸策略是企业利用其成功品牌的声誉来推出改进产品或新产品。品牌延伸并非只是借用表面上的品牌名称，而是对整个品牌资产的策略性使用。推出新产品时使用新品牌或延伸旧品牌是企业必须面对的品牌决策。品牌延伸一方面在新产品上实现了品牌资产的转移，另一方面又以新产品形象延续了品牌寿命，因而成为企业的现实选择。

品牌延伸具有减少新产品的市场风险、强化新产品的品牌效应和注入品牌时尚元素等优点；但是，也存在有悖消费者固有心理和品牌认知模糊化等不利因素。

5. 多品牌策略

多品牌策略是企业对同一类产品使用两个或两个以上的品牌。应用多品牌策略的企业可能同时经营两种或两种以上相互竞争的品牌。多品牌策略虽然会使原有品牌的销售量减少，但几个品牌加起来的总销售量却可能比原来一个品牌时要多。

这种策略由宝洁公司首创。一种品牌树立之后，容易在消费者当中形成固定的印象，不利于产品的延伸，尤其是像宝洁这种横跨多种行业、拥有多种产品的企业更是如此。多品牌决策的最佳结果应是企业的品牌逐步挤占竞争者品牌的市场份额，或多品牌决策所增加的利润应大于因为相互竞争所造成的利润损失。

6. 品牌重新定位策略

品牌重新定位策略是指由于某些市场情况发生变化，企业对产品品牌进行重新定位。当竞争者品牌相似，使企业品牌的独特性逐渐消失，或消费者转向其他品牌时，即使某一个品牌在市场上的最初定位很好，随着时间的推移也必须重新定位，赋予品牌新的内涵。

▶【同步案例 4-2】

格力公司的品牌策略

背景与情境：格力公司以“好空调，格力造”赢得消费者的青睐。随着公司实力的壮大，公司的业务也逐渐扩张。与业务扩张相对应，格力公司采用了有效的品牌策略。现在，格力公司采用了“格力”“晶弘”“大松”等品牌。凭借过硬的质量，格力公司的这些品牌正逐渐被市场认可。

问题：格力公司的品牌策略是什么?

分析提示：格力公司采用了多品牌策略。其实施的基础是：一、格力公司具有强大的生产和技术实力；二、各个品牌对应的产品有所区隔；三、多品牌策略可以降低多元化发展的风险。

▶ 4.2.3 企业形象策划与品牌建设

企业形象策划又名企业识别系统（corporate identity system，CIS），是运用统一的识别设计来传达企业特有的经营理念和活动，从而提升和突出企业形象，使企业形成自己内在独特的个性，最终增强企业整体竞争力。企业形象策划是品牌建设的重要组成部分，企业识别系统的建立可以对品牌形象起到立竿见影的效果。

1. 企业形象策划的组成部分

企业形象策划的直接目标是塑造统一的系统的企业形象，突出企业自身特点。企业形象策划的最终目标是通过树立统一化的企业形象，从而提高企业的整体竞争力。它由以下三个方面的要素构成：① 理念识别（mind identity，MI）；② 行为识别（behavior identity，BI）；③ 视觉识别（visual identity，VI）。

2. 企业形象策划中的理念识别系统

理念识别是企业识别系统的精神内涵，是企业文化的经典概括。企业理念识别相当于企业的“脑”，用以规范企业日常的行为和管理，指导企业长远的发展。

企业的经营理念要反映企业存在的社会价值、企业追求的目标以及企业经营的基本思想。企业理念识别要准确、富有个性、表达简洁独到，这样才具有识别性。例如，麦当劳的理念识别就是Q、S、C、V。字面上的意思是质量（quality）、服务（service）、清洁（clean）和价值（value），四个字母概括了企业对全社会的承诺。它只要开业经营，就必须在任何情况下向顾客提供高质量的食物、良好的服务、洁净整齐的用餐环境并且要物有所值。企业的经营管理模式、各项规章制度、对食物的科学配方及制作规程等均以此为指导；其视觉识别系统也是这一经营理念的具体体现，这一理念成为全体员工上下一致奉行的准则。

3. 企业形象策划中的行为识别系统

企业行为识别是企业在内部协调和对外交往中应该遵守的规范性准则。这种准则具体体现在全体员工的日常行为中。员工的行为举动应该是一种企业行为，能反映出企业的经营理念和价值取向，而不是独立的随心所欲的个人行为。企业的行为识别是企业处理和协调人、事、物的动态运作系统，是一种动态的识别形式。它通过各种行为或活动执行和实施企业理念。

4. 企业形象策划中的视觉识别系统

视觉识别是企业所独有的一整套识别标志，是企业理念识别的外在的、形象化的表现。视觉识别系统由两大要素组成：一为基础要素，包括企业名称、企业标志、标准字体、企业标准用色等内容；二为应用要素，即上述要素经规范组合后，在企业各个领域中的展开运用。诸如办公用品、建筑及室内外环境、衣着服饰、广告宣传、产品包装、展示陈列和交通工具等。

品牌建设的有效工具——视觉锤

5. 产品形象与 CIS

（1）产品形象的概念。**产品形象**是实现企业总体形象目标的细化，是以产品设计为核心而展开的系统形象设计。它把产品作为载体，将产品的功能、结构、形态、色彩、材质、人机界面以及依附在产品上的标志、图形、文字等内容客观、准确地表达出来，从而体现企业精神及理念。

（2）产品形象的组成部分。产品形象包括视觉形象、品质形象、社会形象三方面的内容。产品的视觉形象包括产品造型、产品风格、产品包装、产品广告等；产品的品质形象包括产品规划、产品设计、产品生产、产品管理、产品销售、产品使用、产品服务等；产品的社会形象包括产品社会认知、产品社会评价、产品社会效益、产品社会地位等内容。

产品的视觉形象是人们对形象的认知部分，是通过视觉、触觉和味觉等感官能直接了解到的产品形象，诸如产品外观、色彩、材质等，属于产品形象的初级阶段层次；产品的品质形象是形象的核心层次，是通过产品的本质质量体现的，人们通过对产品的使用，对产品的功能、性能质量以及在消费过程中所得到的优质的服务，形成对产品形象一致性的体验；产品的社会形象是产品的视觉形象、产品的品质形象从物质的层面综合提升为精神层面，是非物质的，是物质形象的外化结果，最具有生命力。

（3）产品形象的作用。

① 产品形象是企业重要的无形资产。产品形象成为建立和维护产品信誉的一种有效手段。产品形象作为有形的物质功能部分，具有形式和功能，满足人们对物质的基本要求；产品形象作为无形的精神部分，影响和左右着人们的生活态度和价值取向。通过产品形象建立在消费者心目中的对产品的忠诚度，使企业不断创造出持久的经济价值。

② 产品形象是社会的精神财富。可口可乐成功地把一种碳酸饮料产品变成了一种精神文化，在全世界推广美国精神和美国文化，从有形的物质转化为无形的资产。这种影响已不仅停留在通过使用产品来获取功能需求的层面上，而且还获得了一种精神层面上的需求。这些具有精神财富的产品，满足了社会的高层次需求。

③ 良好的产品形象有助于企业形象的建立。当企业彰显出强烈的社会责任感，注重维护公众利益，为市场提供实用、便利、经济、安全、卫生的高品质产品和服务时，便在市场上树立起了良好的企业形象，增强了顾客对企业的美誉度和信任度。这种经验、感知、印象在顾客购买行为

中往往起着决定性和长期性的作用。

具有良好产品形象的企业，其员工有荣誉感和归属感。这种强大的向心力和凝聚力，不仅形成内聚的黏合效应，还能吸引各类优秀人才加盟企业，为创造市场竞争优势提供人才支持。

▶【同步案例 4-3】

百雀羚的品牌建设

背景与情境：百雀羚，这个诞生于 1931 年，经历了近 90 年风霜雨雪洗礼的中国老字号化妆品品牌，在 20 世纪曾经散发出耀眼的光芒。然而，在日新月异、大浪淘沙的行业竞争浪潮中，百雀羚一度被淹没。

产品是品牌的载体，品牌是产品的灵魂，产品是实现品牌策略最直接最重要的手段。走本草之路，奠定了百雀羚的品牌属性，也奠定了百雀羚的成功之路。为此，百雀羚丰富了旗下产品线，相继推出了水嫩倍现、草本精粹、气韵草本等草本系列护肤品，清新自然的风格紧贴品牌属性和时尚潮流，与传统百雀羚产品的风格迥异。草本系列护肤品上市后，得到消费者的一致好评。

2017 年有着 86 年历史的百雀羚，在网络上发布了一则名为“一九三一”的新媒体广告。广告一经投放，立刻引起裂变式的转发和评论。不到一周时间，阅读量就超过了 3 000 万人次。在众多消费者心中，树立了全新的品牌形象。

问题：百雀羚品牌策划的举措有哪些？

分析提示：百雀羚品牌策划的举措包括产品的创新、促销的创新、渠道的创新。它的成功说明其他民族品牌在面对当前巨大的竞争压力时，只有通过系统的创新工程（重点在于营销组合的创新），才能重塑品牌。

▶【教学互动 4-1】

互动问题：

（1）进行广告宣传就可以进行品牌建设吗？

（2）请结合实际，为某一品牌提供简要的品牌建设提纲。

要求：同“教学互动 1-1”的“要求”。

▶ 4.3 新产品开发

新产品的开发过程是指从创意产生、创意评价发展到最终产品成形的过程。一般而言，新产品的开发程序包括几个主要步骤：创意产生，创意筛选，新产品概念的形成、测试与筛选，初拟营销战略，商业分析，产品研制，市场试销和商业化。

▶ 4.3.1 新产品的概念和分类

从市场营销的角度看，凡是企业向市场提供的过去没有生产过的产品都叫新产品。具体地说，**新产品**是产品整体概念中的任何一部分的变革或创新，并且给消费者带来新的利益、新的满足的产品。

市场营销意义上的新产品含义很广，除因科学技术在某一领域的重大发现所产生的新产品外，在生产销售方面，只要产品在功能或形态上发生改变，与原来的产品产生差异，甚至只是产品从原有市场进入新的市场，也可视为新产品；在消费者方面，则是指能进入市场给消费者提供新的利益或新的效用而被消费者认可的产品。

一般可以将新产品分为全新产品、改进型新产品、模仿型新产品、形成系列型新产品、降低成本型新产品和重新定位型新产品。

1. 全新产品

全新产品是指应用新原理、新技术、新材料，具有新结构、新功能的产品。该新产品在全世界首先开发，能开创全新的市场。

2. 改进型新产品

改进型新产品是指在原有产品的基础上进行改进，使产品在结构、功能、品质、花色、款式及包装上具有新的特点和新的突破。改进后的新产品，其结构更加合理，功能更加齐全，品质更加优质，能更好地满足消费者不断变化的需要。

3. 模仿型新产品

模仿型新产品是企业对国内外市场上已有的产品进行模仿生产，称为本企业的新产品。

4. 形成系列型新产品

形成系列型新产品是指在原有的产品大类中开发出新的品种、花色、规格等，从而与企业原有产品形成系列，扩大产品的目标市场。

5. 降低成本型新产品

降低成本型新产品是以较低的成本提供同样性能的新产品，主要是指企业利用新科技，改进生产工艺或提高生产效率，削减原产品的成本，但保持原有功能不变的新产品。

6. 重新定位型新产品

重新定位型新产品指企业的老产品进入新的市场而被称为该市场的新产品。

▶ 4.3.2 新产品的开发流程

新产品开发流程图见图 4-3。

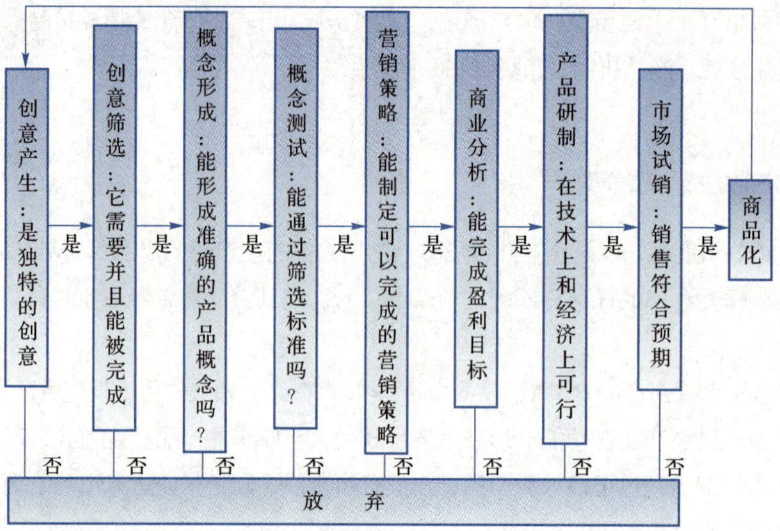

图 4-3　新产品开发流程

1. 创意产生

新产品创意的来源很多，主要来源于顾客、竞争者、中间商、科技人员、销售人员等。此外，还可以从发明家、专利代理人、大学、研究机构、咨询公司、广告代理商、行业协会和有关出版物寻求新产品创意。寻找和收集创意的主要方法有以下几种：

① 产品属性列举法，即将现有产品的属性一一列出，通过寻求改良某种属性以达到改良该产品的目的，并在此基础上形成新的产品创意。

② 强行关系法，即列出若干个不同的产品，然后把某一产品与另一产品或几种产品强行结合起来，产生一种新的创意。

③ 调查法，即向消费者调查使用某种产品时出现的问题或值得改进的地方，然后整理意见，转化为新的产品创意。

④ 头脑风暴法，即选择专长各异的人员进行座谈，集思广益，以发现新的产品创意。

2. 创意筛选

创意筛选就是对大量的新产品构思进行评价，研究其可行性，挑出那些有创造性的、有价值的创意。一般要考虑三个因素：一是环境条件，即涉及市场的规模与构成、产品的竞争程度与前景、国家的政策等；二是企业的战略任务、发展目标和长远利益，这涉及企业的战略任务、利润目标、销售目标和形象目标等方面；三是企业的开发与实施能力，包括经营管理能力、人力资源、资金能力、技术能力和销售能力等方面。

3. 新产品概念的形成、测试与筛选

经过筛选后保留下来的产品构思必须发展成产品概念。**产品概念**是指已经成型的产品构思，即用文字、图像、模型等进行清晰阐述，使之在消费者心目中形成一种潜在的产品形象，即用有意义的消费者语言来详细描述的产品构思。

形成的产品概念要通过消费者的产品概念测试，如果不能通过，则应当放弃或者继续修改，直至通过。

4. **初拟营销策略**

对经过测试后确认的产品概念，紧接着就要为该产品拟订营销策略。初拟的营销策略应包括三个部分：① 说明目标市场的规模、结构、行为、新产品的市场定位、近期的销售量和销售额、市场占有率、利润率等。② 略述新产品的计划价格、分销渠道、促销方式和营销预算。③ 阐述新产品的远景发展情况并提出设想，如长期销售额和利润目标、产品生命周期各阶段的营销组合策略等。

5. **商业分析**

商业分析是对新产品概念进行经济效益分析，即对新产品的销售情况、成本和利润做出进一步的评估，判断其是否符合企业的目标，以此决定是否进入新产品的正式开发阶段。

6. **产品研制**

顺利通过商业分析的产品概念可以进入产品开发阶段。这一阶段是将用文字、图形或模型等描述的产品概念转化为实体形态的产品模型或样品。

7. **市场试销**

如果企业对产品测试的结果感到满意，接着就是市场试销。市场试销是将新产品与品牌、包装及价格和初拟的营销规划组合起来，然后将新产品小批量投入市场，以检验新产品是否真正受市场欢迎的过程。

新产品开发的过程

8. **商品化**

新产品试销成功后，就可以正式批量生产，全面推向市场。

▶【同步业务 4-2】

某自行车公司的新产品开发

某自行车公司的营销人员到北京旅游，在被北京的名胜古迹吸引的同时，也感到很疲劳，因为住宿地点到地铁站和公交站有一段距离，需要步行 15 分钟，而且下了地铁或公交车后，还有相当长的路程要靠步行。除了游览名胜古迹之外，能够体验北京的胡同文化也是一件非常愉快的事。但是，由于出行基本靠步行使得身体异常疲惫。在这种情况下，该营销人员设想如果有一辆便携的箱式自行车，就可以使得出行非常方便。

业务分析：根据该设想，该自行车公司应当设计新产品开发的流程，合理控制新产品开发的风险。

业务程序：本例中新产品的创意产生，是从营销人员的亲身体验得来。在有了便携箱式折叠自行车创意后，要从创意的实际应用意义看创意的可行性。当创意得到调查对象的认可并通过筛选后，就可以形成产品概念。描述如下：年轻男性使用的用于城市旅游，体积不超过 60 升①，重量不超过 15 千克的便携箱式折叠自行车。如果该产品概念能够得到测试对象的认可，则通过了产品概念的测试，继而进入初拟营销战略阶段。接着可从销售潜量、成本支出、销售增长率等财务指标考虑该方案的商业可行性。当通过了商业分析后，可将该方案交由技术人员进行研发，若研发失败，则意味着新产品开发方案需要修改或放弃，相反，则可进行小范围市场的试销，达到试销的预期效果后，才能进行大规模的商品化过程。

① 1 升 =1 立方分米。

▶【教学互动 4-2】

互动问题：

（1）为什么新产品的开发要经历以上八个步骤？产品概念和产品创意有何区别？产品概念如何准确表述？

（2）请结合实际，设计一款新产品开发的流程。

要求：同“教学互动 1-1”的“要求”。

▶【职业道德与企业伦理 4-1】

黄金饰品企业被点名批评

背景与情境：2019 年 8 月，甘肃市场监督管理局对 50 个批次的贵金属首饰及产品进行了抽查，其中 9 个批次不合格。周大生、中国黄金等品牌被点名。周大生于 8 月 15 日发布紧急声明，对此问题进行了解释：被检产品陈列时间过长，经清洗抛光造成重量损耗，因店员操作疏忽没有及时更新信息，造成重量偏差，是抽查不合格的原因。目前，公司正在进行全面内检。

问题：企业应当如何理解企业伦理对盈利行为的约束？

分析提示：守法是企业的底线、诚信是企业安身立命之本。从生产加工、运输储存，到产品销售，每一个环节、每一个细节，都容不得半点差池，品质控制关系到产品质量。企业应该严格遵守企业伦理，承担企业社会责任。

■ 主要概念

产品整体概念　产品生命周期　产品组合　产品线的深度、广度和相关性　企业识别系统　理念识别　行为识别　视觉识别　产品形象　新产品开发　产品改良

■ 重点实务

产品与产品组合策划　品牌策略的运用　新产品开发的流程及筛选标准的设计

■ 单元训练

□ 理论题

▲ 单选题

1. 消费者购买产品所追求的核心利益是产品整体概念中的（　　）。

A. 核心产品层　　B. 形式产品层　　C. 附加产品层　　D. 心理产品层

2. (　　) 是用文字、图像、模型等描述产品构思，使之在消费者心目中形成一种潜在的产品形象。

A. 新产品　　B. 产品创意

C. 产品概念　　D. 产品外观

3. 产品进入大批量生产并稳定地进入市场销售，这时产品处于 (　　)。

A. 导入期　　B. 成长期

C. 成熟期　　D. 衰退期

4. (　　) 是企业所独有的一整套识别标志，是企业理念识别的外在的、形象化的表现。

A. 外形识别　　B. 理念识别

C. 行为识别　　D. 视觉识别

▲ 多选题

1. 产品整体概念包括 (　　)。

A. 核心产品　　B. 改进产品

C. 形式产品　　D. 附加产品

2. 产品生命周期一般经过的阶段包括 (　　)。

A. 导入期　　B. 成长期

C. 成熟期　　D. 衰退期

3. 企业识别系统包括 (　　)。

A. 理念识别　　B. 行为识别

C. 视觉识别　　D. 产品识别

▲ 判断题

1. 产品的整体概念包括心理产品层。(　　)
2. 好的产品一经产生就不会被淘汰出市场。(　　)
3. 企业识别系统是通过名称、标准字、标准色和标志来表达的。(　　)
4. 是名牌产品就一定会被消费者认可并购买。(　　)
5. 包装的功能就是便于运输和携带。(　　)

□ 实务题

▲ 业务解析

农夫山泉股份有限公司成立于 1996 年，为中国饮料工业“十强”企业之一，农夫山泉天然水被评为“中国名牌”产品。农夫山泉的崛起，部分得益于“我们不生产水，我们只是大自然的搬运工”的广告，更重要的是农夫山泉坚持在远离都市的深山密林中建立生产基地，全部生产过程都在水源地完成。近几年，农夫山泉推出了东方树叶、打奶茶、茶 π、农夫果园、水溶 C100、尖叫等产品，均获得显著成功。

请分析农夫山泉公司的产品组合策略。

□ 案例题

▲ 案例分析

仲景药业的企业识别系统

背景与情境：河南南阳仲景药业股份有限公司是一家优质企业，公司凭借过硬的产品、便利的销售渠道以及令人印象深刻的企业识别系统（CIS），在激烈的市场竞争中，赢得了一席之地。

仲景药业的理念识别——“药材好、药才好”。

仲景药业的行为识别——依托八百里伏牛山天然药库，探索中药材标准化基地建设，确保药材地道。

仲景药业的视觉识别——仲景药业的企业名称来源于“医圣张仲景”；企业标志是张仲景的头像；企业的标准字是宋体；标准色是红色和白色。具有典型民族传统文化特色的视觉识别系统格外引人注目。

问题：如何理解和评价仲景药业的企业识别系统？

分析要求：同第 1 章本题型的“分析要求”。

▲ 决策设计

XXX 速冻食品公司的产品组合决策

背景与情境：经过多年的发展，某速冻食品企业已经成为速冻水饺的领导者。然而，面对激烈的竞争和消费者日益多样化的需求，开发新的速冻饺子品种，推出新的速冻食品品类成为该公司的紧迫任务。

目前速冻食品分为五大品类：即水饺、汤圆、粽子、馄饨、面点，这些细分品类市场成熟度较高。消费者在品类产品上已初步形成一定的品牌认同，大部分的受访者在食用每一类产品时会比较固定地选择一两个品牌的产品。如某消费者说：“吃水饺我吃思念的，吃汤圆就买三全的，吃粽子就买五芳斋的，吃馄饨就买苏阿姨的”，行业初步形成了：思念 = 水饺（水饺为思念的优势品类），三全 = 汤圆（汤圆为三全的优势品类），五芳斋 = 粽子（粽子为五芳斋的优势品类），苏阿姨 = 馄饨（馄饨为苏阿姨的优势品类）的品牌认同。

资料来源：冷冻食品的市场分析报告 . 中国冷冻食品网，2010-11-15.

问题：假如你是这个公司的营销人员，该怎样设计该公司的产品组合？

设计要求：同第 1 章本题型的“设计要求”。

▲ 道德研判

高质量产品是企业的责任

背景与情境：美国农业部 2013 年 10 月 7 日表示，美国 18 个州有数百人感染海德堡沙门氏菌，该疫情与福斯特农场旗下拥有的三个加利福尼亚厂生产的生鸡肉产品有关，农业部食品安全检验局在一份声明中称，该疫情还将持续。估计有 278 个病例感染了海德堡沙门氏菌，且大部分病例出现在加利福尼亚州。而福斯特农场则发表声明回应称，农场正与当局合作，减少生鸡肉产品导致的海德堡沙门氏菌感染病例。除了与安全检验局和疾控中心合作外，公司还请流行病学及食品安全技术的国家级专家对公司目前的操作进行评估，以发现进一步改善的机会。

据了解，海德堡沙门氏菌是沙门氏菌第三种常见的菌株，如果烹调含有该菌的食物不当，温度热量不足便会导致食源性疾病。其最常见的症状有：腹泻、腹部绞痛及发烧。

资料来源：美国数百人感染沙门氏菌，疫情与生鸡肉有关 . 网易网，2013-10-09.

问题：

1. 本案例中存在哪些道德伦理问题？
2. 试对上述问题作出你的道德研判。
3. 对照本教材附录三和网上调研资料，说明你的道德研判所依据的行业道德规范。
4. 请从产品策划与道德研判角度对食品的质量安全做出研判。

研判要求：同第 1 章本题型的“研判要求”。

□ 实训题

产品策划运作

【实训目的】

见本章“学习目标”中的“实训目标”。

【实训内容】

专业能力训练：其能力领域、技能点、名称和操作的“参照规范与标准”见表 4-3。

表4-3 专业能力训练领域、技能点、名称及其参照规范与标准

能力领域	技能点	名称	参照规范与标准
产品策划运作	技能 1	产品整体概念分析技能	（1）能够对产品整体概念的层次进行划分。 （2）能够对产品整体概念的各层次进行分析。 （3）能够描述产品整体概念
	技能 2	产品组合的设计技能	（1）能够正确理解产品组合的要素。 （2）能够合理确定产品组合中的产品线。 （3）能够根据产品线确定产品项目。 （4）能够制定适宜的产品组合策略

续表

能力领域	技能点	名称	参照规范与标准
产品策划运作	技能 3	品牌策略运用技能	（1）能够正确理解品牌的含义及其包含的属性。 （2）能够建立产品组合策划、新产品开发以及促销策划等与品牌策略运用直接的关系。 （3）能够合理运用 CIS 表达品牌的内涵
	技能 4	新产品开发流程设计技能	（1）能够设计新产品开发的基本流程。 （2）能够在创意筛选、产品概念形成与测试、商业分析等关键环节设计相关的标准。 （3）能够结合新产品开发应用产品组合、企业识别系统等技能

职业核心能力和职业道德训练：其内容、种类、等级与选项见表 4-4；各选项操作的“参照规范与标准”见本教材附录二和附录三。

表4-4 职业核心能力与职业道德训练内容、种类、等级与选项

内容	职业核心能力							职业道德						
种类	自我学习	信息处理	数字应用	与人交流	与人合作	解决问题	革新创新	职业观念	职业情感	职业理想	职业态度	职业良心	职业作风	职业守则
等级	中级	中级	中级	中级	中级	中级	中级	认同	认同	认同	认同	认同	认同	认同
选项		√		√	√	√	√	√			√	√	√	√

【组织形式】

将班级学生分成若干实训小组，根据实训内容和项目需要进行角色划分。

【实训要求】

1. 将职业核心能力和职业道德训练融入专业能力训练中。

2. “产品策划运作”的“专业能力训练”参照本教材网络教学资源包《学生考核手册》考核表 4-3 中的“考核指标”与“考核标准”；“职业核心能力训练”和“职业道德训练”分别参照本教材附录二和附录三中相关选项的“参照规范与标准”。

3. 对本次实训活动进行总结，参照本教材“课业范例”之范例综 -3 的结构与体例完成本实训课业。

【情境设计】

将学生分成若干实训组，分别选择当地某企业经营项目进行实训。各实训组通过对所选企业（或本校专业实训基地，或毕业生创业团队）产品策划整体概念的理解、产品组合策划、品牌策略

运用、新产品开发流程的设计等活动的参与和体验，完成本实训操练题的各项实训任务，在此基础上撰写《××（企业）产品策划实训报告》。

【指导准备】

专业知识准备：

1. 市场营销中的STP相关知识准备。

2. “产品策划”的理论与实务知识。

3. 涉及本章“职业核心能力领域‘强化训练项’”各技能点和“职业道德领域‘相关训练项’”各素质点的“规范与标准”知识。

操作指导：

1. 教师向学生阐明实训目的、能力与道德领域和知识准备。

2. 教师就知识准备中的第3项，对学生进行培训。

3. 教师指导学生就操练项目的产品市场进行调研、资料收集与整理。

4. 教师指导学生就操练项目进行新产品整体概念理解、新产品组合策划和新产品开发流程设计。

5. 教师指导学生撰写《××（企业）产品策划实训报告》。

【实训时间】

本章授课结束后一周内。

【实训步骤】

1. 将学生分成若干个实训组，每8～10位同学一组，每组确定1～2人负责。

2. 对学生进行产品策划培训，确定选择若干产品种类作为新产品策划分析的范围。

3. 各实训组分别选择正在实施“产品策划”的企业、校实训基地或毕业生创业团队的产品项目，各自确定调研任务，对其进行现状调查。

4. 各实训组分析调查结果，撰写《××（企业）产品策划现状调查报告》(包括该企业现有产品及其组合的分析、新产品策划的方向和相关要求等内涵)，并在此基础上，结合其新产品策划的现阶段需要，制定具有创新性质的《××（企业）新产品策划方案》(包括《××（企业）新产品整体概念分析》《××（企业）新产品开发流程设计方案》和《××（企业）新产品组合策划》)。其中：“专业能力训练”重点体验产品概念整体分析、产品组合设计和新产品开发流程设计等技能点的有质量、有效率操作；“职业核心能力训练”和“职业道德训练”重点体验相关选项中各技能点的相应级别操作。

5. 综合以上阶段性成果，撰写作为最终成果形式的《××（企业）产品策划实训报告》。其内容包括：实训组成员与分工；实训过程；实训总结（包括对专业能力训练、职业核心能力训练和职业道德训练成功与不足的分析说明）；附录（包括各阶段性成果全文）。

6. 在班级交流、讨论各组的《××（企业）产品策划实训报告》。

7. 根据交流、讨论结果，各组修订其《××（企业）产品策划实训报告》，并使之各具特色。

【成果形式】

实训课业：

《××（企业）产品策划实训报告》

课业要求：

1.“实训课业”的结构与体例参照本教材“课业范例”中的范例综 -4。

2. 将《调查报告》《策划方案》全文以“附件”形式附在《实训报告》正文之后。

3. 在校园网的本课程平台上展示经过教师点评的班级优秀《实训报告》。

■ 单元考核

考核要求：同第 1 章“单元考核”的“考核要求”。

05 项目五 促销与价格策划

- ▶ 学习目标
- ▶ 思维导图
- 引例 薇风面膜“你很了不起”
- 5.1 广告策划
- 5.2 公共关系策划
- 5.3 人员推销策划
- 5.4 营业推广与价格策划
- ▶ 主要概念
- ▶ 重点实务
- ▶ 单元训练
- ▶ 单元考核

+05

学习目标

通过本章学习，应该达到以下目标：

- 理论目标：学习和把握促销价格策划的相关概念，促销组合与价格策划的类型等陈述性知识；能用其指导“促销与价格策划”的相关认知活动。
- 实务目标：学习和把握广告策划的实施过程，广告效果评价方法，公关策划的内容、程序、策略、媒介选择与要求，营业推广与价格策划过程、方式与策略，人员推销策划的步骤与策略，以及“同步业务”等程序性知识；能用其指导“促销与价格策划”中的相关技能活动。
- 案例目标：运用本章理论与实务知识研究相关案例，培养“促销与价格策划”相关业务情境中分析问题、决策设计和道德研判能力。
- 实训目标：参加“促销与价格策划运作”的实践训练。在了解和把握本实训相关技能点的“规范与标准”的基础上，通过系列技能操作的实施，《促销与价格策划运作实训报告》的撰写、讨论与交流等有质量、有效率的活动，培养“促销与价格策划”的专业能力，进行相关选项的职业道德（认同级）教育，促进健全职业人格的塑造。

■ 思维导图

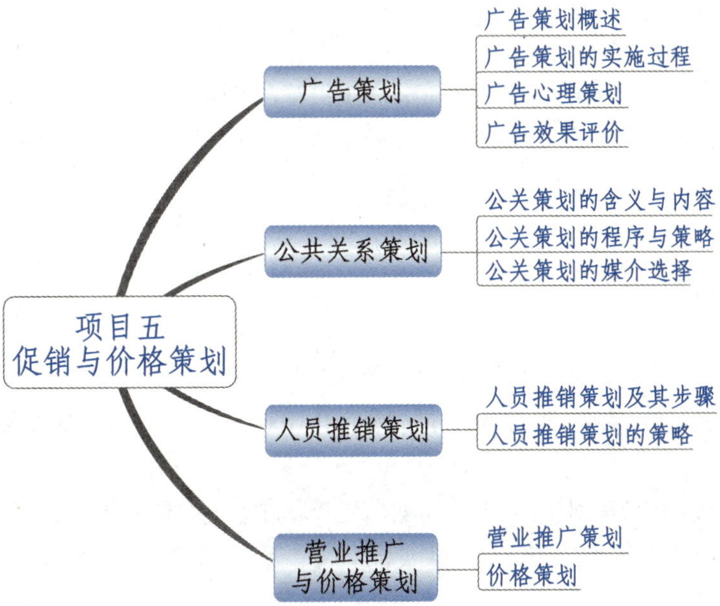

▶ 引例

薇风面膜“你很了不起”

背景与情境：薇风面膜多年来专注于解决年轻女性因为工作熬夜所带来的肌肤问题。在2018年年初，薇风面膜推出了《你很了不起》微视频广告并获得了消费者的认可，有效提升了品牌知名度和美誉度。

在《你很了不起》微视频广告中，有加班总时长超过3 000小时，陪伴孩子成长的时间却几乎为0的优秀护士长，为了救死扶伤，只能撇下发高烧的女儿，即使女儿高烧不退，也选择站好最后一班岗；有工作中化身成为“铁娘子”，最长连续熬夜42天，即使被男朋友误解，也选择面带微笑送走最后一位客户的广告公司女客户经理。这些在家庭与工作中平衡并重的女性努力奋斗不息“了不起”的故事，有效诠释了“向独立女性致敬”的态度，也塑造了薇风自身品牌形象。视频广告一经推出，就有数百个微信自媒体自行转发视频，也被众多主流媒体、顶级专业媒体转发及收录。

促销策划是企业在明确的市场定位基础上，运用广告策划、公共关系策划、人员推销策划和营业推广策划塑造企业形象、满足消费者需求、取得企业竞争优势的重要手段。引例中薇风面膜通过恰当的促销策划，重新塑造了企业独特的形象，取得了竞争优势。尤其值得关注的是，该公司把握了促销策划发展的新趋势，综合利用网络时代的传播工具，获得了良好的传播效果。同时，该公司的促销策划结合了市场定位、产品策划等内容，综合地反映了企业的营销策略。本章系统地阐述促销策划的四部分内容，即广告策划、公共关系策划、营业推广策划和人员推销策划。

名家名著：大卫·奥格威与《一个广告人的自白》

▶ 5.1 广告策划

目前，企业十分注重营销观念的贯彻，不仅提供符合市场需求的产品，而且还要以广告方式传播产品的全面信息，塑造品牌的整体形象，使消费者了解产品并产生情感偏好，进而实施购买行为。

▶ 5.1.1 广告策划概述

广告策划的含义存在狭义和广义的理解。狭义的广告策划是指整个广告活动中的一个环节，在某种确定的条件下将广告活动方案进行排列组合和计划安排，以广告策划方案或策划书的编写为结果。

广义的观点认为**广告策划**是从广告角度对营销管理进行系统整合和策划的全过程。它从市场调查开始，根据消费者需要对企业产品设计进行指导，对生产过程进行协调，并通过广告促进销售，完成既定的传播任务。具体来说，就是根据营销策略，按照一定的程序对广告活动的总体战略进行前瞻性规划的活动。

▶ 5.1.2 广告策划的实施过程

广告策划，实际上是对广告活动过程进行的总体策划，是流程的控制和实施。广告策划的流程可参见图 5-1。

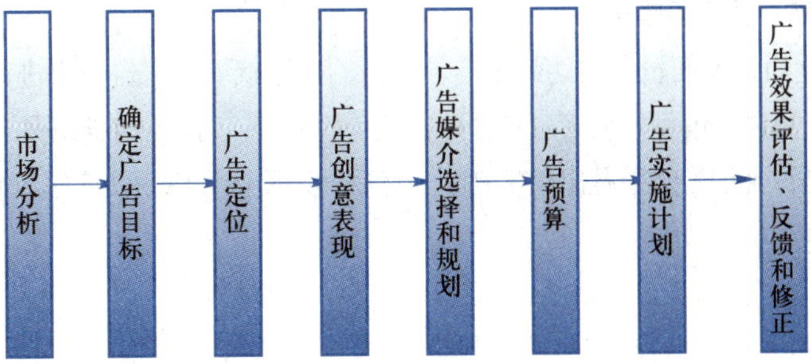

图 5-1 广告策划流程

开发和管理广告方案的步骤（上）

1. 市场分析

广告市场分析基于市场调查，通过一系列的定量和定性分析得出本企业和竞争对手在市场的地位，为后续的策划工作提供依据。

2. 确定广告目标

广告活动要有广告目标，并且尽可能是可测量的。它要明确回答三个问题：① 市场占有率提高的百分比及销售额或销售量提高的百分比。② 广告活动结束后，企业或产品的知名度及美誉度提高的百分比。③ 消费者对企业品牌和产品形象认同感提高的百分比。

广告目标仍然包含很多感性成分，这些感性成分是不容易测量的。广告目标既有短期目标又有长期目标，有时销售额的增长可能是广告策划的短期目标，如果单纯地追求短期目标有可能会损害企业的长期目标。因此，广告目标的确立要在理性和感性、长期和短期等目标的选择中保持均衡。

3. 广告定位

通过广告定位可以为企业塑造与众不同的形象，从而使消费者形成品牌忠诚。

4. 广告创意表现

广告的创意表现是对广告定位的反映，良好的广告创意表现可以使企业形象和品牌形象在公众心目中更加清晰化。

5. 广告媒介选择和规划

广告媒介的选择要针对既定的广告目标，在一定的预算约束条件下利用各种媒体，把广告信息有效地传递给目标受众。广告媒体规划主要包括媒体的选择、广告发布日程和广告方式的确定等内容。

6. 广告预算

广告是一种付费活动，如果不对广告活动进行科学合理的预算，广告费将不能得到有效控制。

广告预算就是企业对广告活动所需费用的计划和匡算，它规定在一定的广告时期内，从事广告活动所花经费的总额、使用范围和使用方法。广告预算的制定会受到各方面因素的制约，例如产品生命周期、竞争对手、广告媒介和发布频率以及产品的可替代性等。

7. 广告实施计划

广告实施计划是在上述各主要内容的基础上，为广告活动的顺利实施而制定的具体措施和手段。广告实施计划的主要内容包括：广告应在什么时间、什么地点发布出去，发布的频率如何；广告推出应采取什么样的方式；广告活动如何与企业整体促销策略相配合等内容。

8. 广告效果评估、反馈和修正

广告发布出去之后，要衡量是否达到了广告的目的，这就要对广告效果进行全面的评估。通过对广告效果的评估，可以了解到消费者对整个广告活动的反应，对广告主题是否突出、诉求是否准确有效以及媒体组合是否合理等结果做出科学判断，然后通过反馈和修正使广告效果达到最佳水平。

▶【同步案例 5-1】

2018 俄罗斯世界杯上的中国广告

背景与情景：2018 年俄罗斯世界杯，中国赞助商的数量从上一届的 1 家增加到 7 家。其中，万达在 2016 年斥资 1.5 亿美元成为国际足联一级赞助商，在连续 4 届世界杯（2018、2022、2026、2030）里，享有国际足联旗下所有赛事的全部广告权与营销权。海信、蒙牛、vivo 则成为二级赞助商，占据了这一级别赞助商总数的 60%。在世界杯赛事转播上，央视在 2017 年年底宣布获得 2018—2022 两个世界杯周期国际足联旗下所有赛事在中国大陆地区的独家全媒体版权。

资料来源：俄罗斯世界杯上的中国广告主们 [EB/OL]. [2019-06-20]. 简书网.

问题：中国企业为什么越来越重视国际顶级体育赛事？

分析提示：中国企业越来越重视国际顶级体育赛事，一方面反映了中国企业实力的壮大，另一方面也说明通过在顶级体育赛事上打广告，可以更好地获得消费者，尤其是年轻消费群体的青睐。

▶ 5.1.3 广告心理策划

开发和管理广告方案的步骤（下）

消费者对产品的需求，既追求功能的满足，也追求心理的满足。广告可以很好地满足消费者的心理需求。广告的心理策划不仅要满足消费者的心理需求，还要引导和刺激消费者的心理需求。广告的心理策划主要包括两大类，一是理性的广告心理策划，二是感性的广告心理策划。

1. 理性的广告心理策划

（1）突出产品品质的心理策划。突出产品品质的心理策划强调产品具有的良好品质，使消费者对本产品感到安全与放心，增强产品的吸引力，赢得消费者的信任。

（2）突出产品功效的心理策划。突出产品功效的心理策划是在广告中突出产品的特异功效，使该产品与同类产品有明显的区别，以增强竞争力。它是以同类产品的功效为基准，选择有别于同类产品的优异性能为宣传重点。

（3）突出产品价格的心理策划。突出产品价格的心理策划是把自己的产品价格与同类产品价格相比较，使其更具有竞争实力，从而在市场上占领更多的市场份额。

2. 感性的广告心理策划

（1）迎合消费观念的心理策划。消费者在消费产品时要获得心理满足，通过广告赋予产品一定的情感因素，可以显著提高产品的竞争力。例如，德芙巧克力和香飘飘奶茶，均是通过广告使产品演变为表达爱情的化身，更好地满足了消费者的情感需求。

（2）改变消费观念的心理策划。改变消费观念的心理策划是从根本上促使或诱导消费者从固有观念转向一种新的观念，从而促成消费者产生购买动机。例如速溶咖啡和纸尿裤对传统观念的挑战。

（3）逆向定位的心理策划。逆向定位的心理策划是当本产品在自己所属的某一类别中难以打开市场，则利用产品与同类产品的逆向差异，通过广告突出这种逆向差异，树立"非同类"的产品形象。例如，"五谷道场非油炸"。

（4）比附定位的心理策划。比附定位的心理策划是通过建立与行业领导者之间的某种联系，利用行业领导者的影响力，使消费者形成良好的品牌形象。

（5）对抗定位的心理策划。对抗定位的心理策划即企业不服输，与强者对着干，以此显示自己的实力、地位和决心，并力争取得与强者一样的甚至超过强者的市场占有率和知名度。

▶【同步业务 5-1】

"好想你"大枣的广告策划

"好想你"在大枣市场有着较大的影响力。因此，"好想你"推出了"28° 锁鲜枣"，突出28° 黄金鲜甜比。包装采用了抽象的图案，树立了产品高端形象。"好想你"的广告策划为其产品形成心理产品层并树立独特的市场定位起到了怎样的作用？

业务分析：好想你"28° 锁鲜枣"运用突出产品功效的广告策划方法，从而与竞争对手严格区分开来，为产品形成了鲜甜可口的心理暗示和定位特征。

业务程序：首先分析大枣的消费群体，其次分析目标市场的功能与心理需求，再对竞争对手楼兰蜜语等品牌形象和市场定位进行精准剖析。在此基础上同时运用突出产品功效和数字定位的广告心理策划，树立与楼兰蜜语等竞争对手不同的品牌形象。

▶ 5.1.4 广告效果评价

广告效果是广告活动或广告作品对消费者产生的影响。狭义的广告效果指的是广告取得的经济效果，即广告达到既定目标的程度，就是通常所包括的传播效果和销售效果。从广义上说，广告效果还包含了心理效果和社会效果。心理效果是广告对受众心理认知、情感和意志的影响程度，是广告的传播功能、经济功能、教育功能、社会功能等的集中体现。广告的社会效果是广告对社会道德、文化教育、伦理、环境的影响。良好的社会效果也能给企业带来良好的经济效益。

1. 广告心理效果评价

一个有效的广告作品是能够产生心理效果的，会影响消费者的心理变化，可以通过实验法加以测量。如通过反射光捕捉眼球的运动，记录下被测试者对广告作品的关注点和注意时间，可以测定对象注意了哪些广告要素。除此之外还可运用斯威林法、意见评定法和实地调查法等方法进行准确评价。

2. 广告经济效果评价

广告策划的重要目的是促进销售的提高，取得良好的经济效益。测定广告的经济效果可以采用实地考察法、实验法和统计法等方法进行准确评价。

3. 广告社会效果评价

广告会对社会道德、文化、教育、伦理等社会环境产生影响。一则广告有可能立即产生轰动的社会效果，也可能潜移默化地影响社会的各种道德规范或行为规范等。测定广告社会效果评价的标准较为感性，通常包括：是否有利于树立正确的社会道德规范；是否有利于培养正确的消费观念；是否有利于社会市场环境的良性竞争等标准。

▶【同步案例 5-2】

百雀羚——时光是最好的礼物

背景与情景：广告视频以诙谐幽默的风格，采用了倒叙的手法，讲述了一段感人的爱情故事。

男女主人公因为一场“事故”相识，就像老套小说情节发展的那样，他们相爱了，并不顾家里的反对组建了家庭。

好景不长，男主因打抱不平不幸入狱，为了不耽误妻子的人生，他希望女主忘记自己。可没想到，他没等到出狱，却等来了“阿尔茨海默症”的诊断书。

“我唯一能为你做的事，就是让你忘记我，可老天却偏偏要我忘记你”

出狱后的男主人公，已经完全忘记了妻子。但是，因为一份多年前送给对方的生日礼物——百雀羚，男主人公的记忆得以苏醒，哽咽唤出一声“小萍”，让人心碎。

然后，在一首年代感满满的闽南歌曲伴奏下，对百雀羚的重现，使全片达到高潮，让我们感受到他们那个年代，男女之间淳朴真挚的感情。

百雀羚作为他们感情的一个“见证者”，跨越了时代的光阴，既证明了自身的历史悠久，又成了记忆苏醒的关键点。

资料来源：百雀羚催泪广告：时光是最好的礼物［EB/OL］.［2019-01-29］. 腾讯网 .

问题：百雀羚视频广告对消费者心理产生了什么影响？

分析提示：百雀羚视频广告对消费者心理有这么几方面影响：一是将爱情与品牌建立起联系；二是赋予品牌时代感；三是唤起特定人群的回忆。

▸ 5.2 公共关系策划

▸ 5.2.1 公关策划的含义与内容

公关策划是企业整合营销传播中的一个重要组成部分，企业公共关系的好坏直接影响着企业的形象，影响着企业营销目标的实现。

公关策划是指企业恰当地运用各种传播手段，在企业和社会之间建立相互了解和依赖的关系，并通过双向的信息交流，在社会公众中树立企业良好的形象和声誉，以取得公众的理解、支持和合作，从而有利于促进企业目标的实现。

公关策划主要包括以下几个方面：

（1）树立企业形象的公关策划。帮助企业建立起良好的内部和外部形象。首先从企业内部做起，使员工具有很强的凝聚力和向心力。此外，让公众认识自己，了解自己，赢得公众的理解、信任、合作与支持。

（2）建立信息网络的公关策划。公共关系是企业收集信息、实现反馈以帮助决策的重要渠道。公共关系策划可以使企业及时收集信息，对环境的变化保持高度的敏感性，为企业决策提供可靠的依据。

（3）处理公共关系的公关策划。在现代社会环境中，企业不是孤立存在的，不可能离开社会去实现企业的经营目标，而是在包括顾客、职工、股东、政府、金融界以及新闻传播界在内的各方面因素组成的社会有机体中实现自身的运转。公共关系活动正是维持和协调企业与内外公众关系的最有效的手段。企业与内外公众关系的协调主要有三个方面：一是协调领导者与企业职工之间的关系；二是协调企业内部各职能部门之间的关系；三是协调企业与外界公众的关系。

（4）消除公众误解的公关策划。任何企业在发展过程中都可能出现某些失误。而失误往往是一个转折点，处理不妥，就可能导致满盘皆输。因此，企业平时要有应急准备，一旦与公众产生误解，要尽快掌握事实真相，及时做好调解工作。

（5）促进产品销售的公关策划。即以公共关系方式向公众介绍新产品、新服务，既可以增强公众的购买或消费欲望，又能为企业和产品树立更好的形象。

▸ 5.2.2 公关策划的程序与策略

为了使公共关系活动顺利地开展，必须对公共关系工作进行全面策划，制定一套完整的实施方案，保证公共关系工作遵循一定的程序和策略有条不紊地进行。

1. 公关策划的程序

公关策划的程序如图 5-2 所示。

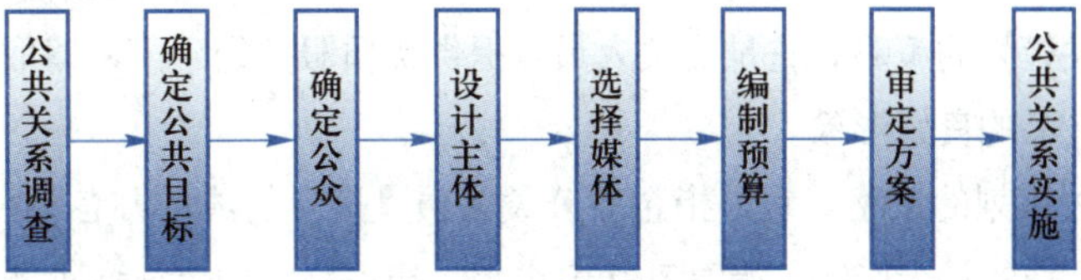

图 5-2 公关策划的程序

（1）公共关系调查。通过公共关系调查，可以帮助企业了解在公众心目中的形象和地位，开展公关活动的条件和竞争对手的情况，实现目标的可能性等信息，为企业决策提供科学依据。公共关系调查的内容主要包括企业内部形象调查、企业外部形象调查和企业所处的社会环境调查。

（2）确定公关目标。企业的公共关系目标一般具有四种类型，分别是传播信息、联络感情、改变态度和引起行为。这些目标的期望成果有所不同，具体分析参见表5-1。

表5-1 公关目标分类

公关目标类型	公关目标的期望成果
传播信息	传播企业信息，获得公众了解、信任和支持
联络感情	通过感情投资获得公众对企业的信任与爱戴
改变态度	让公众接受企业及其所提供的产品、服务、文化等
引起行为	诱导公众产生企业所希望的行为方式

（3）确定公众。公共关系是以不同的方式针对不同的公众展开的，而不是像广告那样主要通过传媒把各种信息传播给大众。要使公关活动有效实施，需要确定公关活动的主要对象，即目标公众。

（4）设计主题。公共关系活动主题是对公共关系活动内容的高度概括。为避免活动项目过多给人杂乱无章的印象，需要设计出一个统一、鲜明的主题，以统领整个公关活动。

（5）选择媒体。不同的传播媒体有各自的特点，只有选择合适的媒体，才能取得良好的传播效果。

（6）编制预算。通过编制预算，使公关人员预先了解活动的投入成本，能在事前进行统筹兼顾的全面安排，保证公关工作正常开展，便于监督管理，封堵漏洞。

（7）审定方案。公关人员根据企业的现状，提出各种不同的活动方案。这些方案未必都适合企业的公关策划，也未必能够同时采用。因此对这些方案进行优化和论证才能选定最终方案。

（8）公共关系实施。公共关系实施是在公共关系计划方案确定后，将方案所确定的内容变为现实的过程，它是整个公关策划的具体落实。

2. 公关策划策略

不同的企业在不同的时期存在着不同的公关目标和内容，由此公关策划需要有不同的公关策略与之相对应。归纳起来主要有以下几种：

（1）宣传性公关策划的策略。即公关人员运用各种传播媒介，直接向公众传递有关企业及其产品的各种信息，让公众充分了解、关心并支持企业，以形成有利于企业发展的社会舆论以及外部环境。

（2）交际性公关策划的策略。它是通过直接的人际交往进行情感上的联络，为企业广结良缘，建立广泛的社会关系网络，以形成有利于企业发展的人际环境和社会环境。

（3）服务性公关策划的策略。它是公关人员以提供优质服务的手段来博取公众的好感和支持，进而树立企业及其产品的良好形象。

（4）社会性公关策划的策略。它是指企业公关人员直接参与或举办各种社会性、公益性、赞助性的活动来扩大企业的社会影响，提高其社会声誉，赢得公众的信任和支持。

（5）征询性公关策划的策略。它是指企业公关人员通过提供信息服务，建立企业与公众之间的联系，运用征询服务的手段，让公众了解企业和让企业了解公众的要求，从而进一步完善企业和产品的形象。

▶【同步案例 5-3】

加多宝“对不起体”系列微博的危机公关

背景与情境：广东加多宝饮料食品有限公司被裁定停止使用“王老吉”品牌，改名为“加多宝”，并停止“全国销量领先的红罐凉茶改名为加多宝”广告语进行广告宣传的行为。加多宝凉茶因不服“广告语”被禁用，在官方微博发布“对不起体”系列微博，进行危机公关。

加多宝以一组哭泣的孩童为主画面的“对不起体”系列走红网络。“对不起，是我们太笨，用了 17 年的时间才把中国的凉茶做成唯一可以比肩可口可乐的品牌”“对不起，是我们无能，卖凉茶可以，打官司不行”等一系列文案在网络上的广为流传，为加多宝赢得“输掉官司，赢了市场”的美誉。

问题：如何评价加多宝的“对不起体”系列微博的危机公关？

分析提示：良好的公共关系是社会公众对企业的高度的评价，这种评价通过在消费者心目中建立一种品牌情感而影响消费者购买决策。加多宝公司正是通过危机公关树立良好的公共关系而与消费者产生了情感共鸣。

▶ 5.2.3 公关策划的媒介选择

有效的公关策划需要掌握恰当的时机和选择合适的媒体，才能收到良好的效果。公共关系策划可以选择的媒介有：

1. 通过新闻发布会进行公关策划

新闻发布会又称记者招待会，是社会组织为公布重大新闻或解释重要方针政策而邀请新闻记者参加的一种公共关系专题活动。它是组织与新闻界建立和保持联系的一种较正规的形式。根据新闻发布会的特点，必须对所要发布的消息是否重要、是否具有广泛传播的新闻价值及新闻发布的紧迫性与最佳时机进行分析和研究。只有在确认召开的必要性和可能性后，才可决定召开新闻发布会。一般地说，社会组织举行新闻发布会的原因，有以下几方面：出现紧急情况；对社会产生重大影响的新政策的提出；企业的新技术、新产品的开发和投产；组织对社会做出重大贡献或善事；推出影响社会的新措施；企业的开张、关闭、合并转产；组织的重大庆典；等等。

2. 通过赞助活动进行公关策划

赞助活动是社会组织无偿提供资金或物质支持某一项社会事业或社会活动，以获得一定形象传播效益的公共关系专题活动。目前，社会组织通过对文体、福利事业和市政建设以及一些社会活动进行赞助，来扩大组织影响、提高美誉度已经成为十分普遍的现象，特别是一些效益比较好的企业，由于具有经济实力，经常被广泛邀请进行赞助。

3. 通过展览会进行公关策划

展览会是通过实物的展示和示范表演来展示社会组织的成果和风貌的公共关系宣传活动。展览会上不仅可以安排实物、模型、示范表演，还可以放映幻灯片、电视、电影，展出照片、图片并加以解说等，使展览会具有一定的知识性和趣味性，使公众更直观、更全面地了解组织及其产品，从而留下深刻的印象。另外，在展览会上还可以了解公众的反映和意见，相互沟通，增进友谊。

4. 通过对外开放进行公关策划

对外开放是指组织或企业为了让公众更好地了解自己或消除对本组织的某些误解，组织和邀请有关公众前来本组织参观。

公关时机与媒介选择

5. 通过广告媒体进行公关策划

通过广告，企业可以告知顾客其自身的规模、发展策略、业绩、贡献等信息，尤其当前对企业社会责任的强调，使广告成为公关策划的重要媒体，通过广告进行公关策划可以树立起良好的企业形象。

▶【教学互动 5-1】

互动问题：

（1）企业应当重视公关策划的原因有哪些？

（2）如何解决企业的个体利益与社会责任的关系？

要求：同“教学互动 1-1”的“要求”。

▶ 5.3 人员推销策划

人员推销是最古老的促销方式。远在小商品经济时代，商人的沿街叫卖、上门送货等就属于人员推销。在市场经济条件下，对于工业用品和高科技产品的促销，人员推销仍然是一种有效的方式。

▶ 5.3.1 人员推销策划及其步骤

人员推销策划是指在商业促销活动中，推销人员恰当地直接向目标顾客介绍产品，向他们提供情报，介绍产品，创造需求，以促成购买行为的促销活动。人员推销策划是一门艺术，需要推销人员巧妙地将知识、天赋、诚信和智慧融于一身。推销人员应该根据不同的环境、不同的顾客，灵活运用多种推销技巧来满足顾客的要求。

在人员推销策划中，推销人员、推销对象和推销品是三个基本要素。其中前两者是推销活动的主体，后者是推销活动的客体。通过推销人员与推销对象之间的接触、洽谈，将推销品推销给推销对象，从而达成交易。尤其是在市场营销的日益发展中，推销人员已经不是单纯地从事推销工作，人员推销是一种双向沟通的直接促销方法。

人员推销的步骤：

人员推销策划要按照一定的程序进行。一个完整有效的人员推销过程，一般包括以下八个相互关联又有一定独立性的工作程序，参见图 5-3。

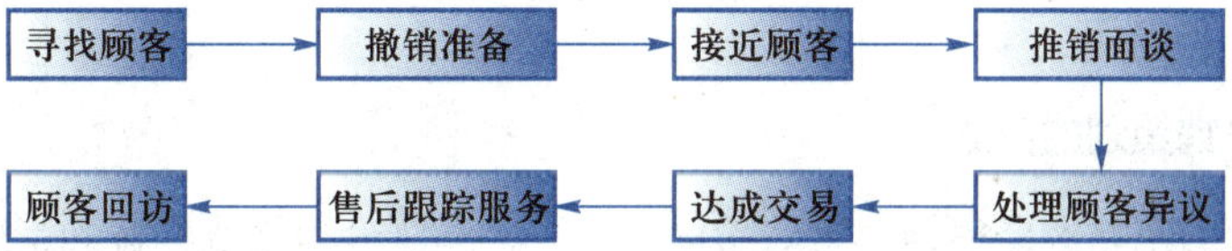

图 5-3 人员推销流程

1. 寻找顾客

推销过程的第一步就是寻找潜在的顾客。寻找顾客是维持和提高销售额的保证。努力寻找潜在顾客，使顾客数量不断地增加，是推销人员成功的有效保证，也是促进推销品更新换代，激发市场新需求的长久动力。

2. 推销准备

“凡事预则立，不预则废。”推销是一项复杂的工作，要使推销成功，推销人员就要做必要的准备。成功的概率往往取决于准备的程度。推销人员的准备包括：物质准备、心理准备、信息准备和制定推销计划。

3. 接近顾客

接近顾客是推销人员为进行推销洽谈与目标顾客进行的初步接触。能否成功地接近顾客，直接关系到整个推销工作的成败。由于顾客的习惯、爱好、性格等情况各不相同，所以推销人员应依据事前获得的信息或接触瞬间的判断，选择合适的方法接近不同类型的顾客。

4. 推销面谈

推销面谈是推销人员运用各种方式说服顾客购买的过程。在推销过程中，面谈是关键环节，而面谈的关键又是说服。通过直接或间接、积极或消极的提示，将顾客的购买欲望与商品特性联系起来，由此促使顾客作出购买决策的方式是提示说服。推销人员也可以进行演示说服，即通过产品、文字、图片、音响、影视、证明等样品或资料去劝导顾客购买商品。

5. 处理顾客异议

推销的过程，也是人与人交流的过程，推销人员要与顾客保持和谐融洽的关系，对于顾客的抱怨应采取宽宏大度的态度，尽量避免与之争论，更不能发生冲突。推销人员只有正确认识并积极对待顾客的异议，认真分析异议产生的原因，采取灵活的策略和方法，有效地对顾客异议加以转化和引导，才能最终说服顾客，促成交易。

6. 达成交易

人员推销的重要环节是促使顾客做出购买决定。推销人员应随时观察顾客的反应，在认为时机已经成熟时，就应抓住时机，或者提出选择性决策，或者提出建议性决策，或者进行适当的让步，促使顾客做出购买决策。在交易完成后一定不要忘记向顾客表示真诚的感谢。

7. 售后跟踪服务

产品售出以后，推销活动并未就此结束，推销人员还应该与顾客继续保持联系。良好的售后服务，可以提高顾客的满意度，促使顾客产生对企业有利的后续购买行为，增加产品再销售的可能性。

销售团队设计及其人员管理

8. 顾客回访

顾客回访有助于维系老顾客，通过维系老顾客可以培养顾客忠诚度。

▶ 5.3.2 人员推销策划的策略

人员推销策划的策略选择根据其所处阶段的不同，可以分为寻找顾客的策略、接近顾客的策略和推销成交策略。

1. 寻找顾客的策略

寻找顾客的策略决定了寻找顾客的效率，主要策略有：

（1）普遍寻找策略。普遍寻找策略是在推销员特定的市场区域范围内，针对特定的群体，采用上门、邮件或者电话、电子邮件等方式，对该范围内的组织、家庭或者个人无遗漏地进行寻找与确认的策略。

这种寻找策略的优点一是不会遗漏任何有价值的客户，能准确地了解顾客的需求信息；二是寻找过程中接触面广、信息量大，可以作为分析市场的一种方法；三是可以扩大产品和企业的知名度。

这种寻找策略的缺点主要有两方面的不足，一是针对性不强，有一定的盲目性，比较费时费力，成功率相对较低；二是对顾客来说没有任何心理准备，容易产生抵触情绪。

（2）连锁介绍策略。连锁介绍策略是指推销人员请求现有顾客介绍未来可能的准顾客。据美国的一份调查报告显示，在寻找新顾客的各种途径中，由现有顾客推荐而取得成功者占 38%，而其他方法均在 22%以下。

（3）权威介绍策略。权威介绍策略是推销人员在一定的推销范围内，发展一些有较大影响力的中心人物或组织来消费自己的推销品，然后再通过他们的影响，把该范围内的其他个人或组织变为自己的准顾客。

（4）资料查阅策略。资料查阅策略是推销人员通过查阅现有资料寻找顾客的方法。资料查阅常见的渠道有工商企业名录、电话簿、产品目录、协会名册、各种年鉴及其他定期公布的经济资料、各种大众传播媒介提供的信息等。

（5）网络搜寻策略。网络搜寻策略就是借助互联网寻找潜在顾客。它是信息时代的一种非常重要的寻找顾客方法。

（6）广告开拓策略。广告开拓策略是推销人员利用各种广告媒介寻找准顾客的方法。采用这种策略的优点是传播快，影响力大，由于广告媒介是一对多的关系，而且形象、生动、逼真，所以推销效果好。缺点是广告的策划、制作、播放等费用较高，推销对象的选择性不易掌握，而且难以测定实际效果。

寻找顾客的策略除了以上的六种策略外还可以采用个人观察、委托助手、交易会寻找、竞争分析等策略。

2. 接近顾客的策略

根据顾客及推销品的具体情况，接近顾客的策略主要有以下几种。

（1）介绍接近策略。介绍接近策略是推销人员通过自我介绍，或通过第三者介绍而接近顾客的策略。自我介绍策略就是推销人员通过口头自我介绍让顾客了解自己的身份、背景及其来访目的，然后主动提供能证明自己身份的证件，如工作证、名片、推销介绍信等，进一步加深顾客的印象。第三者介绍策略是通过顾客社交圈里的人介绍而接近顾客。推销人员应努力扩大自己的社交范围，赢得有关人员的帮助和推荐。

（2）产品接近策略。产品接近策略是推销人员直接利用推销品的新奇、色彩、独一无二，引起顾客的注意和兴趣，从而使接近顺利转入洽谈的接近方法。这种方法最适合于具有新颖特色的商品，产品本身要具有一定的吸引力，而且要方便推销人员的携带。

（3）表演接近策略。表演接近策略是推销人员利用各种戏剧性的表演来引起顾客的注意和兴趣，进而转入洽谈的一种方法。这种方法迎合某些顾客求新求异的心理，所以也可以有效地吸引顾客的注意。

（4）利益接近策略。利益接近策略是推销人员提出问题直接点明推销品能够给顾客带来的某种特别的利益或实惠，以引起顾客的注意和兴趣，从而顺利转入洽谈的接近策略。

（5）好奇接近策略。好奇接近策略是推销人员利用顾客的好奇心理而接近顾客的策略。好奇之心，人皆有之，好奇心理是人们的一种原始驱动力，这种驱动力促使人类去探索未知的事物。好奇接近策略正是利用人类的好奇驱动力，引起顾客对推销人员或推销品的注意和兴趣，从而接近顾客。

接近顾客的策略除了以上几种之外，还可以采用赞美接近策略、请教接近策略、问题接近策略、震惊接近策略等。

▶【同步案例 5-4】

巧用微信来推销

背景与情境：微信不仅仅是聊天的工具，在微信上与客户交流无论是平常的闲聊，或是介绍产品、商谈交易，都是很不错的推销方式！

销售先售己，推销人员首先要设计好个人信息。可以起一个合适的微信名字，设计有吸引力的头像，如本人阳光自信的正面照，或者是公司品牌 logo。好的头像，能够引起陌生人的兴趣，在添加陌生人时加大通过率。

其次，推销人员要经营好自己的朋友圈。对于销售人员来说，朋友圈无疑是一个免费的推广平台，只要巧妙利用，就能达到不错的推销效果。只要你的信息够吸引人。就会被朋友广泛传播，使你的朋友圈在短时间内 N 倍扩大。

接下来，推销人员要记得“@”你的核心客户。因为你“@”他们，会让他们觉得自己是被重视的，从而获得满足感。

还有，推销人员要多分享客户的评价。购买过产品的客户给出的评价对销售人员来说是至关重要的，评价的人越多，产品销售的概率越大。

最后别忘了节假日的问候。在适当的时候送上祝福，总是能让收到祝福的人心里一暖。

问题： 新媒体工具给推销带来了哪些变革？

分析提示： 微信、抖音、QQ 等新媒体给推销人员带来了新的机遇，它在推销的方式、推销的内容和范围上给推销工作带来了变革。

3. 推销成交策略

常用的成交策略主要有以下几种。

（1）选择成交策略。选择成交策略是指推销人员向顾客提供两种或两种以上可供选择的购买方案来促成交易的成交策略。即推销人员在假定成交的基础上向顾客提出成交决策的比较方案，顾客不在买与不买之间选择，而只是在推销品不同的数量、规格、颜色、包装、样式、交货日期等方面做出选择。使顾客无论做出何种选择，导致的结局都是成交。

（2）总结利益成交策略。总结利益成交策略是指推销人员将顾客关注的产品的主要特色、优点和利益，在成交中以一种积极的方式来成功地加以概括总结，以得到顾客的认同并最终获取订单的成交策略。总结利益成交策略能够使顾客全面了解商品的优点，便于激发顾客的购买兴趣，最大限度地吸引顾客的注意力，使顾客在明确自己既得利益的基础上迅速做出决策。

（3）最后机会成交策略。最后机会成交策略是指推销人员直接向顾客提示最后成交机会而促使顾客立即购买的一种成交策略。这一成交策略要求推销人员运用购买机会原理，向顾客提示“机不可失，时不再来”的机会，给顾客施加一定的成交压力，使顾客感到应该珍惜机会，尽快采取购买行为。

（4）优惠成交策略。优惠成交策略是指推销人员通过提供优惠的交易条件来促成交易的策略。它利用了顾客在购买商品时，希望获得更大利益的心理，实行让利销售，促成交易。正确地使用优惠成交策略，利用顾客的求利心理，可以吸引并招揽顾客，有利于创造良好的成交气氛。

（5）体验成交策略。体验成交策略是指推销人员为了让顾客加深对产品的了解，增强顾客对产品的信心而采取的试用或者模拟体验的一种成交策略。当推销人员和顾客商讨完有关产品、服务保障和交易条件后，为了促成交易，就需要在可能的条件下用形象化的手段直观地展示推销品，体验成交策略能给顾客留下非常深刻的直观印象。

除了以上提到的几种策略，成交策略还可以有请求成交策略、假定成交策略、从众成交策略、小点成交策略和保证成交策略等。

▶ 5.4 营业推广与价格策划

▶ 5.4.1 营业推广策划

营业推广策
划的含义及
过程

营业推广策划就是企业合理运用各种短期诱因，鼓励购买和销售其产品或服务的促销过程。与广告、公共关系和人员等推销方式不同的是，营业推广策划限定时间和地点，以对购买者奖励的形式促进其购买，以此来追求需求的短期快速增加。

营业推广的对象可以分为消费者、中间商和推销人员三类。根据营业推广的不同对象，企业可以选择不同的营业推广方式与策略。

1. 针对消费者的营业推广方式

（1）产品陈列与示范。企业在零售店占据有利位置，将本企业的产品进行橱窗陈列、货架陈列、流动陈列，同时进行现场使用示范，以展示产品的性能与优越性。这种方法适用于新产品，在家电、化妆品等促销活动中也广为应用。

（2）有奖销售。在顾客购买后发给其奖券或中奖号码，使顾客在购买时不仅得到产品，而且有额外收获，以此来刺激顾客的购买欲望。

（3）样品赠送。向消费者免费赠送样品，通过他们了解新产品的效果，传播新产品的信息，以此来争取更多的使用量，扩大销售量。这种方法适用于价格低廉的日用消费品。

（4）特价包装。企业对其产品给予一定折扣优惠，并把正常价格与限定优惠价格标明在商品包装或标签上。特价包装的形式，可以将同类商品包装起来减价出售，也可以将两件或多件相关产品包装在一起组合销售，但价格比单独购买一件商品的价格之和要低。这种方法适用于非耐用性消费品，短期效果明显。

（5）会员销售。会员销售又称作俱乐部营销，即企业以某种利益或服务为主题，将各种消费者组成俱乐部形式，开展宣传、促销和销售活动。会员营销能培养消费者的品牌忠诚度，缩短厂商与消费者之间的距离，加强营销竞争力。

2. 针对中间商的营业推广方式

（1）产品交易会和订货会。生产商利用交易会和订货会邀请中间商参会，在会上陈列产品，企业的推销人员介绍产品相关知识，同时进行现场操作演示。推销人员可以直接与客户代表进行洽谈，形成双向沟通，引导中间商签订购货合同。

（2）销售激励。为了激励中间商全力推销产品，在中间商中开展一系列竞赛活动，获胜者可以得到生产商的奖励。竞赛活动通常以销售额、销售增长率、货款回笼速度、售后服务质量等一系列指标为标准进行评价，而奖励的形式也是多种多样，有财务支持、福利支持和促销支持等。

（3）价格折扣。为了促进中间商大量进货，生产商经常使用的方法就是价格折扣，它有两种基本形式：一种是给予中间商数量折扣，即一定时期进货达到一定数量就可享受一定价格折扣；另一种是给予中间商职能折扣，即当中间商为产品做广告或特意陈列产品时，生产商给予一定的费用补偿或相应津贴。

（4）赠品。赠品对于中间商来说也是一种重要的刺激手段。它既能给中间商带来实际利益，降低销售成本，又体现了制造商与中间商的合作关系。给予中间商的赠品一般有产品销售的陈列货架、储藏设备、广告赠品等。

3. 针对推销人员的营业推广方式

（1）销售红利。为了鼓励推销人员积极推销，企业层规定按销售额或所获利润提成。销售人员的报酬与其销售业绩挂钩使其更主动、积极地工作，销售绩效会不断地激发销售人员的潜力。

（2）推销竞赛。为了刺激和鼓励推销人员努力推销商品，企业可以确定一些推销奖励的办法，对成绩优良者给予奖励。奖励既可以是现金，也可以是物品或旅游等。

（3）培训机会。学习也是一种奖励，推销人员非常重视培训机会，这样可以证明他受到肯定和重视。推销人员往往为了获得培训的机会而努力地工作，争取更多的销售业绩。

（4）职位提拔。对业务做得出色的推销人员进行职务提拔，可以将好的经验传授给一般推销人员，有利于提高推销人员的整体素质。

以上针对不同对象的营业推广的方式与目的列表更为清晰，见表5-2。

表5-2 营业推广策划方式分析

营业推广的对象	营业推广的方式	营业推广的目的
消费者	产品陈列与示范	促进产品销售
	有奖销售	鼓励大量使用
	样品赠送	获得潜在顾客
	特价包装	争取竞争对手的客户
	会员销售	培养品牌忠诚度
中间商	产品交易会和订货会	获得新的经销商
	销售激励	鼓励大批量订货
	价格折扣	提高中间商的忠诚度
	赠品	建立新渠道
推销人员	销售红利	激励营销人员寻找新客户
	推销竞赛	刺激营销人员扩大销售量
	培训机会	鼓励营销人员提供更好服务
	职位提拔	激励营销人员、共享营销经验

▶ 5.4.2 价格策划

价格策略是企业营销组合的重要因素之一，它直接决定着企业市场份额的大小和盈利率高低。随着营销环境的日益复杂，制定价格策划的难度越来越大，不仅要考虑成本补偿问题，还要考虑消费者接受能力和市场竞争状况。

1. 价格策划的目标

企业在具体实施定价时均应在明确目标的前提下进行。一般情况下，企业制定营销价格的目标主要有四个，即以获取最大利润为目标、以获取合理利润为目标、市场占有率目标和稳定价格目标。其中前两种目标可以合称为获取利润目标。

（1）以获取最大利润为目标。**最大利润**是企业在一定时期内可能并准备实现的最大利润总额，而不是单位商品的最高价格，最高价格未必能够获取最大利润。**最大利润目标**是指企业在一定时期内综合考虑各种因素之后，以总收入减去总成本的最大差额为基点，确定单位商品的价格，以获取最大利润的一种定价目标。

最大利润不仅有长期和短期之分，还有单一产品最大利润和企业全部产品综合最大利润之别。一般而言，企业追求的应该是长期的、全部产品的综合最大利润，但是，现实中企业往往会选择当期利润最大化、现金流最大化或投资回报率最高的价格。在竞争越来越激烈的市场上，企业想维持长期的高价格是很困难的，因为高价格势必会受到各种限制，甚至是多方面的对抗行动，诸如消费需求的减少、替代品的盛行、政府的干预等。因此，企业追求的最大利润大多是以长期的总利润为目标。在特殊条件下，企业可以对部分产品制定较低的价格，甚至以低于成本的价格销售，以扩大影响、招徕顾客，带动其他产品的销售，进而谋取最大的整体效益。对于一些中小型企业、产品生命周期较短的企业、产品在市场上供不应求的企业，定价时也可以谋求短期最大利润为目标。

（2）以获取合理利润为目标。**合理利润目标**是指企业在补偿社会平均成本的基础上，适当地加上一定量的利润作为商品价格，以获取正常情况下合理利润的一种定价目标。企业采用合理利润目标的原因并不相同；有的是企业自身力量有限；有的是企业期望阻止激烈的市场竞争，以合理利润为目标可使商品价格不会显得太高；还有一些企业是为了协调投资者和消费者的关系，树立良好的企业形象。

由于以合理利润为目标确定的价格不仅可以使企业避免不必要的竞争，还能获得长期较为合理的利润，而且由于价格适中，消费者愿意接受，政府积极鼓励。因此，这是一种兼顾企业利益和社会利益的定价目标。

（3）市场占有率目标。**市场占有率又称市场份额**，是指企业的销售额占整个行业销售额的百分比，或者是指某企业的某产品在某市场上的销量占同类产品在该市场销售总量的比重。市场占有率是企业经营状况和企业产品竞争力的直接反映。

由于市场占有率与利润的相关性很强，所以，企业常常以其作为定价目标。从长期来看，较高的市场占有率必然带来高利润。相关分析指出，当市场占有率在 10% 以下时，投资收益率大约为 8%；市场占有率在 10% ~ 20% 时，投资收益率在 14% 以上；市场占有率在 20% ~ 30% 时，投资收益率约为 22%；市场占有率在 30% ~ 40% 时，投资收益率约为 24%；市场占有率在 40% 以上时，投资收益率约为 29%。因此，以销售额为定价目标具有获取长期较高利润的可能性。

企业可以采用低价或高价两种占领方式来提高商品的市场占有率。企业在新产品上市初期可以采用高于竞争对手的商品价格，利用消费者求新、求名等心理，高价获取最大利润。当企业没有明显的竞争优势时，可以通过提高产品质量、降低产品成本的措施，以低价打开销路，提高商品的市场占有率。

市场占有率目标在运用时存在着保持和扩大两个互相递进的层次。保持市场占有率的定价目标的特征是根据竞争对手的价格水平不断调整价格，以保证足够的竞争优势，防止竞争对手占有自己的市场份额。扩大市场占有率的定价目标就是从竞争对手那里夺取市场份额，以达到扩大企业销售市场乃至控制整个市场的目的。

（4）稳定价格目标。稳定的价格通常是大多数企业获得一定目标收益的必要条件，市场价格越稳定，经营风险也就越小。稳定价格目标的实质即是通过本企业产品的定价来左右整个市场价格，避免不必要的价格波动。按这种目标定价，可以使市场价格在一个较长的时期内相对稳定，减少企业之间因价格竞争而发生的损失。

为达到稳定价格的目的，通常情况下是由那些拥有较高的市场占有率、经营实力较强或具有一定竞争力和影响力的领导者企业先制定一个价格，其他企业的价格则与之保持一定的距离或比例关系。对大企业来说，这是一种稳妥的价格保护政策；对中小企业来说，由于大企业不愿意随便改变价格，竞争性减弱，其利润也可以得到保障。在钢铁、采矿业、石油化工等行业内，稳定价格目标得到最广泛的应用。

由于各行业情况的不同，加之受到资源、企业规模和管理方法的约束，企业可从不同的角度选择自己的定价目标。不同行业的企业有不同的定价目标，同一行业的不同企业也会有不同的定价目标，同一企业在不同时期、不同市场条件下也可能有不同的定价目标。即使采用同一种定价目标，其价格策略、定价方法和技巧也可能不同。企业应根据自身的性质和特点，具体情况具体分析，权衡各种定价目标的利弊，灵活确定自己的定价目标。

▶【同步业务 5-2】

对新开办的小吃店而言，应采用哪种定价目标为好?

新开办的小吃店是餐饮业市场的新进入者，究竟要采用何种定价目标，要对照定价目标的适用条件来回答。

业务分析：因为新开办的小吃店必须降低经营风险以求生存，稳定的价格是小吃店获得一定目标收益的必要条件。因此，新开办的小吃店应采用稳定价格目标。

业务程序：将新开办小吃店的定价目标列出，与企业定价目标的适用条件相对照，结论为采用稳定价格目标。

产品的需求价格弹性

2. 价格策划的影响因素

随着营销环境的日益复杂，价格策划的难度越来越大，不仅要考虑成本补偿问题，还要考虑消费者接受能力和竞争状况。经济学中的定价方法以成本为导向，市场营销策划中的定价方法是以市场为导向的。不仅需要考虑市场需求因素，还要考虑产品成本、市场竞争、企业营销策略等因素。

（1）市场需求。市场需求对企业产品价格具有重要影响，需求弹性是重要的衡量指标。**需求弹性**是指因价格与收入等因素而引起的需求的相应的变动率，具体包括需求的价格弹性、收入弹性和交叉弹性。

（2）产品成本。需求决定了企业制定价格的高限，成本则决定着价格的底限。企业的产品价格只有高于成本，才能补偿生产上的耗费，从而获得一定盈利。

企业的成本有两种形式，即固定成本和变动成本。**固定成本**是指不随产量或销售收入的变化而变动的成本，例如企业每月必须支付的员工工资、办公场地的租金等；**变动成本**是指随着生产水平的变化而相应变化的成本，例如企业生产产品的包装、仓储等项目的费用。从单位产品来看，单位变动成本是不变的。**总成本**是一定产量水平所需的固定成本和变动成本之和。**平均成本**是指一定生产量下单位产品的成本。

成本是构成价格的主要因素，企业定价时，不应将成本孤立地对待，而应同产量、销量、资金周转等因素综合起来考虑。

（3）市场竞争。市场竞争也是影响价格制定的重要因素。根据竞争的程度不同，企业定价策略会有所不同。按照市场竞争程度，可以分为完全竞争、不完全竞争与完全垄断三种情况。

（4）其他因素。企业的定价策略除受成本、需求以及竞争状况的影响外，还受到其他多种因素的影响。这些因素包括企业营销战略、政府或行业组织的干预、消费者习惯和心理、企业或产品的形象等。

3. 定价方法策划

在全面分析市场需求、产品成本、竞争因素和其他因素之后，企业可以选择不同的定价方法来确定价格。一般情况下，主要有成本导向定价法、需求导向定价法和竞争导向定价法三种定价方法。

（1）成本导向定价法。**成本导向定价法**是以产品单位成本为定价的基础，再加上预期利润来确定价格的方法。成本是企业生产经营过程中所发生的实际耗费，客观上要求通过商品的销售而得到补偿。以产品单位成本为基本依据，是中外企业最常用、最基本的定价方法。成本导向定价法常用的有成本加成定价法和目标收益定价法。

价格策划的基本方法

① 成本加成定价法。**成本加成定价法**是把所有为生产某种产品而发生的耗费均计入成本的范围，计算单位产品的变动成本，合理分摊相应的固定成本，再按一定的利润率来决定价格。其计算公式为：

单位产品价格 = 单位产品总成本 ×（1+ 加成率）

例如，某生产机械设备的企业，单位产品成本是 30 万元，其价格由成本加成 25% 来确定，即单位产品价格 =30×（1+25%）=35.5 万元。

计算简便的成本加成定价法，确定合理的成本利润率是一个关键问题，而成本利润率的确定，必须考虑市场环境、行业特点等多种因素。成本加成定价法一般在租赁业、建筑业、服务业、科研项目投资以及批发零售企业中得到广泛的应用，其他企业也多将用此法制定的价格作为参考价格。

② 目标收益定价法。**目标收益定价法**是根据企业的目标投资回报率、预期销量和成本等因素来确定价格。其计算公式为：

目标利润价格 = 单位成本 +（投资回报率 × 投资成本）/ 销售数量

如果前面例子中的机械设备生产企业的总投资为 200 万元，并想获得 15% 的投资回报率，单位成本 30 元，预计销售量为 5 000 台，则它的目标收益价格是：

目标利润价格 =30+（15%×2 000 000）÷5 000=90 元

目标收益定价法是从保证生产者的利益出发制定价格。它把销量看成是价格的决定因素，在实际工作中具有很大的局限性，尤其是对于那些需求的价格弹性较大的产品，显然是不适用的。但是，对于需求比较稳定的大型制造业、供不应求且价格弹性小的商品、市场占有率高、具有垄断性的商品，以及大型的公用事业、劳务工程和服务项目等，仍不失为一种有效的定价方法。

（2）需求导向定价法。**需求导向定价法**是根据市场需求状况和消费者的心理作为定价的依据，来确定价格的方法，又称“市场导向定价法”。其特点是灵活有效地运用价格差异，对平均成本相同的同一产品，价格随市场需求的变化而变化，不与成本因素发生直接关系。随着买方市场的形成，市场价格的主导者已经不是企业，而是顾客。需求导向定价法主要包括感知价值定价法、需求差别定价法和逆向定价法。

① 感知价值定价法。**感知价值**是指消费者对某种商品价值的主观评判，也称“理解价值”或“认知价值”。感知**价值定价法**是指企业以消费者对商品价值的理解度为定价依据的方法。

感知价值定价法的关键，是获得消费者对有关商品价值理解的准确资料，否则就会发生定价过高或过低的失误。因此，企业必须通过广泛的市场调研，了解消费者的需求偏好，根据产品的性能、用途、质量、品牌、服务等要素，判定消费者对商品的感知价值，确定消费者是价格型购买者，还是价值型购买者，抑或是忠诚型购买者，再制定商品的价格。

② 需求差别定价法。**需求差别定价法**是指产品价格的确定以消费者需求的不同特性为依据，对同一商品在同一市场上制定两个或两个以上的价格。这种产品价格之间的差异，反映了产品需求弹性的差异，并不反映成本上的差异。其好处是可以使企业定价最大限度地符合市场需求，促进商品销售，有利于企业获取最佳的经济效益。

根据需求特性的不同，需求差别定价法通常有以下六种形式：

第一，以顾客为基础的差别定价。是指对同一产品针对不同的用户或顾客，制定不同的价格。例如，天然气对商业用户收费高于对居民用户收费，酒店对长期客户的收费低于短期客户等。

第二，以地点为基础的差别定价。是指随着地点的不同而收取不同的价格。例如，音乐厅因为位置的不同收费差别很大，前排收费高于后排；酒店客房因楼层、朝向、方位的不同而收取不同的费用。这样做的目的是调节客户对不同地点的需求和偏好，平衡市场供求。

第三，以时间为基础的差别定价。当商品的需求随着时间的变化而变化时，在不同的时间可以制定出不同的价格。

第四，以产品为基础的差别定价。不同外观、花色、型号、规格、用途的产品，也许成本有所不同，但它们在价格上的差异并不完全反映成本之间的差异，而主要区别在于需求的不同。例如，棉纺织品卖给纺织厂和卖给医院的价格不一样，工业用水、灌溉用水和居民用水的收费往往有别。对于同一型号而仅仅是颜色不同的产品，由于消费者偏好的不同，也可以制定不同的价格。

第五，以流转环节为基础的差别定价。企业产品出售给批发商、零售商和用户的价格往往不同，通过经销商、代销商和经纪人销售产品，因责任、义务和风险不同，佣金、折扣及价格等都不一样。

第六，以交易条件为基础的差别定价。交易条件主要指交易量大小、交易方式、购买频率，支付手段等。交易条件不同，企业可能对产品制定不同价格。比如交易批量大的价格低，零星购买的价格高；现金交易价格可适当降低，支票交易、分期付款、以物易物的价格则会适当提高；预付定金、连续购买的价格一般低于偶尔购买的价格。

实行区别需求定价必须具备一定的条件，第一，从购买者方面来说，市场能够细分，购买者对产品的需求有明显的差异，需求弹性不同，不会因差别价格而导致顾客的反感。第二，从产品方面来说，各个市场之间是分割的，低价市场的产品无法向高价市场转移。第三，从企业方面来说，不会因为价格的不同引发顾客的不满，不会对企业形象造成负面影响。

▶【同步案例 5-5】

美国 Costco（开市客）超市在中国开业仅半天，被迫关门

背景与情境：2019 年 8 月 27 日上午，大陆地区首家 Costco 门店在上海闵行开业。

开业当天虽然是工作日，但 Costco 闵行门店人山人海，甚至出现“抢购风潮”。Costco 门店停车场显示“停车场已满，等待需要 3 小时”。为什么这家美国超市会引得这么多人为之疯狂？

可以说，这是一家“神奇”的超市，里面的所有东西都是为了追求便宜！茅台每瓶 1 498 元，与市面上炒到近 3 000 元一瓶的茅台酒相比，尽显价格优势！ MCM、Burberry、爱马仕之类的奢侈品，Costco 也都有卖，价格均比普通官方价格便宜不少！这样的抢手货早早就已经一售而空。

为何 Costo 如此火爆呢？

据记者了解，Costco 开业出现火爆场面可能与三方面因素有关：一是美国 Costco 的品牌知名度在上海市民中很有影响力；二是价格实惠，食品类的百货商品价格低于市场价的 30% ~ 60%；三是因为实行会员卡制，一张会员卡可免费在门店服务台办理一张家庭卡，两卡可各自携带 2 名同伴进入。也就是说，一张会员卡加上一张家庭卡，最多可以有 6 人前往店内消费。带动了不少居民前来购物。

另外，开业火爆还与卖场有开幕优惠活动有关。优惠商品覆盖包括家用电器、生鲜美食、日用品、出行装备等 60 种商品，预计将为消费者累计省下超过 8 200 元。

问题：Costco 超市的价格策划达到了什么样的效果？

分析提示：美国 Costco（开市客）超市对部分奢侈品和高档商品采用了渗透定价的策略，起到了引流的作用。

资料来源：搜狐网，引文有删改。

③ 逆向定价法。**逆向定价法**是重点依据需求状况来确定价格的方法。该方法依据消费者能够

接受的最终销售价格，逆向推算出中间商的批发价和生产企业的出厂价格。采用逆向定价法，价格能反映市场需求情况，有利于加强企业与中间商的良好关系，保证中间商的正常利润，使产品迅速向市场渗透和拓展，并可根据市场供求情况及时调整，运作方式较为灵活。

（3）竞争导向定价法。在买方市场条件下，同行业企业之间的竞争愈来愈激烈。**竞争导向定价法**是企业通过研究竞争对手的生产条件、服务状况、价格水平等因素，依据自身的相关情况来确定商品价格。这种定价法与商品成本和需求不发生直接关系，如果商品成本或市场需求变化了，只要竞争者的价格未变，企业就应维持原价；如果成本或需求没有变动，但竞争者的价格变动了，企业就应调整其商品价格。竞争导向定价主要包括随行就市定价法、产品差别定价法和投标定价法三种。

① 随行就市定价法。**随行就市定价法**，即企业的产品价格基于竞争对手的价格来制定，保持在市场平均价格水平上，利用这样的价格可以获得平均报酬。在垄断竞争和完全竞争的市场结构条件下，任何一家企业都无法凭借自己的实力而在市场上取得绝对的优势，为了避免竞争特别是价格竞争带来的损失，大多数企业都采用随行就市定价法。采用随行就市定价法，企业的价格可能与其主要的竞争对手的价格相同，也可能高于或低于竞争对手的价格。在完全竞争的环境里，各个企业都无权决定价格，通过对市场的无数次试探，相互之间取得一种默契而将价格保持在一定的水准上。在垄断竞争的市场条件下，各企业采用相同的价格，较小的企业则追随定价或参考定价。

② 产品差别定价法。**产品差别定价法**是指企业通过各种途径，使同种同质的产品在消费者心目中树立起不同的产品形象，进而选取低于或高于竞争者的价格作为本企业产品价格。

产品差别定价法的运用，要求企业必须具备一定的实力，在某一行业或某一区域市场占有较大的市场份额，消费者能够将企业产品与企业本身联系起来。在质量大体相同的条件下实行差别定价是有限的，尤其对于定位为“质优价高”形象的企业来说，必须支付较大的广告、包装和售后服务方面的费用。但是，也有一些成功的企业是以较低的价格出售高质量的产品，例如沃尔玛、宜家、迪卡侬等。其中，一种重要的形式就是天天低价，主要集中在零售领域。实施天天低价的零售企业很少或完全不提供临时性的打折促销策略，提升了消费者对于日常价格可信度的信心，消除了打折价格的不确定性。

③ 投标定价法。**投标定价法**是由招标方出示标的物，投标方在相互独立的条件下投标竞争产生标的物的最终成交价格。随着互联网的发展，投标定价法的应用越来越广泛。有密封投标法、在线拍卖法、降价出价法和升价出价法等。投标定价法一方面可以使企业低价采购到满意的产品和服务，另一方面也可以帮助企业处理积压的商品或二手货物。

密封投标的招标方只有一个，而投标方有多个且相互之间是竞争关系。标的物的价格由参与投标的各个企业在相互独立的条件下确定。在买方招标的所有投标者中，报价最低的投标者通常中标，它的报价就是承包价格。

在线拍卖是通过互联网技术而实现的网上竞价购买行为。卖家发布商品信息，对交易的商品及交易规则进行详细描述，并设定条件（交易的方式、底价或者加价幅度等），买家通过在线公开竞价购买，在限定的时间内，以自愿可接受的价格买下拍卖商品。一般情况下，出价最高者成交。在线拍卖能帮助买卖双方快速、经济、安全的达成商品交易，将库存产品快速变现。

降价出价主要有两种方式，一种是卖方可能向多家买方提出价格，另一种是一个买方向多个卖主索价。最终都是在多次竞争中，以最低的价格达成销售。

升价出价。卖方展示的商品，由竞标人抬高出价，直到达到最高的价格，常常用于房产、古董、艺术品的拍卖。

▶【同步案例 5-6】

东阿阿胶利润下降背后的价格策略

背景与情境：连续 12 年保持增长神话的东阿阿胶从神坛跌落，正面临着销量减少、利润暴跌、市场环境恶化、产品逐渐被边缘化的窘境。

2019 年 7 月 14 日，东阿阿胶发布了 2019 年半年度业绩公告，公告显示，东阿阿胶 2019 年上半年净利润预计同比下降 75% ~ 79%。受此消息影响，7 月 15 日，东阿阿胶以跌停开盘，报价 35.42 元。

被业内誉为“药中茅台”的东阿阿胶总是以驴皮资源紧张为名，不断上调公司阿胶产品的价格，特别是秦玉峰出任东阿阿胶总经理后的这十来年，东阿阿胶产品涨幅已经超过 30 倍，阿胶每斤售价从最初的 160 元，一路涨至现在的 3 000 元。

在原料紧缺、价格上涨的情况之下，提价就成了东阿阿胶保持高毛利的办法，其“高端化”策略亦是公司保持高毛利的妙招。Wind 数据显示，2006 年，东阿阿胶的毛利率为 55%，2011 年至 2019 年，公司毛利率一直维持在 63% ~ 73%。

据不完全统计，从 2006 年起，东阿阿胶一共进行了 18 次提价，以 2019 年 7 月 15 日京东平台 240 克的盒装阿胶片为例，东阿阿胶的价格为 1 300 元左右，终端价格每斤接近 3 000 元。

提价策略虽然让东阿阿胶品牌在一段时间内独占行业高端市场，就目前来看，这种单纯依赖提价的增长方式显然已经触及到了天花板。

实际上，随着科技和医药学的发展，阿胶本身的替代品也会越来越多，在新消费时代，面对“千禧一代”，老字号品牌东阿阿胶如何“迎新”可能是其将来发展的难题。

问题：东阿阿胶的定价考虑了哪些因素？

分析提示：东阿阿胶的定价综合考虑了成本因素、需求因素以及竞争因素。

资料来源：今日头条，《东阿阿胶净利下跌，背后 18 次提价，每斤近 3 000 元》，作者李洪力，有删改。

▶【职业道德与企业伦理 5-1】

D&G 辱华事件——愚蠢的危机公关

背景与情境：“D&G 设计师”“迪丽热巴不出席 D&G 秀”“杜嘉班纳”“李冰冰”“陈坤真是刚”“陈坤不出席 D&G 秀”等话题接连登上热搜。

2018 年 11 月 21 日，杜嘉班纳 D&G 将于上海博览中心举办首个大型时装秀“The Great Show”，并邀请了众多明星参加，同时，杜嘉班纳在宣传预热期特意拍摄了一个主题名为“起筷吃饭”的广告宣传片，内容把中国传统文化与意大利经典饮食相结合。

然而，宣传广告招致了中国网友的不满。有网友指出，片中旁白的“中式发音”、语气以及“中国模特”用生疏姿势使用筷子吃比萨、意大利式甜卷等片段，均存在歧视中国传统文化的嫌疑，虽然 D&G 在微博上删除了该视频，但仍在其 Instagram 和 Facebook 的账号上发布，“涉嫌辱华”事件在国外社交媒体引发了不小的争议。

这还不是最严重的。有网友就这个宣传片在 INS 上与品牌设计师嘉班纳交涉的时候，嘉班纳口无遮拦地大骂中国和中国人。对话内容被曝光后，网络上一石激起千层浪。原本定于出席大秀的中国明星纷纷取消行程。

眼看事态严重，D&G 官方马上表示“当事设计师的社交账号被盗”，并称“我们对中国和中国文化始终一贯地热爱与尊重”。

显然，这种公关水平是唬不了中国网友的。后来 D&G 二度发表声明，宣称对中国“怀有爱与热情”，大秀取消对品牌和所有工作人员而言“都很不幸”。不过网友们普遍觉得 D&G 是对取消大秀“深感不幸”，并继续批评 D&G 没有正式道歉。

问题：如何从企业职业道德和企业伦理角度指导该公司的公关策划？

分析提示：该企业公关策划存在问题，这反映了西方世界根深蒂固的种族歧视以及白人至上的理念，可以说是一边歧视中国人一边圈中国人的钱。

资料来源：D&G 辱华事件：24 小时内打造年度“公关车祸现场”[EB/OL].[2019-10-22].中华网.

■ 主要概念

广告策划　公共关系策划　营业推广策划　人员推销策划　广告心理策划　公关策划媒体选择　营销推广策划　人员推销策划

■ 重点实务

广告策划实施过程与广告效果评价方法　公关策划的内容、程序、策略与媒介选择要求　营业推广策划过程、方式与策略　人员推销策划的步骤与策略

■ 单元训练

□ 理论题

▲ 单选题

1. 促销策划的最主要的作用是（　　）。

A. 沟通信息　B. 刺激需求　C. 产生偏爱　D. 导致购买

2. 对营销生产资料的企业来说，最重要的促销手段是（　　）。

A. 人员推销　B. 营业推广　C. 广告　D. 公共关系

3. 可以进行双向信息沟通的促销方式是（　　）。

A. 人员推销　B. 广告　C. 营业推广　D. 公共关系

4. 在各种促销手段中，最有利于建立和培养友好关系，且能及时获得买主反应的方式是（　　）。

A. 广告　B. 营业推广　C. 人员推销　D. 公共关系

▲ 多选题

1. 人员推销的特点有（　　）。

A. 面对面洽谈业务　B. 培养和建立友好关系

C. 能及时得到买主的反应　D. 迅速购买

2. 广告的心理策划主要包括（　　）两大类。

A. 理性心理策划　B. 感性心理策划　C. 利益心理策划　D. 功能心理策划

3. 对营销生产资料的企业来说，各种促销手段的相对重要性依次为（　　）。

A. 营业推广　B. 人员推销　C. 广告　D. 公共关系

▲ 判断题

1. 促销策划实质上就是促进消费者购买的活动。（　　）
2. 营业推广的效果是长期性的。（　　）
3. 公共关系的对象就是消费者。（　　）
4. 在多数场合下，广告是一种最有效的促销手段。（　　）
5. 营业推广能及时得到买主的反应。（　　）

□ 实务题

▲ 业务解析

近几年，辣条成为一款网红产品。而辣条行业的领军品牌——卫龙，堪称促销策划实施的典范。首先，运用公关策划，改变大众对辣条不卫生的传统形象。卫龙邀请专业摄影团队拍摄卫龙食品车间，照片中呈现出的全自动化的生产设备、无菌洁净的生产车间，以及专业的实验室和研发中心，坚定了消费者对产品卫生状况的信心。

其次，有效地运用蹭热点策略进行广告策划。尤其是在 iPhone7 上市时，卫龙模仿苹果的产品文案，在 iPhone7 发布会的当天推出了辣条新品“Hotstrip 7”，借势火了一把。

最后，合作新媒体。卫龙的目标市场主要是 80 后、90 后。卫龙邀请了网络红人张全蛋进车间做直播，高峰时期直播间高达 20 万人。通过与新媒体的合作，营造出具有趣味性、娱乐性、独特性的新消费场景，促进卫龙品牌的传播。卫龙打造出一个“有童年情怀”的品牌，塑造出“健康、快乐、积极、活泼”的品牌形象。

请你分析卫龙辣条运用了哪些促销组合策划？

□ 案例题

▲ 案例分析

德芙巧克力广告的情感塑造

背景与情境：巧克力似乎早已成为人们传递情感、享受美好瞬间的佳品。德芙巧克力广告把德芙牛奶巧克力的魅力及纯美品质刻画得丝丝入扣。其独特的创意及制作拍摄技巧，也将德芙牛奶巧克力带向了全新的情感境界。

广告片从欧洲建筑风格的街景中开始，一位时尚活泼可爱的女孩站在一面时装橱窗前，凝视着橱窗内的一顶白帽子。根据帽子在玻璃上反射的倒影，女孩微微歪头，使自己的影子与帽子的影子重合。随后她又到一个珠宝店橱窗前，调整姿势，使自己的影子与钻石项链的影子重合。女孩从包里拿出德芙巧克力，咬上一口品尝的同时，巧克力色丝绸环绕住了沉迷于口中美味的女孩。“此刻尽丝滑”广告语同时出现。

丝滑般的感受，一半指的是口感，另一半是人吃巧克力时的综合感官体验，包括愉悦的心情、忘我的精神层面感受。“德芙如丝般的感受”是一种心灵的召唤，唤醒对德芙的美味和精神双重享受的兴趣。

问题：

1. 请分析德芙巧克力的市场定位。
2. 德芙巧克力的广告策划是如何反映品牌的市场定位的？

分析要求：同第 1 章本题型的“分析要求”。

▲ 决策设计

三全食品广告策划——“吃点好的，很有必要”

背景与情境：近日流行着这样一句广告词——“吃点好的，很有必要”。很多消费者表示，一听到这句广告词就被“打”到了。特别是紧张劳累了一天后，疲惫地挤在地铁里，看到这样一句实在的广告语，都不禁感叹，确实应该对自己好一点。

这句广告词是北京奥美广告为三全私厨系列水饺推出的全新产品广告。除系列平面广告之外，还包括以“每颗水饺，都是一道好菜”为创意概念产出的电视广告。

黑椒牛肉、虾皇、韩式泡菜、咖喱鸡肉、干贝韭菜、豆干荠菜，这些平时只能在餐厅吃到的美味佳肴，如今被巧妙地包进饺子里，口味对于厂家来讲是颇为大胆的尝试，但对于众口难调的速冻食品消费市场而言，则是刮来了一阵前所未有的美食旋风。由北京奥美红坊创作执行的产品包装，也将这种私厨属性完美呈现在包装上。

设计要求：同项目一本题型要求。

▲ 道德研判

不能以“三俗”广告来博眼球

背景与情境：三俗，是“庸俗、低俗、媚俗”的简称。近年来，一些企业和媒体为了“夺人眼球”获取商业利益，制作、发布“三俗”广告，污染了社会文化环境。特别是一些非法涉性广告直接危害到了未成年人的身心健康，受到广大公众的强烈谴责。

如果企业和媒体只关注广告的商业推销而不关注广告的文化推销，就难以全面把握广告的力量。广告人，一定要自觉践行社会主义核心价值体系，巩固代表先进文化的思想阵地，营造具有时代特征的精神家园。

中国广告协会也开始着手从行业自律角度抵制“三俗”广告。协会有关负责人表示，公众可以通过网站提供“三俗”广告线索和信息，发动公众力量共同抵制“三俗”广告。

问题：

1. 三俗广告存在哪些企业伦理问题？
2. 试对三俗广告做出你的道德研判。
3. 对照本教材“附录三”的附表 3 和网上调研资料，说明你的道德研判所依据的行业道德规范。
4. 请从广告策划与道德研判角度对虚假产品广告做出评价。

□ 实训题

“促销与价格策划运作”业务胜任力训练

【实训目的】

见本章“学习目标”中的“实训目标”。

【实训内容】

专业能力训练：其能力领域、技能点、名称和操作的参照规范与标准见表 5-3。

职业核心能力和职业道德训练：其内容、种类、等级与选项见表 5-4；各选项操作的“参照规范与标准”见本教材附录二和附录三。

表5-3　专业能力训练领域、技能点、名称及其参照规范与标准

能力领域	技能点	名称	参照规范与标准
促销策划运作	技能 1	广告策划技能	（1）能全面把握广告策划的含义、程序设计、广告心理策划常用方法和广告效果评价标准知识。 （2）能依照广告策划程序设计、广告心理策划常用方法和广告效果评价标准知识，较规范地进行广告策划
	技能 2	公共关系策划技能	（1）能全面把握公共关系策划的内容、程序、策略和媒体选择要求等知识。 （2）能依照公共关系策划的内容、程序、策略和媒体选择要求等知识，较规范地进行公共关系策划
	技能 3	营业推广与价格策划技能	（1）能全面把握营业推广策划的过程、方式与策略等知识。 （2）能依照营业推广策划的过程、方式与策略知识，较规范地进行营业推广策划 （3）能够结合价格策划的目标、影响因素，采用恰当的价格策划方法进行价格策划
	技能 4	人员推销策划技能	（1）能全面把握人员推销策划的步骤与策略知识。 （2）能依照人员推销策划的步骤与策略知识，较规范地进行人员推销策划

表5-4　职业核心能力与职业道德训练内容、种类、等级与选项

内容	职业核心能力							职业道德						
种类	自我学习	信息处理	数字应用	与人交流	与人合作	解决问题	革新创新	职业观念	职业情感	职业理想	职业态度	职业良心	职业作风	职业守则
等级	中级	中级	中级	中级	中级	中级	中级	认同	认同	认同	认同	认同	认同	认同
选项		√		√	√	√	√	√			√	√	√	√

【组织形式】

将班级学生分成若干实训小组，根据实训内容和项目需要进行角色划分。

【实训要求】

1. 将职业核心能力和职业道德训练融入专业能力训练中。
2. “促销策划”的“专业能力训练”参照本教材网络教学资源包《学生考核手册》考核表

7-3 中的“考核指标”与“考核标准”;“职业核心能力训练”和“职业道德训练”分别参照本教材附录二和附录三中相关选项的“参照规范与标准”。

3. 对本次实训活动进行总结，参照本教材“课业范例”之范例综 -3 的结构与体例完成本实训课业。

【情境设计】

将学生分成若干实训组，分别选择当地某企业的促销策划项目进行实训。各实训组通过对所选企业（或本校专业实训基地，或毕业生创业团队）促销策划项目现状的调查与分析、该产品促销策划方案的编制等活动的参与和体验，完成本实训操练题的各项实训任务，撰写各阶段性成果和《×× 产品促销策划运作实训报告》。

【实训时间】

本章授课结束后一周内。

【实训步骤】

1. 将学生组成若干个实训组，每 8 ~ 10 位同学分成一组，根据实训项目进行角色分工，每组确定 1 ~ 2 人负责。

2. 对学生进行促销策划知识培训，确定选择哪几类产品作为促销策划分析的范围。

3. 各实训组分别选择正在实施“促销策划”的企业、校实训基地或毕业生创业团队的产品项目，各自确定调研任务，进行其现状调查。

4. 各实训组分析调查结果，撰写《×× 产品促销策划现状调查报告》(包括该企业产品项目促销策划现状、存在的问题和不足及改进建议等内容)，并在其基础上，结合其产品项目促销策划的现阶段需要，制定具有创新性质的《×× 产品促销策划方案》。其中:“专业能力训练”重点体验广告策划程序化实施、广告效果评价方法运用，公关策划内容与媒介选择、程序化运作和策略运用，营业推广策划程序化运作、方式选择与策略运用，以及人员推销策划的程序化运作和策略运用等技能点的有质量、有效率的操作;“职业核心能力训练”“职业道德训练”重点体验相关选项中各技能点的相应级别操作。

5. 综合以上阶段性成果，撰写作为最终成果形式的《×× 产品促销策划运作实训报告》。其内容包括：实训组成员与分工情况；实训过程；实训总结（包括对专业能力训练、职业核心能力训练和职业道德训练成功与不足的分析说明）；附录（包括各种阶段性成果全文)。

6. 在班级交流、讨论各组的《×× 产品促销策划运作实训报告》。

7. 根据交流、讨论结果，各组修订其《×× 产品促销策划运作实训报告》，并使之各具特色。

【成果形式】

实训课业:《×× 产品促销策划运作实训报告》

课业要求：

1.“实训课业”的结构与体例参照本教材“课业范例”中的范例综 -4。

2. 将《调查报告》《策划方案》全文以“附件”形式附在《实训报告》正文之后。
3. 在校园网的本课程平台上展示经过教师点评的班级优秀《实训报告》。

■ 单元考核

考核要求：同第1章“单元考核”的“考核要求”。

项目六 分销渠道策划

06

06

学习目标

通过本章学习，应该达到以下目标：

- 理论目标：学习和把握分销渠道策划的概念与内容，分销渠道策划的价值、功能和作用，分销渠道结构的类型，渠道创新的动力与发展趋势等陈述性知识；能用其指导“分销渠道策划”的相关认知活动。
- 实务目标：学习和把握分销渠道的流程，分销渠道策划需要考虑的因素，分销渠道策划的原则和程序，渠道结构设计和成员选择，分销渠道的评估、激励、扶持、检查与调整，以及“业务链接”等程序性知识；能用其规范“分销渠道策划”中的相关技能活动。
- 案例目标：运用本章理论与实务知识研究相关案例，培养在与“分销渠道策划”相关的业务情境中分析问题、决策设计和道德研判能力。
- 实训目标：参加“分销渠道策划运作”业务胜任力的实践训练。在了解和把握本实训相关技能点的“规范与标准”的基础上，通过“分销渠道策划运作”中系列技能操作的实施，《分销渠道策划运作实训报告》的撰写、讨论与交流，培养“分销渠道策划”的专业能力、相关选项的职业核心能力（中级），并通过相关选项的职业道德（认同级）教育，促进健全职业人格的塑造。

思维导图

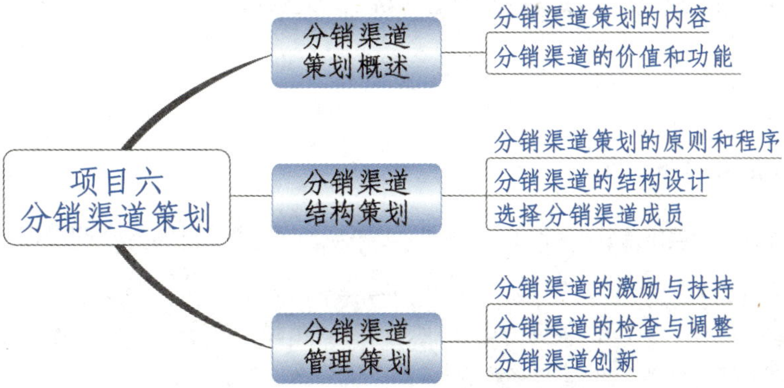

▶ 引例

TCL 集团：构建深广兼容的分销渠道

TCL 集团作为电视和电器的生产厂家，其快速成长与其分销网络的构建有何联系？为了在制造层面需要建立市场优势和实现企业战略层面的目标，需要对市场及渠道的了解，以及与现有渠道商的关系处理和相互融合。为实现新的目标，TCL 分销系统还有哪些可以改进之处？

扫描下方二维码，阅读本案例更多相关内容。

TCL 集团的
分销渠道

引例中 TCL 集团在分销渠道的选择和管理上采用的决策，就是企业结合营销环境、目标市场、品牌定位、顾客、竞争等因素进行的分销渠道决策及策划。本章将通过系统地阐述分销渠道策划概念、分销渠道策划和分销渠道管理，让广大同学知道如何对企业产品的分销渠道进行合理的、正确的选择。

▶ 6.1 分销渠道策划概述

通过对市场需求竞争态势和企业自身实力的分析，决定了采用何种营销战略，设计和生产什么样的产品，之后采用何种分销渠道模式是企业管理者要做的重要决策之一，也是企业对渠道成员的一项重要承诺。分销渠道是企业的一项重要的外部资源，建立企业的分销渠道通常需要很多年渠道建设的积累。因此，一个企业使用何种渠道战略将影响企业产品的定价、促销推广及广告决策。企业实施分销渠道决策，涉及企业渠道战略、渠道政策、渠道成员、渠道控制、渠道绩效、渠道管理等。

▶ 6.1.1 分销渠道策划的内容

分销渠道策划是指如何选择、设计、管理分销渠道，也就是说如何合理选择、设计、管理产品从生产者转移到消费者或用户所经过的路线和通道。企业进行分销渠道策划时不仅要考虑分销渠道特点、功能、流程、类型，还要考虑企业、产品、市场、竞争、消费者等因素，高效的分销渠道策划是企业创建竞争优势的重要来源之一。

分销渠道是指产品或服务在从生产者向消费者转移过程中，取得这种产品和服务的所有权或帮助所有权转移的所有企业和个人。分销渠道成员既包括经销商（含批发商、零售商等，取得所有权）、代理商和后勤管理组织（帮助转移所有权）等，也包括处于渠道起点和终点的生产者和最终消费者或用户，但不包括供应商、辅助商。整个渠道构成了一个闭环体系，如图 6-1 所示。

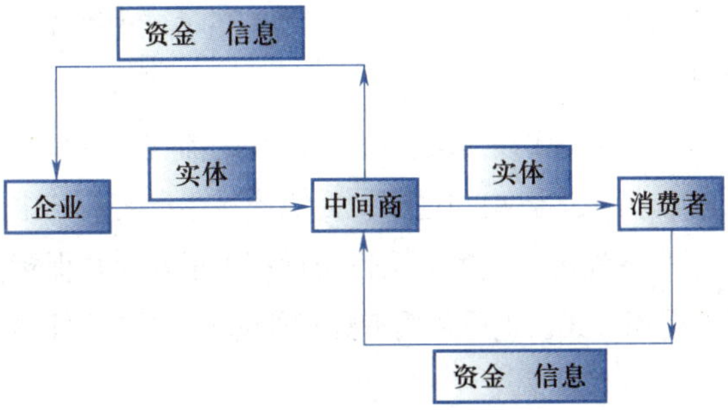

图 6-1 闭环体系

整个闭环体系的良性循环是企业顺利实现生产目的，获得利润的前提保证，尤其是从中间商到消费者这个环节是产品转化为商品，实物获得社会接受转化为货币的关键一环，任何一个地方出现堵塞都会影响整体的机能。分销渠道是实物流、资金流、信息流、实体流的综合渠道，企业通过其实现产品实体从生产者到消费者，实现信息从生产者到达消费者，同时，也把消费者信息传递到生产者。

分销渠道业务流程指分销渠道成员一次执行的一系列功能，是描述各成员活动或业务的概念。**正向流程**是从生产者流向中间商和用户，如实体、所有权、促销流程；**反向流程**是从用户流向中间商和生产者，如订货和付款流程；**双向流程**是发生在分销渠道每两个交易成员之间的，如信息、谈判、融资和分担风险流程。分销渠道的流程如图 6-2 所示。

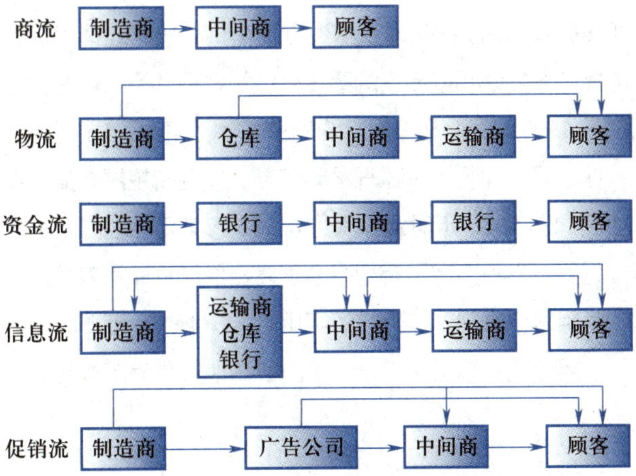

图 6-2 分销渠道的流程

（1）商流。商流是指产品所有权或持有权从一个渠道成员向另一个渠道成员转移的过程。

（2）物流。物流是指产品从生产者转移到用户的运动过程，主要指产品的运输和存储。物流与商流的最大区别点在于是否伴随所有权的转移。

（3）资金流。资金流（也称货币流）是指货币在渠道成员间流动的过程。

（4）信息流。信息流是指分销渠道中，各渠道成员间相互传递信息的过程。信息流的重要性在于可以将分销渠道中直接接触消费者的终端，将消费者的需求和偏好及时准确地反馈给生产者，以确保产品满足消费者的需求。

（5）促销流。促销流是指针对分销渠道成员促销活动的流程，具体指通过广告、人员推销、销售促进等活动，对分销渠道成员施加影响的过程。促销流从生产者流向中间商称为渠道促销，促销流从生产者或中间商流向用户称为用户促销，渠道成员都承担对用户促销责任。促销时既可采用广告、营业推广、公共关系等促销方式，也可采用有针对性的人员推广、目标激励等促销方式。

▶【同步业务 6-1】

本田公司摩托车进入美国的渠道决策

20 世纪 60 年代，当本田摩托车进入美国市场时，其作为日本产品不受美国消费者青睐，特别是摩托车在美国公众心目中并不具有良好的社会形象，使得本田开拓美国市场的进程困难重重。为此本田公司开展了一系列营销创新工作，如投放“本田车上坐好人”的宣传广告，塑造本田摩托车的良好形象，同时改变摩托车传统的销售渠道，这也是本田摩托车在美国市场取得巨大成功的关键因素。从前，美国大多数摩托车经销店常常是设在周围公众无精打采、穿黑皮夹克的地痞备感舒适的市郊，这里肮脏不堪，嘈杂喧闹，邻居讨厌。本田独辟蹊径，与众不同，将经销商场大都设在市中心。例如，它曾一度在纽约市的麦迪逊大街设立过经销店，这里距中心火车站和班车集中地仅三个街区之遥。到 1965 年，本田在美国各州设立了 1 500 多家经销店，确保产品供应及时、方便。经销店所在地的选择，大多使那些传统的摩托车驾驶者感到不太自在。全国 8 000 多家摩托车经销商中，属于本田的占 19%，而哈利 · 戴维森的占 11%。本田除了销售摩托车并提供相应的服务外，还积极向经销商提供另一种服务，即开发新市场，发掘新主顾，如为那些开始不想买而想租摩托车的人提供租车服务。到 1965 年租金收入达 4 000 万美元左右。这不仅增加了额外收入，还使不少顾客由租用转为购买。出租为试用新型交通工具提供了一种有效途径，通过出租业务，可使购买者了解到摩托车的使用是否顺利，是否经济实用等。一般公众都不太愿意租用庞大、昂贵的哈利 · 戴维森，而倾向于租用轻便的本田。总之，本田成功地打入美国摩托车市场离不开其在分销渠道决策方面的正确性。

思考：

1. 如何通过选择看待本田公司渠道建设的成功？
2. 本田公司的渠道决策有哪些特点？

▶ 6.1.2 分销渠道的价值和功能

1. 分销渠道的价值

（1）分销渠道能为企业带来长久的竞争优势。对大多数生产者来说，分销渠道是企业关键的资源。在市场瞬息万变的环境下，依靠产品技术优势、技术差异化会越来越困难；全球经济一体化，依靠产品价格保持竞争优势也不会持久；依靠促销维持的竞争优势也会越来越短暂。而依靠系统的战略、结构、关系和人员建立的分销渠道优势，是竞争对手在短期内所无法模仿和获得的。

（2）分销渠道是生产者和消费者之间必不可少的中间环节。通过分销渠道可以疏通生产者和消费者之间的障碍，在有效保障生产者与消费者在空间、时间、信息等方面充分交流的基础上，使产品到达消费者手中，满足其需求。

2. 分销渠道的功能

由于生产者和消费者之间在时间、地点、数量、品种、信息、产品价值、所有权等方面存在诸多矛盾和差异，分销渠道可以疏通生产者和消费者（或用户）时间、空间、信息上的阻碍。分销渠道是一个双向的过程，它的功能概括如下：

（1）收集和传播信息。收集、分析、整理和用户、竞争者及与营销环境有关的信息，及时传递给分销渠道各成员，并最终汇集至生产者，为生产者的生产、定价和促销提供有价值的参考信息。

（2）促销。根据消费者需求有针对性地向用户发送和传播产品或服务信息，并以各种富有说服力、具有吸引力的手段吸引用户。

（3）寻找顾客。为生产者寻找到不同细分市场和业务形式的潜在目标用户，解决生产者不知如何接触用户，用户不知在哪里能找到所需要产品的问题。

（4）配送商品。按用户要求分类整理、供应商品，以提高产品让渡价值，如按产品特性分类组合，按用户要求分类包装。

（5）谈判。在渠道成员间就产品价格及其他交易条款，按互惠互利的原则彼此协商、沟通达成交易协议，以实现所有权或者持有权的转移。

（6）物流。为产品从生产者到用户手中提供运输、仓储、库存服务。

（7）融资。获得和分配资金以负担渠道各层次存货所需的费用。在产品销售过程中，分销渠道成员需通过银行或金融机构提供生产者、渠道成员或用户间货款支付的服务。

（8）分担风险。分销渠道成员在承担渠道功能时，承担产品销售、库存、呆账、市场波动所带来的许多不确定因素的风险。

▶【同步案例 6-1】

香雪兰公司的销售渠道策略

深圳香雪兰公司在全国洗发水市场调研的基础上为其新产品“美乐”洗发水制定了以下渠道策略：

到第二级城市争市场。“美乐”洗发水要想占领尽可能大的市场，在没有大量资金投入作后盾的情况下，直接进入一级市场无疑收效甚微，而且一级市场有众多名牌产品，很容易形成对新产品的围攻。因此要先行进入二级市场，寻找地市级经销商。因为二级城市具有人口多，覆盖面广，周边辐射能力强的特点，是城市与农村的连接点，占有近可进攻城市，远可退守农村的地理优势。同时，一方面有利于厂家对营销网络的控制，能够迅速掌握市场情况，提高直面市场变化的应变能力，另一方面有助于提高产品知名度，迅速增强铺货范围，为占领市场做充分准备。在寻找代理商和零售点的时候也颇费一番思量，能否成功地把产品推销给消费者，很大一部分来自经销商的努力程度。

经销商定位于成长型代理公司。“美乐”洗发水属于新产品，市场基础薄弱，知名度较低，想要有效介入市场，需寻找到既接受自己（愿意经销），也能够提升自己（积极推广）的经销商。通过分析比较成长型代理公司经营特点、经销心理和成熟型代理公司的经销心理，可发现，成长型代理公司更符合“美乐”洗发水的市场要求。

零售点定位于中、小型商场及超市。零售网络是产品直接面对目标消费群的纽带，因此需要寻找到既符合产品的品牌形象、市场地位，又能让目标消费群购买方便的销售点。从中小型商场、超市的形态描绘和经营特点中可以看出，中小型商场、超市是“美乐”洗发水销售点的良好选择。为了提高经销商的热情，公司推出一系列激励措施：分销技能培训；销售人员培训。

设定销售目标，奖励政策（用合理的《产品招商手册》）；广告宣传支持（增强经销商信心）；售点广告支持（增强经销商信心）参与市场反馈信息的分析（及时应对市场变化）；参与维护营销网络（掌握市场控制主动权，巩固市场销售基础）；参与促销活动的策划、奖励业绩突出者（鼓励经销积极性，提高销售热情）。

思考：

1. 香雪兰公司为什么以二级城市为目标市场？
2. 香雪兰公司的销售渠道设计采用了哪些策略？

3. 分销渠道策划的作用

① 分销渠道结构策划有助于企业根据当时的市场环境和自身要求，选择最有利于实现企业营销目标的分销渠道类型和适当结构，并在正确的分销渠道结构下，找到合适的渠道成员和合作伙伴，最大限度地发挥分销渠道的各项功能。

渠道策划的目的

② 分销渠道管理策划，可以帮助企业根据市场变化、渠道发展趋势，合理地调整原有的渠道结构，运用管理学的方法，通过对渠道成员的激励和扶持，发挥渠道成员的积极性，最大限度地利用渠道结构实现企业营销目标。

▶ 6.2 分销渠道结构策划

分销渠道设计决策是企业的一项重要战略决策，需与企业营销目标、地区市场机会和条件相适应。分销渠道结构策划包括确定分销渠道目标、设计分销渠道结构、评估分销渠道方案、选择分销渠道成员、遵循分销渠道原则等。分销渠道策划需考虑六方面因素，即费用、资本、控制、市场覆盖面、特点及连续性，由于这些因素的英文都是以 C 开头的，所以国外市场营销学家称之为“渠道策划的 6 个 C”。

1. 开拓渠道的投资和维持渠道的费用

渠道费用构成产品出厂价格和市场零售价格之间的全部差额，也就是企业的销售成本。维持渠道的费用是主要的、经常的，企业需要综合考虑是否使用中间商。

2. 建立渠道的资本需要

除了财力雄厚的企业有能力做大量现金投资，自己建立营销渠道之外，一般中小企业由于企业资源的限制，宜于通过中间商销售。

3. 自建销售渠道以利于控制

如果使用中间商，企业对渠道的控制程度取决于各中间商愿意接受控制的程度。一般来说，渠道愈长，对于售价、销售量、推销方式等控制能力愈弱。在多数情况下，当产品需要长渠道时，企业则放弃控制，放手让中间商负责。

4. 企业销售产品的市场覆盖面

大批发商（或大代理商、大经销商）愿意经营企业的产品，很容易获得较大的市场覆盖面。任何企业都希望选择市场覆盖面大的中间商，这就需要通过各种适当的促销手段，树立企业形象和产品形象，并给予较好的获利空间，使中间商愿意与企业合作。

5. 企业特点、产品特点、市场特点与渠道特点

（1）企业特点。如果企业本身有足够的财力、销售机构和管理经验，而销售规模又较大的话，就可以考虑少用中间商，自派推销人员进行销售工作；反之，就应找中间商。

（2）产品特点。一般来说，产品的单价越低，分销环节越多，分销渠道就越长；反之，则越短。价格较高的产品一般采用短渠道流通。

（3）市场特点。市场特点包括目标市场的地理分布状况、潜在顾客的数量、顾客的购买数量、消费者的购买习惯、消费的季节性。

（4）渠道特点。企业选用竞争产品所采用的营销渠道，通常会使企业比较容易地进入市场和占有一定的市场份额。但是，在激烈竞争的情况下，企业必须发展不同于竞争对手的其他渠道形式。同时，还需了解渠道中间商的情况。

6. 渠道的连续性

渠道的连续性并不意味着原来的渠道一成不变，而是指一个企业的营销渠道应当连续持久、不中断。

▶【同步业务 6-2】

三只松鼠都开实体店了，你还只盯着电商做生意？！

背景与情境：2012 年，在线下做了十几年坚果品牌的章燎原面临着一个新世界——新兴的消费群体爱上网购，平台类电商爆发。这位坚果行业老兵果断披上“互联网的外皮”，利用网络渠道打造线上坚果品牌“三只松鼠”，向线下品牌开战。

2015 年，三只松鼠至少完成了两大转变：由单纯的坚果品类到多品类的扩张，把它从一门小生意转变成大生意；章燎原的关注重心从生意转到管理，在松鼠内部推出了“11545”文化行动纲领。也是在 2015 年，三只松鼠获得峰瑞资本投资的 3 亿元人民币 D 轮融资，销量达到 25 个亿，是 2014 年的两倍多。

在线上高举高打 3 年后，2016 年，章燎原又有了新的目标：到线下去。在他看来，零售全渠道肯定是必然趋势，因为消费者在哪里，三只松鼠就要到哪里。

思考：

1. 三只松鼠从线下到线上，又从线上到线下的原因是什么？

2. 三只松鼠在进行线下渠道结构设计的时候应该考虑哪些因素？

▶ 6.2.1 分销渠道策划的原则和程序

1. 分销渠道策划的原则

（1）客户导向原则。企业欲求发展，必须将市场客户要求放在第一位，建立客户导向的经营思想。

（2）最大效率原则。企业选择合适的渠道模式，目的在于提高流通的效率，不断降低流通过程中的费用，使分销网络的各个阶段、各个环节、各个流程的费用合理化，降低产品成本，取得市场竞争优势，并获得最大化的效益。

（3）发挥企业优势原则。企业应依据自己的特长，选择合适的渠道网络模式，以达到最佳的经济效益和良好的客户反应。同时，企业也要注意通过发挥自身优势，来保证渠道成员的合作，贯彻企业自身的战略方针与政策。

（4）合理分配利益原则。这是渠道合作的关键，企业应该设置一整套合理的利益分配制度，根据渠道成员负担的职能，投入的资源和取得的成绩，合理分配渠道合作所带来的利益。

（5）协调及合作原则。渠道成员之间不可避免地存在竞争，企业在建立、选择营销渠道模式时，要充分考虑竞争的强度。一方面，鼓励渠道成员之间的有益竞争；另一方面，又要积极引导渠道成员的合作，协调其冲突，加强渠道成员的沟通，努力使各条渠道有序运行，实现既定目标。

（6）覆盖适度原则。企业在选择分销渠道模式时，应考虑及时准确地送达的商品是否能销售出去，是否有足够的市场覆盖率以支持针对目标市场的销售任务。不能一味地只强调降低分销成本，成本的降低应是规模效应和速度效应的结果，在营销渠道模式的选择中，也应避免扩张过度，分布范围过宽过广，以免造成沟通和服务的困难，导致无法控制和管理目标市场。

（7）平衡可控原则。企业要平衡各部分利益，不要轻易更换渠道模式及成员。只有保持渠道的相对稳定，才能进一步提高渠道的效益。畅通有序、覆盖适度，是分销渠道稳固的基础。

2. 分销渠道策划的程序

每个行业、企业都有自身的行业、企业特性，渠道策划程序方法不尽相同。分销渠道策划程序如图 6–3 所示。

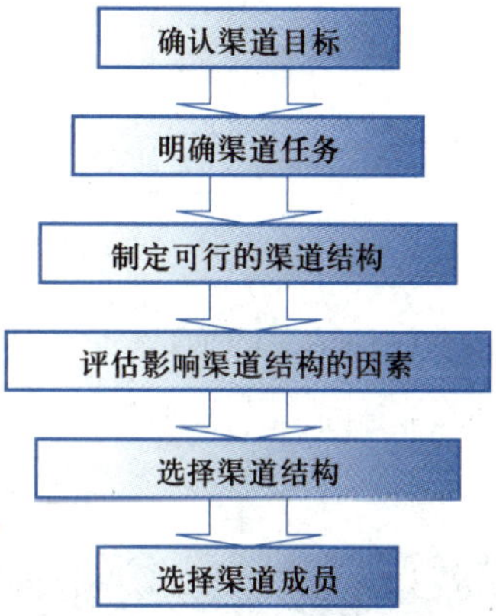

图 6–3 分销渠道策划程序

（1）确定渠道目标。渠道目标是分销渠道策划者对渠道功能的预期，体现着企业营销战略目标。渠道目标是指分销渠道应达到的服务产出水平。分销渠道策划应达到畅通高效、覆盖适度、稳定可控、协调平衡等目标，见表 6–1。

表6–1 分销渠道目标及策划要求

渠道目标	分销策划要求
销售顺畅	这是对分销渠道的基本要求，直销或短渠道最能达到这一要求
市场份额	追求网络覆盖率和产品铺货率，全面布局，多路并进
购买便利	应尽可能地贴近消费者，广泛布点，灵活经营
迅速开拓市场	一般较多地利用经销商、代理商的分销力量
维护品牌形象	高端布局，优选渠道，精选客户
渠道经济性	要考虑渠道的建设成本、维持成本、替代成本及经济收益
渠道控制性	企业应扎扎实实地培植自身分销能力和渠道管理能力，以管理、资金、经验、品牌或所有权来掌握渠道主动权

除上述因素之外，制定渠道目标时还要考虑经济环境、产品、顾客特性、中间商的优劣、竞争等因素的影响。确定渠道目标需要：①检验渠道目标是否与企业的战略目标、整体营销目标保持一致；②根据确定的渠道目标说明分销渠道职责和任务。

▶【教学互动 6–1】

互动问题：

分析手机市场中华为、荣耀、小米、OPPO 和 vivo 几个品牌如何运用分销渠道战略?

要求：同“教学互动 1–1”的“要求”。

渠道目标描述要具体，使分销目标执行人员能准确了解分销渠道在企业整体营销战略和营销组合中的作用，也要评估所制定的渠道目标与企业的营销战略、营销目标、营销策略是否一致。同时，也要注意公司层、职能层、操作层面的横向相关性和互为影响性，如图 6–4 所示。

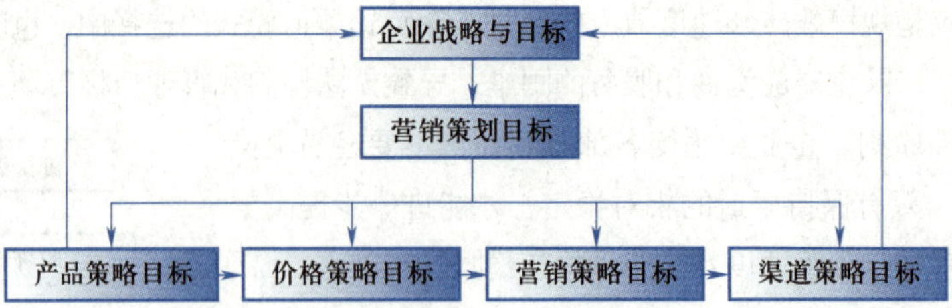

图 6-4 战略目标与策略目标一致

（2）明确渠道任务。分销渠道策划者应根据分销渠道的销售、沟通、仓储、融资、承担风险等职能详细、具体地说明分销渠道所应承担的营销职责和任务，见表 6-2。

表6-2 分销渠道的营销职责和任务

营销职责	任务描述
推销	新产品市场推广、现有产品推广、向最终消费者促销、建立零售展厅、价格谈判与销售形式的确定
渠道支持	市场调研、地区市场信息共享、向顾客提供市场信息、与最终消费者洽谈、选择经销商、培训经销商的员工
物流	存货、订单处理、产品运输、与最终消费者的信用交易、向顾客报单、单据处理
产品修正与售后服务	提供技术服务、调整产品以满足顾客需求、产品维护与修理、处理退货、处理取消订单
风险承担	存货融资、向最终消费者提供信用、存货的所有权、产品义务、仓储实施投资

然后就是制定、评估与选择营销渠道结构和选择渠道成员或者合作伙伴。在确定渠道目标及任务之后，需要制定可行的渠道结构方案，并且对影响渠道结构的相关因素进行评价，最后，根据评价结果选出最优的渠道结构。

▶ 6.2.2 分销渠道的结构设计

1. 分析、评估分销渠道结构的影响因素

确定了分销渠道目标，描述了分销渠道承担的职责和任务，分析了消费者需求后，渠道策划者就应思考完成渠道的职责和任务需要哪类渠道？需要多少渠道成员？各类渠道成员应承担哪些责任？所有这些涉及分销渠道策划的确定分销渠道的长度，确定分销渠道的宽度和广度，确定选择渠道成员的类型、条件和责任。

渠道结构的策划

无论是渠道的长度、宽度，或是广度的选择，都需要了解影响这些选择的因素是什么，是如何影响分销渠道设计和选择的。生产企业在策划和选择分销渠道时，必须依据下列几方面的因素进行系统分析和判定，才能做出合理的选择。

（1）产品因素。产品因素分析见表 6-3。

表6-3 产品因素分析

因素名称	渠道选择
产品价格	一般产品单价越高，越应注重减少流通环节，否则会造成销售价格的提高，从而影响销路。而单价较低、市场较广的产品，则通常采用多环节的间接分销渠道
体积和重量	产品的体积大小和轻重，直接影响运输和储存等销售费用，过重的或体积大的产品，应尽可能选择最短的分销渠道。小而轻且数量大的产品，则可考虑采取间接分销渠道
易毁性或易腐性	产品有效期短，储存条件要求高或不易多次搬运者，应采取较短的分销途径，尽快送到消费者手中，如鲜活品、危险品
产品的技术性	有些产品具有很高的技术性，或需要经常的技术服务与维修，应以生产企业直接销售给用户为好
定制品和标准品	定制品一般由产需双方直接商讨规格、质量、式样等技术条件，不宜经由中间商销售。标准品具有明确的质量标准、规格和式样，分销渠道可长可短
新产品	为尽快地把新产品投入市场，扩大销路，生产企业一般重视组织自己的推销队伍，直接与消费者见面，推介新产品和收集用户意见。如能取得中间商的良好合作，也可考虑采用间接销售形式

（2）市场因素。市场因素分析见表 6-4。

表6-4 市场因素分析

因素名称	渠道选择
购买批量大小	购买批量大，多采用直接销售；购买批量小，除通过自设门市部出售外，多采用间接销售
消费者的分布	某些商品消费地区分布比较集中，适合直接销售；反之，适合间接销售。工业品销售中，本地用户产需联系方便，因而适合直接销售；外地用户较为分散，通过间接销售较为合适
潜在顾客的数量	若消费者的潜在需求多，市场范围大，宜选择间接分销渠道；若潜在需求少，市场范围小，生产企业可直接销售
消费者购买习惯	生产企业应既直接销售，也间接销售，满足不同消费者的需求，也增加了产品的销售量

（3）生产企业本身的因素。生产企业本身的因素分析见表 6-5。

表6-5 生产企业本身的因素分析

因素名称	渠道选择
资金能力	企业资金雄厚，可自由选择分销渠道，建立自己的销售网点，也可选择间接分销渠道。企业资金薄弱，则须依靠中间商进行销售和提供服务，只能选择间接分销渠道
销售能力	生产企业在销售力量、储存能力和销售经验等方面具备较好的条件，应选择直接分销渠道；反之，则须选择间接分销渠道。另外，企业如能和中间商进行良好的合作，或能对中间商进行有效控制，可选择间接分销渠道；若中间商不能很好地合作或不可靠，将影响产品的市场开拓和经济效益，宜开展直接销售

续表

因素名称	渠道选择
提供的服务水平	中间商常希望生产企业能尽量多地提供广告、展览、修理、培训等服务项目，为销售产品创造条件。若生产企业无意或无力满足这方面的要求，生产企业宜自行销售；反之，则选择间接分销渠道
发货限额	生产企业为了合理安排生产，会对某些产品规定发货限额。发货限额高，有利于直接销售；发货限额低，则有利于间接销售

（4）经济收益。不同分销途径经济收益的大小，也是影响选择分销渠道的一个重要因素。对于经济收益的分析，主要考虑的是成本、利润和销售量三个方面的因素。具体分析见表 6-6。

表6-6　经济收益分析

因素名称	说明
销售费用	销售费用是指产品在销售过程中发生的费用。它包括包装费、运输费、广告宣传费、陈列展览费、销售机构经费、代销网点和代销人员手续费、产品销售后的服务支出等。一般情况下，减少流通环节可降低销售费用，但减少流通环节的程度要综合考虑，做到既要节约销售费用，又要有利于生产发展和体现经济合理的要求
价格分析	在价格相同条件下，进行经济效益的比较。目前，许多生产企业都以同一价格将产品销售给中间商或最终消费者，若直接销售量等于或小于间接销售量时，由于生产企业直接销售时要多占用资金，增加销售费用，所以，间接销售的经济收益高，对企业有利；若直接销售量大于间接销售量，而且所增加的销售利润大于所增加的销售费用，则选择直接销售对企业有利
	当价格不同时，进行经济收益的比较，主要考虑销售量的影响，若销售量相等，直接销售多采用零售价格，价格高，但支付的销售费用也多；间接销售采用出厂价，价格低，但支付的销售费用也少。究竟选择什么样的分销渠道？可以通过计算两种分销渠道的盈亏临界点作为选择的依据。当销售量大于盈亏临界点的数量，选择直接分销渠道；反之，则选择间接分销渠道。在销售量不同时，则要分别计算直接分销渠道和间接分销渠道的利润，并进行比较，一般选择获利的分销渠道

（5）中间商特性。各类各家中间商实力、特点不同，诸如广告、运输、储存、信用、联系人员、送货频率方面具有不同的特点，从而影响生产企业对分销渠道的选择。

① 中间商的不同对生产企业分销渠道的影响。例如，汽车收音机厂家考虑分销渠道，既可与汽车厂家签订独家合同，要求其只安装该品牌的收音机；也可借助通常使用的渠道，由批发商转卖给零售商；还可寻找一些愿意经销其品牌的汽车经销商等。

② 中间商的数目不同对生产企业分销渠道的影响。按中间商的数目的多少的不同的情况，可选择密集分销、选择分销、独家分销。

③ 消费者的购买数量对生产企业分销渠道的影响。消费者购买数量小、次数多，可采用长渠道；反之，购买数量大，次数少，则可采用短渠道。

④ 竞争者状况对生产企业分销渠道的影响。当市场竞争不激烈时，可采用同竞争者类似的分销渠道；反之，则采用与竞争者不同的分销渠道。

▶【教学互动 6-2】

互动问题：

（1）渠道结构的选择除了与产品特性有关，还有很多影响因素，请举例说明其他因素的影响。

（2）一款欧洲啤酒即将进入你所在的城市，请为其销售推广设计渠道。

要求：同“教学互动 1-1”的“要求”。

2. 分销渠道的结构类型

分销渠道按照不同的标准可分为不同的类型。无中间商介入称为**直接分销渠道（也称零阶渠道）**，是指由生产者直接将产品销售给用户，即没有中间商参与，产品由生产者直接销售给用户的渠道类型。工业品销售多采用此方法，其方式有上门推销、邮寄、电话销售、自建零售店等，具有直接沟通信息，有利于满足消费者需求，交易便利，减少中间环节，价格低廉等特点。在产品需要提供相应服务的情况下，其优势更大。

生产者通过一定的中间商将产品销售给用户称为间接分销渠道。**间接分销渠道**是指有一级或多级中间商参与，产品需要经过一个或多个中间环节销售给用户的渠道类型。

（1）按中间商的层级数划分。按产品从生产者转移到用户过程所包含的中间商购销环节的多少可分为零阶渠道、一阶渠道、二阶渠道和三阶渠道（也称多阶渠道），如图 6-5 所示。

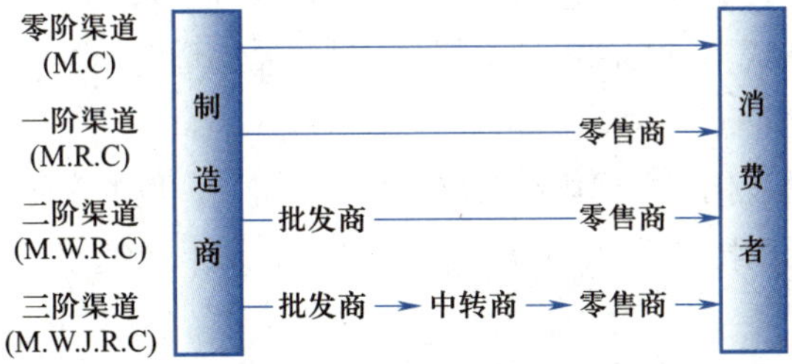

图 6-5　不同层级的分销渠道

在工作中，一般把零阶渠道和一阶渠道归为短渠道，二阶渠道和三阶渠道归为长渠道。长渠道与短渠道的优劣势对比表见表 6-7。

表6-7　长渠道与短渠道的优劣势对比

类型	优点及适用范围	缺点及基本要求
长渠道	市场覆盖面广；企业可以将渠道优势转化为自身优势；一般消费品销售较为适宜；可以减轻企业的费用压力	厂家对渠道的控制程度较低；增加了渠道服务水平的差异性和不确定性；加大了对经销商进行协调的工作量
短渠道	厂家对渠道的控制程度较高；专利品、贵重商品较为适用	厂家要承担大部分或部分渠道功能，必须具备足够的资源；市场覆盖面较窄

（2）按同一层级中间商数量化分。根据在渠道中各环节使用同类型中间商数目的多少，可分为独家分销、密集分销（也称为宽渠道和窄渠道）和选择分销三种渠道，见表 6-8。

表6-8　独家分销、密集分销和选择分销

分销类型	含义	优点	缺点
独家分销	在既定市场区域内每个渠道层面只有一家经销商运作	竞争程度低；厂家与经销商的关系较为紧密；适用于专用产品的分销	缺乏竞争，顾客的满意度可能会受到影响；经销商对厂家的反控制能力较强
密集分销	凡是和厂家要求的经销商均可参与分销	市场覆盖率高；比较适用于快速消费品的分销	经销商之间的竞争容易使市场混乱，甚至破坏企业的营销意图，渠道的管理成本和费用比较高
选择分销	从申请者中选择一部分作为经销商	优缺点介于独家分销和密集分销两者之间	

（3）按企业选择渠道模式划分。根据企业选择渠道模式种类的多少，可分为单渠道与多渠道。单渠道是指生产者在一定的目标市场中，只选择一种分销渠道的模式。多渠道是指生产者在一定的目标市场中，选择多种分销渠道的模式。生产者在建立分销渠道时多采用多渠道模式，多渠道模式的优点是能降低销售成本，增加市场覆盖面；缺点是渠道合作困难，较难控制，易产生渠道冲突。

上述分销渠道类型的变化，主要体现渠道层级、宽度、广度的变化。渠道设计者应综合渠道选择的影响因素和渠道结构特点后，设计出几种分销渠道设计方案。

3. 分销渠道评估

分销渠道评估的实质是从那些看起来似乎合理但又相互排斥的方案中选择最能满足企业长期目标的方案，评估渠道设计方案可按经济性、可控性和适应性进行，选择渠道设计方案方法可按财务方法、交易成本分析法、经验法进行。

评估分销渠道设计方案的标准：

（1）经济性标准。首先进行渠道费用成本分析，综合考虑渠道建设成本、管理成本、利益分配成本、培训成本等各种经济指标，判断不同渠道方案的经济性。

（2）可控性标准。评估公司对所选择渠道的可控性。根据渠道结构特点、企业发展阶段、品牌影响力、渠道管理能力，既要满足企业和分销商的共同利益最大化，又要保证企业对分销渠道的影响力和控制能力。

（3）适应性标准。在评估各渠道方案时，还有一项需要考虑的标准，那就是分销渠道是否具有地区、时间、中间商适应性。

① 地区适应性。在某一地区建立产品的分销渠道，应充分考虑该地区的消费水平、购买习惯和市场环境，并据此建立与之相适应的分销渠道。

② 时间适应性。根据产品在市场上不同时期的适销状况，企业可采取不同的分销渠道与之相

适应。如季节性商品在非当令季节就比较适合于利用中间商的吸收和辐射能力进行销售，而在当令季节就比较适合于扩大自销比重。

③ 中间商适应性。企业应根据各个市场上中间商的不同状态采取不同的分销渠道。如在某以市场若有一两个销售能力特别强的中间商，渠道可以窄一点；若不存在突出的中间商，则可采取较宽的渠道。

综上所述，在按经济性、可控性和适应性对于渠道设计方案进行评估后，选择既能满足企业战略和发展目标，又能适应渠道策划的各种影响因素的合理分销渠道结构方案。

▶ 6.2.3 选择分销渠道成员

渠道成员的选择

优质的分销渠道成员与健全的分销渠道网络，是企业重要的外部资源，也是企业建立稳定分销渠道的基础。建立分销渠道时应慎重选择分销渠道成员。

1. 寻找潜在的分销渠道成员

寻找潜在分销渠道成员信息的渠道有两种，分别是内部信息源和外部信息源。内部信息源包括利用地区销售队伍从现有分销渠道成员或销售队伍中获得潜在的渠道成员信息，也可利用公司内部人力资源关系网获得潜在渠道成员的信息。外部信息源包括行业协会、商会、展会、广告、网络等，也可利用分类电话簿、专业服务网站等寻找潜在的渠道成员。

2. 选择分销渠道成员

选择既符合分销渠道战略又能完成渠道分销任务的渠道成员，应先确定选择渠道成员的原则，再确定渠道成员的选择标准。

分销渠道成员的选择，应遵循以下原则：

（1）易进入目标市场。企业选择分销渠道成员时应关注其覆盖范围、历史经验、区域优势，以满足目标消费者方便、快捷购买产品的需要。

（2）匹配的企业形象。企业分销渠道成员形象代表生产企业的形象，企业选择的渠道成员应与目标消费者心目中的企业声望、信誉、品质与服务相匹配。

（3）利于产品销售。企业在选择分销渠道成员时要挑选那些对产品销售具有优势的分销商，关注其产品组合、促销能力，寻找能提升渠道效率的经销商。

（4）利于建立伙伴关系。选择分销渠道成员时应了解分销渠道成员的合作意愿、动机及发展是否与本企业相符，以利于企业与分销渠道成员建立起战略伙伴关系，增强渠道网络的稳定性。

3. 评估确定分销渠道成员

评估确定分销渠道成员包括制定分销渠道成员的评估标准、与评估确定分销渠道成员。

分销渠道成员评估的标准见表 6-9。

评估确定分销渠道成员的程序：一是收集潜在的分销渠道成员信息；二是依据各项评估标准重要性进行加权，针对每个潜在的分销渠道成员打分，从高到低进行排序，确定最终的分销渠道成员。

表6-9　分销渠道成员评估标准

序号	标准	说明
1	财务状况	调查中间商的资本、负债、利润等财务相关情况
2	信用	通过金融机构、银行、合作伙伴、行业人士进行调查
3	销售力	调查中间商的销售额、销售人员素质、数量、绩效考核
4	产品线	调查中间商经销的竞争性、相容性、补充性、产品线
5	声誉	中间商的声誉与制造商战略的匹配性
6	市场覆盖力	中间商市场覆盖范围与制造商需要覆盖范围的匹配性
7	绩效	中间商达到的市场份额（包括市场覆盖率、销售业绩等）
8	管理能力	管理机构、标准（如 ISO）、质量、人员变动情况等
9	经营状况	经营宗旨与基础、绩效、负债率、奖惩机制等
10	规模	组织机构、仓储、配送、销售额大小，选择与企业、产品战略相匹配的规模

▶【同步案例 6-2】

批发商转型做终端

渠道成员的选择对于企业是一个很重要的问题，因为他们的表现会影响到企业的产品的销售情况，尤其在企业进行渠道的改革，例如需要渠道的扁平化的时候，或者有原有渠道商的情况下需要对渠道成员进行调整的时候会面临不少的问题。而渠道成员为了能留在生产企业的渠道体系内，也是需要提高自己的业绩和竞争力，那么渠道成员怎么去应对渠道变革过程中的不可预测因素的呢？请扫描下面的二维码，看看这家渠道商是如何做的。

批发商转型
做终端

▶ 6.3　分销渠道管理策划

渠道成员间的通力合作，可确保制造商的物流、资金流、信息流畅通，保证渠道成员的多赢，实现制造商的营销战略目标。

渠道管理指制造商为实现公司营销目标对现有渠道进行管理，确保渠道成员间、公司和渠道成员间相互协调、通力合作的一切活动。因此渠道管理是企业管理中非常重要的一项内容，通过维持和保持稳定的渠道网络、恰当的产品价格、有效的渠道产品推广等渠道管理措施，能维护和促进渠道成员间的相互关系，确保渠道成员的利益，促进渠道成员相互合作，保证产品持续成长。

▶【同步业务 6-3】

娃哈哈的渠道管理

娃哈哈的分销模式，是迄今为止中国分销界一个十分诱人的谜。

中国市场幅员辽阔，各省区市之间由于经济状况，消费能力及开发程度的不同，产品的销量差异极大，为了运作市场，总部对各省的到岸价格、促销配套力度和给予经销商的政策也肯定有所差异。因而在经销商中容易出现冲货——将一地的产品冲到另一地销售。这种状况频繁出现，必将造成市场之间的秩序紊乱。为此，娃哈哈成立了一个专门的机构，巡回全国，专门查处冲货的经销商，其处罚之严业界少有。宗庆后及其各地的分销经理在各地行走时，一旦发现编号与地区不符，便严令要彻查到底。

可是，要根治冲货，必须严格分配和控制好各级经销商的势力半径，一方面充分保护其在本区域的销售利益，另一方面则严禁其对外倾销。近来，娃哈哈放弃了广招经销商的策略，开始精选合作对象，从众多的经销商中发展，扶植大客户，同时，有意识地缩小经销商的辐射半径，促使精耕细作，挖掘本区域市场的潜力。

业务分析：渠道管理包括对分销成员的激励、扶持和管理，通过对分销渠道的维持和保持价格的稳定，维护与分销渠道成员的关系，确保渠道成员的利益，保证双方能合作成功。

业务程序：成立专门的督导机构，对市场产品进行价格检查，发现冲货，对违法经销商进行处理。

▶ 6.3.1 分销渠道的激励与扶持

分销渠道管理重要的内容之一就是如何激励渠道成员。**激励渠道成员**是指制造商为调动分销渠道成员的积极性，促进渠道成员通力合作达成制造商的分销渠道目标所采取的措施。

渠道成员的管理

分销渠道激励与扶持是指制造商部分地参与经销商经营管理工作，保证经销商把更多的精力投入销售工作，让经销商感受到与制造商合作的价值。

1. 激励渠道成员

制造商渠道激励扶持主要有两种方法：一是直接激励，二是间接激励。

（1）直接激励。直接激励，指通过提供物质和金钱奖励来肯定经销商在销售量和市场规范操作方面的成绩。返利、价格折扣、促销活动、市场基金等是最常用的方法。

① 返利，有过程返利和销量结果返利两种。过程返利是一种直接管理销售过程的激励方法，主要用于考察市场销售的规范性。销量返利的目标是提高销售量直接刺激经销商销售和进货力度。在采用时，注意要综合考虑返利的标准（品种、数量、额度、等级水平）、形式（货物、钱）、时间（起止日期，返利月、季、年）及相关的附属条件。

② 价格折扣，是制造商针对经销商需要制定不同的价格优惠政策，包括数量折扣、层级折扣、现金折扣、季节折扣等。

③ 促销活动，制造商可用自己负担或和经销商共同分担的方法开展促销活动。在促销时要注意促销目标、促销力度、促销内容、促销时间、考评方法、费用申报、活动管理的设计与企业营销目标保持一致。在活动中制造商也要派人员协助经销商进行产品陈列、活动安排、培训等事宜。

④ 市场基金，指给经销商一个额度，用于调动经销商经销合作的积极性。如设立合作基金、开拓基金、发展基金等。

（2）间接激励。间接激励就是通过帮助区域代理商和其他经销商获得更好的管理销售的方法，培养追求更高的挑战的技能，从而提高销售绩效，而这一过程也加深了合作双方的感情联系。通常的做法有以下几种形式：

① 培训经销商。例如，联想成立“大联想学院”，是一个专门为代理商提供各类培训服务的机构。“大联想学院”的宗旨是落实“大联想”的渠道策略，面向合作伙伴，通过培养“大联想”销售体系需要的专业人才，提高合作伙伴的管理水平、增值能力、销售推广能力和商务、宣传、服务的规范，提升“大联想”体系的竞争力，使合作伙伴与联想共同成长。职责就是规划并建立渠道培训体系，策划并组织实施渠道培训。

② 向经销商提供营销支持。帮助经销商建立进销存报表，做安全库存数和先进先出库存管理。进销存报表的建立，可以帮助经销商了解某一周期的实际“销化”数量和利润；安全库存数的建立，可以帮助经销商合理安排进货。先进先出的库存管理，可以减少即期品（即将过期的商品）的出现。

2. 扶持经销商

对经销商的扶持指通过协助经销商进行销售管理，提高经销商的销售效率和效果，激发经销商销售产品的积极性。常采用协助经销商进行产品管理、终端管理、客户管理、开拓市场、产品服务支持等方法。

通过对经销商提供间接和直接激励，可与经销商发展长期合作关系，但是对经销商的激励必须适度，否则，过频的激励会降低激励的效果，过低水平的激励收不到预期的激励效果，过高水平的激励又将提高制造商的成本。因此，对经销商采用激励措施时应根据不同的对象采用不同的方法，要先评估后激励，实施前也要先确定好激励的水平和频度。

▶【教学互动 6-3】

互动问题：

（1）生产商和渠道经销商的关系怎么样你认为才是健康合理的？

（2）如何解决生产商与渠道经销商的利益冲突？

要求：同“教学互动 1-1”的“要求”。

▶ 6.3.2 分销渠道的检查与调整

分销渠道网络构建完后并不是一劳永逸的，生产者必须定期检查中间商的表现、评估渠道绩效，并在此基础上对分销渠道的结构和政策进行必要的评估调整和修改，以提高分销渠道的绩效、增强渠道的活力，实现制造商的分销渠道目标。

1. 分销渠道检查

分销渠道建立起来后，生产者必须定期按一定标准衡量中间商的绩效，如销售量达成情况、库存、破损处理、促销合作、货款结算、交货时间等，评估是否取消那些影响渠道绩效的中间商。渠道绩效评估主要涉及渠道绩效评估流程、渠道绩效评估。

（1）渠道绩效评估流程。**渠道绩效评估**指生产者应用科学方法对其分销渠道系统绩效进行客观的考核与评价。

制造商进行分销渠道的渠道绩效评估流程建设时应建立渠道绩效评估标准和制定渠道绩效评估制度。

① 建立渠道绩效评估标准。制定渠道绩效评估标准是进行公平、公正的渠道绩效评估的基础，渠道绩效评估标准应采用历史比较或区域比较方法，从渠道组织、渠道运行、渠道服务、渠道经济性角度来建立。可参照表 6-10。

表6-10 某生产制造商渠道绩效评估标准示例

项目	内容	标准	评分
渠道组织（20%）	管理人员素质（10%）	大专以上学历，一年以上工作经验	
	终端控制比例（10%）	终端控制 50%	
渠道运行（40%）	覆盖率（10%）	达成目标 90%	
	渠道冲突（10%）	适度	
	销售量（20%）	占总销售额 70%	
渠道服务（20%）	信息沟通（5%）	准时呈报公司报表	
	物流服务（5%）	准时、准确交付	
	促销效率（5%）	信息、物件准时送达	
	顾客投诉（5%）	投诉率小于千分之一	
渠道经济性（20%）	渠道费用（10%）	达到公司标准	
	渠道利润（10%）	达到公司标准	

② 制定渠道绩效评估制度。制定渠道绩效评估制度，是提高生产者分销渠道效率的好方法。渠道绩效评估制度的建立为管理者提供了一个了解制造商渠道现有水平与实现营销目标渠道绩效水平的机会。定期的渠道绩效评估可使管理者及时认清分销渠道的差距，及时改进，保持分销渠道与制造商营销目标的一致性。

（2）渠道绩效评估。从分销渠道管理组织、渠道运行状况、渠道服务质量和渠道经济效果四方面进行渠道绩效评估，见表 6-11。

表6-11　渠道绩效评估要素

要素	说明
渠道管理组织	评估渠道管理组织绩效，先评估渠道管理人员的素质能力是否达到渠道管理人员所需的素质和能力要求；再评估生产者对渠道终端的控制能力
渠道运行状况	按渠道通畅性、覆盖面、流通能力及渠道冲突性进行评估
渠道服务质量	从渠道信息功能、实体功能、促销功能的执行情况进行评估
渠道经济效果	渠道投入产出评估。投入评估是分析评估渠道费用，常用历史比较法与区域比较法，用渠道总成本、单位产品渠道成本、分产品渠道成本、销售利润率、资产收益率等指标。产出评估是分析评估渠道的销售量（额），采用销售量、销售额、市场占有率等指标

2. 分销渠道调整

检查与评估分销渠道后，为了适应不断变化的环境，应及时改进影响渠道效率的渠道安排。调整分销渠道涉及调整中间商、调整分销渠道、建立新的分销方式三种。

（1）调整中间商，增加或减少个别的中间商。在产品各生命周期，一直保持竞争优势的分销渠道是没有的。应根据不同时期的特点选用不同的渠道结构。

（2）调整分销渠道，增加或减少特定的分销渠道。现有分销渠道不可避免地与理想的渠道间出现差距，当消费者购买行为发生变化时，必须及时调整分销渠道。

（3）建立新的分销方式。这是指在一个特定的市场上，建立新的分销或销售货物的方式。

▶【职业道德与企业伦理 6-1】

渠 道 冲 突

背景与情境：华南市场是 A 厂的重点市场，华南市场停滞不前让大区张经理现在面临很大的压力。张经理很清楚问题的关键：华南三家一级商谁都应能赚到利润，可是由于各家都有自己的想法，互相之间竞相降价、恶性竞争，导致现在各家都没有获利。已经给他们协商了一次，但是由于各家相互缺乏信任，现在冲突更加严重了。

C公司老板说：做生意都想赚钱，投入多风险大赚大钱，投入少风险小赚小钱，我投入这么多，你首先要保证各家都不降价，有钱赚。D公司老板说：我前半个月就能出一半的货，如果挣钱，一个月翻一倍没有问题，现在各家价格这么低，做你厂产品不挣钱，我们公司还要生存，只好降价快销。B公司老板说：价格混乱不是我造成的，我也想挣钱，但我不低价出，二级经销商就从别的公司拿货，我也是身不由己。

问题：A厂的渠道发生了什么问题？

分析提示：A厂渠道价格混乱、业绩停滞不前的原因是渠道冲突。相互信任危机使渠道冲突变得私人化，现在重要的是如何在各方间重新构筑信任、合乎道德的分销渠道。

▶ 6.3.3 分销渠道创新

1. 渠道创新的动力

渠道创新

经济的发展必然带来分销渠道的变革。市场竞争日趋增强的激烈性和对抗性，要求企业经营更加深入化和细致化，要求其提高对市场资源的可控程度。面对市场经营从粗放型向集约型转变的新环境，传统渠道模式在效率、成本及可控性等方面的劣势日益突出。而分销渠道作为企业最重要的资源之一，其“自我意识”和不稳定性对企业的经营效率、竞争力和经营安全形成的局限与威胁却逐渐显现，因而对分销渠道的重新整合成为企业关注的话题。概括起来，分销渠道创新的主要动力来自：

（1）旧的渠道结构无法满足市场发展的需求。我国市场分销渠道发展最终进入重视消费者阶段的过程，其表现特征是一切围着消费者转，一切以消费者满意为目标。这就要求产品要以最方便的途径让消费者购买，要求厂家要以最快捷的速度对消费者的购买需求和评价做出反应。然而，松散的、间接型的传统渠道模式制约了厂家与消费者的直接沟通，影响了渠道效率。

（2）分销渠道成本控制成为渠道管理的重点。竞争愈加充分，企业利润变薄，渠道成本的控制举足轻重。许多领域供大于求，市场竞争日渐激烈，商品价格日趋下降，企业利润越来越低，进入微利时代，渠道利润空间也相应越来越小。这些促使渠道成本的控制和经销利润的集中成为必然。

（3）对分销渠道的辐射力和控制力要求更高。当企业规模越来越大，随着品牌影响力的不断增大，为了规避渠道风险并为后续产品奠定渠道基础，厂家对渠道辐射力和控制力的要求更高。一些企业甚至可以凭借自身的财力和市场管理经验组建自己的分销网络，如联想对其经销商实行特许经营，把渠道成员纳入自己的规范、控制之下。从市场竞争的需要和企业长远的利益来看，掌握渠道主动权具有十分重要的意义。

（4）新技术的出现和广泛运用。随着以互联网为代表的新技术和新的经济模式的出现，新的销售模式也得到了广泛的应用，随着互联网在全球范围内的普及和物流运输业的发展，网购正为越来越多的人特别是年轻一族所追捧。这也不断催生新的分销渠道模式。

2. 渠道发展趋势

随着市场竞争的加剧，渠道市场迅速发展，渠道创新的速度越来越快，营销渠道出现了许多新的发展趋势。其中，以下的这些变化将是未来分销渠道发展的主要趋势。

（1）大型化趋势。批发商、零售商作为营销渠道中的主要环节，正日趋大型化和规模化，众多的“巨无霸”式的超大企业、连锁企业，在各国都发挥着越来越重要的作用，在激烈的市场竞争中有了更大的优势。

（2）多渠道组合。多渠道组合的概念最早是由两位英国渠道专家提出来的。其核心思想是企业建立两个或更多的营销渠道以到达一个或多个市场目标的做法。

多渠道组合的原则，包括利润目标、渠道覆盖面与满足重点目标的统一、化解渠道冲突。

多渠道组合的类型包括三种：① 集中型组合方式。把多条营销渠道在单一的产品市场进行组合，这些渠道间彼此重叠，相互竞争。② 选择型组合方式。针对不同的细分市场，采取不同的渠道模式进行产品的分销，多种渠道之间既互不重叠，也互不竞争。③ 混合型组合方式。对上述两种组合方式的综合运用。

▶【同步案例 6-3】

新零售商业模式——盒马鲜生

背景与情境：互联网和移动互联网的大潮影响下，企业的经营方式也会发生重大改变，不断有新的渠道和销售模式出现，尤其是对于日用品和食品的销售，传统的渠道和销售模式也受到了巨大的冲击。

盒马鲜生是 OAO（Online and Offline）模式生鲜电商平台，践行新零售。以“生鲜电商”为切入口，通过 App 和线下门店覆盖生鲜食品和餐饮服务，门店以体验服务为主导，分为肉类、水产、南北货杂粮、米面油粮、水果蔬菜、冷藏冷冻、烘焙、熟食、烧烤以及日式料理刺身等区域，其中生鲜产品占比 20%，是生鲜行业领先的全渠道电商，专注于提供专业、舒适的产品与服务。盒马鲜生通过线下体验店覆盖，线上 App 下单，实现线上、线下真正融合互通：线下卖场承载更多体验功能。盒马体验店能够使消费者快速建立品牌认知度，在实现低成本物流的同时，也建立了线上生鲜商品冷藏配送基地，实现商品从门店配送，成为线上消费的前置仓，实现高效的物流运转和配送。

线上下单，打造全渠道销售。到盒马体验店的消费者会被指导安装盒马 App，引导线下消费者线上下单，实现线下体验线上下单的闭环消费模式。为了扫清线上、线下对接的阻碍，盒马鲜生通过电子标签等手段将线上、线下销售的产品统一管理，包括所有商品的变价和库存等信息，在适应全渠道销售的同时，形成了线上线下消费的完整闭环。

到家与到店模式有效互补，积极互动。对于生鲜产品这一特殊商品，消费者的最大需求是即刻送到。高效物流系统支撑下的到家模式满足了其在家即时消费的诉求。而到店模式在抓住线下用户的同时，优质商品服务的示范效应也起到了向线上引流的作用，形成了与到家模式的有效互动。到家与到店双模式并存实现了全渠道的销售。

问题：新零售模式下盒马鲜生的渠道建设对你有哪些启示？

分析提示：新零售模式下盒马鲜生的渠道建设有这么几方面的启示：一是传统行业在新零售模式下应当进行渠道的变革；二是生鲜行业的线上线下渠道有着互补关系，这也说明不同行业对渠道策划的要求是不同的；三是不同渠道的功能是有差别的，要结合渠道所针对的人群进行渠道建设。

（3）网络分销的发展。网络分销是指企业以电子信息技术为基础，以计算机网络为媒介和手段而进行的各种分销活动的总称。网络作为一种全新的生产力，在控制成本、提高利润，覆盖面广阔，买卖双方互动、市场信息反馈及时准确，定制式生产等方面具有明显优势。网络分销是具有极大经济潜力和使用价值的全新领域，必将成为国际营销的发展趋势。

（4）以终端市场建设为中心。以终端市场建设为中心的表现就是直销。直销（direct selling），按世界直销联盟的定义，直销是指以面对面且非定点之方式，销售商品或服务，直销者绕过传统批发商或零售通路，直接从顾客接收订单。

（5）渠道结构扁平化。渠道扁平化，就是尽量减少流通环节，由此来实现成本优势，还可以减少中间环节过多导致的信息失真。渠道扁平化有利于更好地满足消费者的需求，了解市场真实信息，有利于管理和服务经销商，控制和驾驭经销商，有利于加大对消费者的宣传力度，有利于开展终端促销活动，消化库存，做到真正提高市场占有率，有利于建立品牌。

■ 主要概念

分销渠道　分销渠道策划　分销渠道业务流程　直接分销渠道　间接渠道　渠道管理　渠道绩效评估

■ 重点实务

分销渠道设计和评估　分销渠道成员激励与扶持分销渠道策划运作

■ 单元训练

□ 理论题

▲ 单选题

1. 营销渠道的宽度是指（　　）。
   A. 商品在整个流通过程中经过的流通环节或中间层次的多少
   B. 渠道内每个层次上使用同种类型中间商数目的多少
   C. 销售所覆盖的范围
   D. 产品由出厂到销售之间的时间长短

2. 影响渠道选择的最核心因素是（　　）。

A. 产品的特性　　B. 市场环境的变化

C. 现有渠道成员的特征　　D. 生产企业的组织特征

3. 渠道的长度是指（　　）。

A. 经销商层级的多少　　B. 经销商总量的多少

C. 经销商规模的大小　　D. 同层级经销商数量的多少

▲ 多选题

1. 分销渠道的业务流程包括（　　）。

A. 资金流　　B. 商流

C. 物流　　D. 信息流　　E. 促销流

2.（　　）属于渠道创新的动力。

A. 控制渠道成本的原因　　B. 市场环境的变化

C. 渠道控制力要求的变化　　D. 新技术出现的原因

E. 对渠道依赖性变小

3. 分销渠道的价值体现在（　　）。

A. 尽量减少渠道成本

B. 带来长久的竞争优势

C. 生产者和消费者之间必不可少的中间环节

D. 规避生产者的风险

E. 合理分配流通中各环节的利益

▲ 判断题

1. 分销渠道的起点是供应商，终点是消费者。（　　）

2. 营销渠道长渠道在管理难度上要大于短渠道。（　　）

3. 按同一层级中间商的数量划分可以分为独家分销、密集分销和选择分销。（　　）

4. 对中间商的激励包括直接激励和间接激励，但间接激励的作用可以忽略。（　　）

□ 实务题

▲ 业务解析

宜家在全球拥有多家分店。2017 年，宜家中国商场的访客数量为 9 760 万人次，营业收入高达 143 亿元人民币。2017 年宜家的销售总额达到 341 亿欧元，其中 88.9% 的销售收入来自海外经营。宜家公司的竞争优势，是因为它系统地进行了营销渠道角色、关系和组织实务创新，获得了整合的经营系统，并且凭借参与者之间不同能力的配合，比以往更有效地创造了价值。

请你运用渠道的长度、宽度和分销模式具体分析宜家渠道建设成功的原因。

□ 案例题

▲ 案例分析

宝马的分销渠道建设

背景与情境：宝马（BMW）公司在世界各地有 16 个大型销售网络和无数的销售商，BMW 公司 90% 的新产品是通过这些网络和中间商推向市场的。有人估算过，全世界每天平均有数以万计的人就 BMW 牌汽车买卖同其销售网络的成员进行联系、洽谈。BMW 公司通过它的这些销售渠道同客户建立起密切的联系，并随时掌握市场消费心理和需求变化。请参考下面的案例回答问题。

宝马的分销
渠道建设

问题：

1. 如何通过选择看待宝马渠道建设的成功？
2. 宝马的渠道成员是如何制定选择标准的？

分析要求：同第 1 章本题型的“分析要求”。

▲ 决策设计

××× 饮料渠道决策

背景与情境：近几年，随着饮料市场品牌的分分合合，一些饮料品牌要么易主，要么就是号称夺回品牌的控制权。H 品牌就是其中的一个，原本这个充满特色的饮料在市场上已经具有相当的影响力，市场占有率在同类产品中名列前茅，而且无论是营销战略还是市场定位都非常清晰，分销渠道也卓有成效。

然而好景不长，随着一场诉讼，该品牌易主，新的品牌持有人尽管也拥有雄厚的资金实力，但是短期内销售业绩十分不理想，业内有人士认为，其中一个很重要的原因是该品牌原有经销商并没有被真正地完全接管，尽管新的品牌持有人也有自己的独立的分销渠道，但是似乎效率并没有与该品牌的地位相符。

这家公司也从市场上广为吸纳人才，希望恢复原有的品牌辉煌，除了持续的广告投入之外，还希望重建渠道。

问题：假如你是这个公司的营销人员，该怎样设计该品牌的渠道决策以解决问题？

设计要求：同第 1 章本题型的“设计要求”。

▲ 道德研判

快速消费品窜货治理案例分析

背景与情境：新年伊始，刚度过快乐的假期，小王就被市场上突如其来的窜货搞得晕头转向。第一个月任务也没能完成，客户埋怨小王无能，公司批评小王玩忽职守！小王自己也搞不清楚这么多的窜货是从什么地方钻出来的。公司给小王下了死命令，第二个月完不成任务就要下岗。客户要求小王尽快查明真相，否则要求公司换业务员。

面对尴尬的局面，小王如何开展工作？

小王开始对区域内的窜货原因进行调查：原来在年前的时候，邻近的区域市场为了完成任务，给经销商制定了较高的销售任务，并设置了可观的超额奖。经销商为了拿到超额奖，对小王管理的区域市场进行了低价窜货。

小王如实向公司做了汇报，公司对窜货区域经销商和业务员进行了处罚。但是面对大规模低价窜货所造成的区域价格混乱的局面，小王应该如何应付呢？

小王对区域内的窜货现象进行了总结，发现：受这次低价窜货影响比较大的是流通渠道中较大的批发客户，而商店、小超市等销售终端没有受到影响，并且这些销售终端也是该区域经销商的销售盲点。通过这次市场调查，小王认识到：一次窜货可以制止，难的是长期控制窜货。而真正控制窜货的关键就是控制销售终端。

小王把自己的想法跟经销商进行了沟通，经销商认可了小王的观点并很快加大了对销售终端的铺货力度。通过控制销售终端，销量不仅得到提高，产品群也得到丰富，整体利润得到提高。更重要的是销售终端控制的加强在一定程度上削弱了大批发客户的销售数量和在本区域内销售本产品的势力，使窜货现象得到了良好控制。

但是，大批发客户的存在也不容忽视。小王开始对市场上的大批发客户进行统计总结，并与影响力较大的批发客户签订协议使其成为特约经销商，加强对产品价格的维护。尽管还有少数的大批发客户被窜货，但是市场总体价格体系得到控制，市场得到良性发展，销量也得到快速增长。

问题：

1. 本案例中存在哪些道德伦理问题？
2. 试对上述问题作出你的道德研判。
3. 对照本教材附录三和网上调研资料，说明你的道德研判所依据的行业道德规范。
4. 请从分销渠道策划与道德研判角度对快速消费品的窜货做出评价。

研判要求：同第 1 章本题型的“研判要求”。

□ 实训题

“分销渠道策划运作”业务胜任力训练

【实训目的】

见本章“学习目标”中的“实训目标”。

【实训内容】

专业能力训练：其能力领域、技能点、名称和操作的参照规范与标准见表 6-12。

表6-12　专业能力训练领域、技能点、名称及其参照规范与标准

能力领域	技能点	名称	参照规范与标准
分销渠道策划运作	技能 1	分销渠道策划程序化运作技能	（1）能正确理解分销渠道的价值和功能，正确运用分销渠道策划的流程。 （2）能对某产品的市场竞争环境进行有效分析。 （3）能根据某产品调研分析与结论，设计合适的分销渠道模式
	技能 2	分销渠道策划原则运用与评估技能	（1）能了解和把握分销渠道设计的原则。 （2）能正确地修订某产品的分销目标。 （3）能较有效地评估和选择分销渠道
	技能 3	分销商选择和管理技能	（1）能根据某产品的市场竞争态势，初步分析分销商选择正确与否。 （2）能根据中间商的数量和层级的现有状况，提出合理的建议。 （3）能根据现有分销渠道存在的弊端，有针对性地采取分销渠道管理措施

职业核心能力和职业道德训练：其内容、种类、等级与选项见表 6-13；各选项操作的“参照规范与标准”见本教材附录二和附录三。

表6-13　职业核心能力与职业道德训练内容、种类、等级与选项

内容	职业核心能力							职业道德						
种类	自我学习	信息处理	数字应用	与人交流	与人合作	解决问题	革新创新	职业观念	职业情感	职业理想	职业态度	职业良心	职业作风	职业守则
等级	中级	中级	中级	中级	中级	中级	中级	认同	认同	认同	认同	认同	认同	认同
选项		√		√	√	√	√	√			√	√	√	√

【组织形式】

将班级学生分成若干实训小组，根据实训内容和项目需要进行角色划分。

【实训要求】

1. 将职业核心能力和职业道德训练融入专业能力训练中。

2. “分销渠道策划运作”的“专业能力训练”参照本教材网络教学资源包《学生考核手册》考核表 8 –3 中的“考核指标”与“考核标准”；“职业核心能力训练”和“职业道德训练”分别参照本教材附录二和附录三中相关选项的“参照规范与标准”。

3. 对本次实训活动进行总结，参照本教材“课业范例”之范例综 –3 的结构与体例完成本实训课业。

【情境设计】

将学生分成若干实训组，分别选择当地某企业的分销渠道项目进行实训。各实训组通过对所选企业（或本校专业实训基地，或毕业生创业团队）分销渠道项目现状的调查与分析、该产品分销渠道策划方案的编制等活动的参与和体验，完成本实训操练题的各项实训任务，在此基础上撰写《××产品分销渠道策划运作实训报告》。

【实训时间】

本章授课结束后一周内。

【实训步骤】

1. 将学生组成若干个实训组，每 8 ~ 10 位同学分成一组，根据实训项目进行角色分工，每组确定 1 ~ 2 人负责。

2. 对学生进行分销系统知识培训，确定选择哪几类产品作为分销渠道策划分析的范围。

3. 各实训组分别选择正在实施“分销渠道策划”的企业、校实训基地或毕业生创业团队的产品项目，各自确定调研任务，进行其现状调查。

4. 各实训组分析调查结果，撰写《××产品分销渠道策划现状调查报告》（包括该企业产品项目分销渠道结构和管理现状、存在的问题、不足和改进建议等内容），并在此基础上，结合其产品项目分销渠道策划的现阶段需要，制定具有创新性质的《××产品分销渠道策划方案》（包括《××产品分销渠道策划目标选择》《××产品分销渠道策划方法选择》和《关于××产品分销渠道策划适用条件的分析说明》等内容）。其中：“专业能力训练”重点体验分销渠道策划程序化运作、分销渠道策划原则运用与评估、分销商选择与管理等技能点的有质量、有效率操作；“职业核心能力训练”和“职业道德训练”重点体验相关选项中各技能点的相应级别操作。

5. 综合以上阶段性成果，撰写《××产品分销渠道策划运作实训报告》。其内容包括：实训组成员与分工；实训过程；实训总结（包括对专业能力训练、职业核心能力训练和职业道德训练成功与不足的分析说明）；附录（包括各种阶段性成果全文）。

6. 在班级交流、讨论各组的《××产品分销渠道策划运作实训报告》。

7. 根据交流、讨论结果，各组修订其《××产品分销渠道策划运作实训报告》，并使之各具特色。

【成果形式】

实训课业：《××产品分销渠道策划运作实训报告》

课业要求：

1. “实训课业”的结构与体例参照本教材“课业范例”中的范例综 -4。

2. 将《调查报告》《策划方案》全文以“附件”形式附在《实训报告》正文之后。

3. 在校园网的本课程平台上展示经过教师点评的班级优秀《实训报告》。

■ 单元考核

考核要求：同第 1 章“单元考核”的“考核要求”。

项目七 新媒体营销策划

07

+07

学习→目标 通过本章学习，应该达到以下目标：

- 理论目标：学习和把握新媒体和新媒体营销的概念及特点，新媒体营销策划步骤，用户定位等陈述性知识；能用其指导“新媒体营销策划”的相关认知活动。
- 实务目标：学习和把握新媒体营销策划的步骤，确定用户画像的步骤与方法，新媒体平台选择方法，新媒体营销模式策划方法以及“业务链接”等程序性知识；能用其规范“新媒体营销策划”中的相关技能活动。
- 案例目标：运用本章理论与实务知识研究相关案例，培养“新媒体营销策划”业务情境中分析问题、决策设计和道德研判能力。
- 实训目标：参加“新媒体营销策划”的实践训练。在了解和把握本实训相关技能点的“规范与标准”的基础上，通过“新媒体营销策划”中系列技能操作的实施，《新媒体营销策划方案》的撰写、讨论与交流，培养“新媒体营销策划”的专业能力、相关选项的职业核心能力（中级），并通过相关选项的职业道德（认同级）教育，促进健全职业人格的塑造。

■ 思维导图

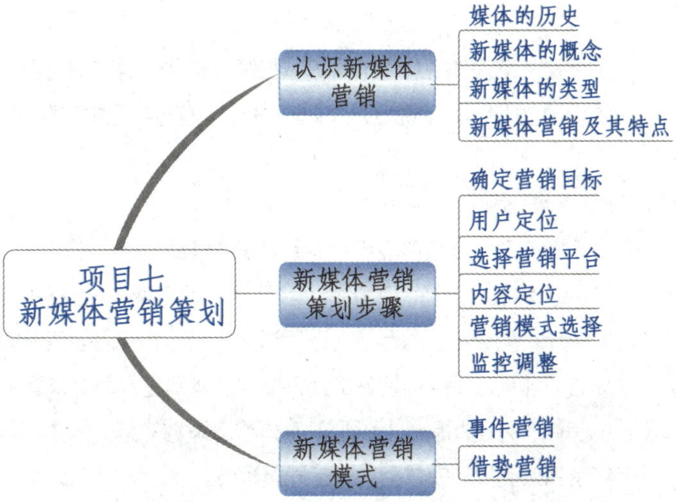

▶ 引例

宝洁：消费者在哪里，我们必须在哪里

背景与情境：宝洁开创了品牌经理制等诸多营销创举，旗下有众多知名品牌。

多年来，宝洁一直是“大生产 + 大品牌 + 大媒体 + 大渠道”这一传统商业模式的典型代表。首先，通过市场细分 +USP 清晰定义品牌；然后，通过主流媒体 + 明星代言进行高曝光大预算推广；接着，就是各大商超进驻、展示和促销；最终，消费者就会买买买。年年宝洁都是中央广播电视总台 TOP10 广告主，但突然之间，这一套就失灵了。

宝洁在中国已经连续三年下滑，直到 2018 财年才实现业绩好转。飘柔 / 海飞丝 / 潘婷曾占据中国洗发水市场 60% 以上份额，至 2016 年已跌至 35.8%。

那么，这两年宝洁在做什么呢？

宝洁旗下化妆品品牌 SK-II 从 2016 年 4 月开始在社交媒体上（如微博、知乎）做相亲角营销，虽然颇多争议，但它对销售起到了巨大刺激作用，强化了话题制造、情感连接和用户交互，使得 SK-II 在中国销售暴涨 50%。

宝洁旗下的另一个化妆品品牌 OLAY 在小红书上有 7 万多篇小白瓶笔记，OLAY 小白瓶因为烟酰胺浓度高，被称为平价小灯泡。小白瓶、小哑铃、小脸精华这些词被消费者在社交媒体上频繁提及，这是新时代的种草学。

当宝洁旗下的护舒宝要推一款液体卫生巾，宝洁做的第一轮推广是邀请上百个代购和网红达人内测，并在社交媒体上进行晒图和评论，说这是“北美最流行的网红卫生巾”。使这款新产品迅速成为网红产品。

资料来源：2019，新营销开场. 梅花网，2019-02-19，有删减。

问题：通过宝洁近几年的改变，你觉得传统营销与新媒体营销有什么不同？

正如宝洁前 CEO 雷富礼所说，“消费者在哪里，我们就必须在哪里”。随着互联网的发展，消费者更多通过网络和社交媒体（如微信、微博等）进行沟通、工作和生活。宝洁顺应大势、拥抱变化，积极探索利用新媒体进行营销，取得了良好的销售业绩。本章将从新媒体营销的概念出发，深入了解当下新媒体营销的特点，并在此基础上学习新媒体营销策划的基本步骤，以及典型的新媒体营销模式，实现从“传统营销”到“新媒体营销”的思路转变。

▶ 7.1 认识新媒体营销

名家名著：乔纳·伯杰与《疯传》

在这一节，我们先从认识媒体开始，通过媒体的“前世今生”，了解当下新媒体的概念及类型，并重点学习新媒体营销的特点。

▶ 7.1.1 媒体的历史

媒体（media），可以理解为传递和沟通信息的载体。在人类生活早期，原始人通过动作、表情、呐喊等方式传递信息。在封建社会，古代军事通信依靠的是烽火，一旦发现敌情，士兵就会依次点燃烽火，传递信号。随着历史发展，从先秦时代的竹简木牍、明清时期的线装书到现代的报刊，这些都可以理解为沟通和传递信息的载体，即媒体。

1922年，无线电发明，广播开始出现，声音得以突破距离的传播限制。之后，电视出现，声音和图像得到进一步整合。媒体随着技术的进步，开始出现革命性的变化，并且进化的速度越来越快。特别是互联网出现之后，从早期的PC互联网时代，门户网站、论坛涌现——新浪、网易、搜狐、腾讯的崛起，榕树下、西祠胡同、天涯社区等论坛热闹非凡，到移动互联网出现，手机App风靡——微信、今日头条、抖音、快手，开始抢占用户的注意力。

近年来，随着智能可穿戴设备和物联网技术的发展，硬件与软件开始深度交互，如苹果的智能手表，小米的智能音箱和智能家居系统，海尔的互联网智能冰箱，谷歌的智能眼镜等，我们开始进入“万物皆媒”的时代。

▶【教学互动 7-1】

互动问题：

（1）2019年被称为5G元年，未来的媒体可能会是什么样子？

（2）你如何看待技术发展对媒体变革的影响？如何理解“今天的新媒体会成为明天的传统媒体。”这句话？

要求： 同“教学互动 1-1”的“要求”。

▶ 7.1.2 新媒体的概念

新媒体（New Media）的概念最早由美国哥伦比亚广播电视网（CBS）技术研究所所长戈德马克（Goldmark）于1967年率先提出。自此，新媒体一词在全球流行起来。关于新媒体的定义，目前没有统一的学术概念。但联合国教科文组织和美国《连线》杂志均给出了比较权威的定义。

联合国教科文组织将新媒体定义为“以数字技术为基础，以网络为载体进行信息传播的媒介”，美国《连线》杂志则称新媒体为“所有人对所有人的传播”。

简单地理解，**新媒体**是以数字信息技术为基础，以互动传播为特点，具有创新形态的媒体。

新媒体的第一个特征是互动性。在传统的纸媒时代，阅读报纸和杂志的读者是很难与作者沟通交流的，读者们也互不相识。信息是单向流动的。而在新媒体时代，人们可以通过微博、微信等媒介与信息发出者交流，所有阅读信息的人变成了网友，互相沟通。信息是双向甚至多向传递的。

新媒体的第二个特征是个性化。在新媒体时代，每个人都可以在互联网上找到自己的圈子和信息，而数字技术的发展如智能推送、猜你喜欢等也让信息经过不同人的兴趣筛选，变得千人千面。

新媒体的第三个特征是实效性。比起传统的新闻采编较为漫长的制作周期，每个人都可以成为记者，随时随地记录新鲜事，通过微信、微博等社交媒体传播。

▶【同步案例 7-1】

网易云音乐的“乐评专列”

背景与情景：“理想就是离乡”“校服是我和她唯一穿过的情侣装，毕业照是我和她唯一的合影”“我已经过了餐桌上有只鸡就一定能吃到鸡腿的年纪了”“祝你们幸福是假的，祝你幸福是真的”……如果你在地铁上看到这些话语，会是什么感受呢?

2017 年 3 月 20 日，网易云音乐联合杭港地铁共同打造的“乐评专列：看见音乐的力量”列车正式开跑。网易云音乐红的车厢、布满乐评的内景很快吸引了过往乘客、行人驻足围观，直呼“这波好喜欢”“扎心了网易云音乐”，还有不少人拍照发布到社交媒体，造成刷屏现象。

“乐评专列”推出后，引起了海量用户和媒体的自传播，总曝光突破 2 亿次。网易云音乐公众号文章阅读数首破 10 万 + 人次，专栏阅读数近 100 万次；超 2 000 家媒体报道曝光，《人民日报》新华社等官方微信公众号自主传播。同时，网易云音乐各项数据指标和排行均获得大幅上涨。网易云音乐在 App Store 音乐类排行升至第一位；微信指数从 54 万直线升到了 1 300 万，升了 24 倍；百度指数一周内整体同比上升 80%，移动同比上升 130%；网易云音乐日活上涨 150 万。

资料来源：网易云音乐专列火了 走心的营销不会过时. 搜狐网，2017-03-23.

问题：通过网易云音乐的地铁刷屏事件，如何理解“新媒体是所有人对所有人的传播”？

分析提示：网易云音乐的乐评来自了广大网友的自发评论，活动策划方精选出点赞量最高的 5 000 条乐评印刷在地铁车厢。乘坐地铁列车的年轻人看到有共鸣的乐评时，会利用社交媒体如微博、微信朋友圈等主动、自发地发布现场图片和个性评论，引发更多人的关注，带来刷屏效应。

▶ 7.1.3 新媒体的类型

新媒体是一个动态发展的概念。在 PC 时代，门户网站、博客、BBS 社区、QQ 等是最热的新媒体。但是，随着移动互联时代的来临，新媒体的类型不断更新和变化，界定也越来越模糊。

当下，新媒体的类型主要包括 8 个领域，即社交平台、视频平台、短视频平台、直播平台、音频平台、问答平台、社区论坛、自媒体平台（如图 7-1 所示）。通常，大多数企业将“双微一抖”（即微信、微博、抖音）作为深耕培育的新媒体平台。

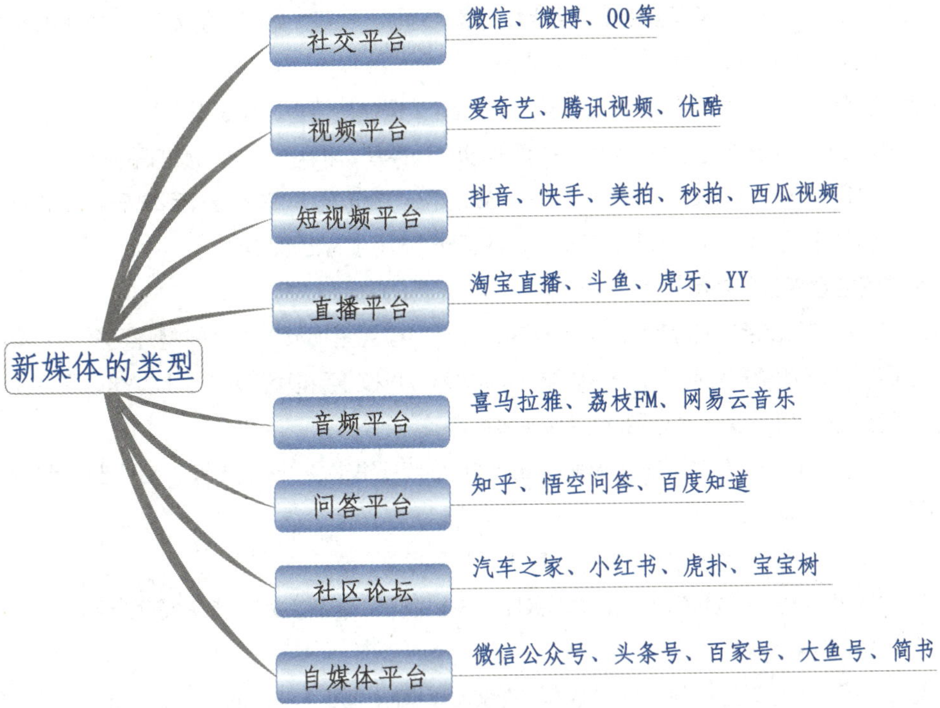

图 7-1 新媒体平台类型

▶ 7.1.4 新媒体营销及其特点

新媒体出现后，各种依托新媒体的营销方式不断兴起和发展。**新媒体营销**，表层理解为利用当下各种新媒体平台帮助企业进行品牌传播、商品销售、公共关系建设等全过程，但实质上是营销思维的变革。从以企业为中心到以用户为中心，从单纯广告＋线下销售模式到“内容即广告”“媒介即渠道”，从单向传播到交互式双向传播并越来越注重传播效果与销售效果的协同合一，从感性直觉式营销到技术为营销赋能，实现数据驱动和智慧营销。

品牌重视新媒体的原因

新媒体营销的特点可以归纳为：

1. 以用户思维为核心，注重用户参与

用户思维是指以目标用户的需求为核心，始终站在用户的角度进行产品设计、传播沟通、销售推广等，引发用户的参与感和口碑传播。在新媒体营销中，首先是要明确谁是目标用户，其次要深入洞察用户行为和心理特点，在了解目标用户需求的基础上研发和设计产品、选择适合的传播内容和渠道、带动销售实现和二次传播，并注重与用户沟通，培养种子用户的参与感。

▶【同步案例 7-2】

小米营销的万用精油：用口碑擦出用户参与感

背景与情境：小米从黑马到新宠再到市场大家，是什么让这个始终处于风口浪尖的科技公司屹立不倒？逐渐强大的小米有着怎样的生存逻辑？

其实，整个小米最核心的理念，就是"参与感"。构建参与感，就是把做产品、服务、品牌、销售过程开放，让用户参与进来，建立一个可触碰、可拥有，和用户共同成长的品牌。

小米"参与感三三法则"：三个战略——做爆品（产品策略）、做粉丝（用户策略）、做自媒体（内容策略），三个战术——开放参与节点、设计互动方式、扩散口碑事件。

1."橙色星期五"案例

为了让用户深入参与到产品研发过程中，设计"橙色星期五"的互联网开发模式，核心是 MIUI 团队在论坛和用户互动，系统每周更新。MIUI（小米的手机操作系统）是小米真正意义上的第一个产品，也是小米第一次对用户参与感的尝试。

"开放参与节点"：除了工程代码编写部分，其他产品需求、测试和发布，都开放给用户参与；这种开放，企业用户双方获益。

"设计互动方式"：基于论坛收集客户需求，固定每周五更新。

"扩散口碑事件"：① MIUI 产品内部鼓励分享机制一"爆米花奖"，②为最早参与测试的 100 个用户拍微电影《100 个梦想的赞助商》。

通过这样的用户参与机制，MIUI 收获了好口碑和增长速度，为后来小米手机发布打下火爆的用户基础。

2."红米线上首发"案例

由于红米的受众目标是年轻人，小米决定在 QQ 空间首发红米手机。

"开放参与节点"：红米在线首发。

"设计互动方式"："小米千元神秘产品 QQ 空间独家首发"的图片引起各界猜测，设计悬念，让大家猜测会发布什么产品；转发即预约购买资格。

"扩散口碑事件"：红米 750 万人预约事件传播。

之所以小米的社会化平台这次由论坛和新浪微博转到 QQ 空间平台，是在于小米没有忽略 QQ 空间是年轻人的第一传播阵地，他们看到了在 QQ 空间聚集的对价格和性能同样敏感的年轻人群体，正中下怀，取得了巨大成功。

资料来源：小米营销的万用精油：用口碑擦出用户参与感．梅花网，2018-10-17，有删减。

问题：小米的案例是如何体现新媒体营销的用户思维？

分析提示：小米 MIUI 手机操作系统首先把握了核心用户的需求，重视通过网络论坛与用户沟通、收集反馈，并让用户参与到产品的改进和设计中，设立奖励机制引发用户的口碑传播。红米手机的首发仪式，精准地把握了核心用户及其行为和心理特点，策划了符合价格敏感年轻人的营销传播手段和内容，获得成功。

2. 创造优质内容，驱动流量增长

传统营销习惯于依赖流量去推广品牌，内容沦为流量的附庸。只要品牌能在消费者接触点上频繁曝光，那么就能形成购买、达成效果，内容似乎是无关紧要。但今天，铺天盖地砸广告铺渠道，已经显得有些过时。一方面是流量成本的日趋高昂，另一方面是新世代消费者对硬广已经免疫，他们已经懂得对洗脑式广告、过载信息说不。

新媒体营销注重创造优质内容，通过内容与口碑植入消费者的内心和社交圈，打动目标用户，激发用户的主动传播和购买欲望。近年来的刷屏案例，比如可口可乐的表达瓶、杜蕾斯的文案、网易的 H5 作品《睡姿大比拼》等都是依靠优质内容驱动流量增长。

睡姿大比拼

在新媒体的内容创作中，需要把握 **4I 原则**，即有趣（Interesting）、有用（Interest）、互动（Interaction）、个性（Individuality）。也就是说，在新媒体营销时，品牌需要放下居高临下的身架，避免说教式的语气，而是通过有趣的内容和用户互动，带给用户利益、价值和享受，能够让用户在与品牌互动和对话中彰显出彼此的个性，最终品牌与用户玩在一起，无数用户自愿成为品牌的忠实粉丝。

▶【同步案例 7-3】

600 岁的故宫 IP，是怎么一路火起来的？

背景与情景：到 2020 年满 600 岁的故宫，从营销来讲，可谓是一个相当有历史的老品牌了，近年来，故宫在不断进行着品牌年轻化的革新，呈现给消费者一个既有厚重底蕴，又能反差萌，积极入世的潮流“网红”IP 的品牌形象。故宫是怎么做到的呢？

其实，早在 2008 年，故宫就在淘宝上线了“故宫淘宝”店铺开始售卖周边产品。那时候周边产品特色不强，销量也很一般。直至后来 2013 年台北故宫推出了大受欢迎的“朕知道了”纸胶带，北京故宫也感受到了文创产品创新的巨大潜力，于是开始紧跟社会化的玩法，放下高高在上的距离感，产品的策划设计开始变得好玩走心：爆红的缠口红胶带、御猫摆件、“冷宫”冰箱贴、真丝团扇、行李牌……故宫将自己的文化和消费者日常息息相关的用品高度巧妙结合起来，每次上新产品，网友都抱怨钱包不够使：“故宫又来‘抢钱’了！”

作为故宫社交媒体大 IP 的“故宫淘宝”，其微博风格一向保持着历史与现代感碰撞的“反差萌”风格。宫女摆剪刀手，鳌拜比心，雍正卖萌……把严肃的历史和人物用社会化和娱乐精神的角度诙谐展现，“故宫淘宝”的日常内容画风基本是非常受年轻人喜欢的“软贱萌”。

2014 年，故宫淘宝在发布了公众号文章《雍正：感觉自己萌萌哒》后引起广泛关注。该文章里，雍正一改严肃庄严的

古代皇帝形象，通过反差感卖萌，成了故宫品牌下的第一个 IP 代言人。

2018 年的中秋节期间，故宫和抖音合作，推出“抖转星移共团圆”宫廷月饼吉盒。并且，推出 H5 动画视频，用故宫的历史背景，结合多个抖音火爆音乐，带给用户非常有趣的体验。

热门综艺《上新了，故宫》打造出的一个个有创意的文创产品，在淘宝上众筹售卖。第一期故宫和百雀羚联名打造的“美什件”在节目播出后 1 小时，第一批 5 000 件产品以平均每套 2 000 元的价格销售一空。后续的“畅心睡眠系列”睡衣在淘宝上线至目前仅一个月，项目认筹人数就达到了 15 731 人，筹款超过 878 万元。

故宫带货的成功，再次证明紧跟社会化玩法革新的优质产品，是能不断拉近品牌和消费者的距离的。持续优质的内容输出，为故宫的文创产品提供了良好的社会化消费氛围，同时优质的文创产品，让消费者更直观地通过产品触达故宫老品牌的文化和故事，形成内容和产品良性的相辅相成。

资料来源：故宫口红一夜爆红：老品牌如何进行年轻化的营销革新 . 梅花网，2019-01-17，有删减。

问题：故宫的成功如何体现出新媒体营销的 4I 原则？

分析提示：故宫的“网红之路”体现了新媒体营销中有趣（Interesting）、有用（Interest）、互动（Interaction）和个性（Individuality）的 4I 原则。在产品设计中，从目标用户即 80 后、90 后群体为核心，抓住年轻人的心理特点，彰显出走心和有趣设计特点。在传播推广中，注重通过微博、微信公众号、抖音等社交媒体输出有价值、有趣味、有个性的内容，并与用户互动沟通。

3. 社交驱动流量，实现裂变增长

传统营销的逻辑是流量，通过媒体曝光实现获客，向媒体购买用户。新媒体营销的逻辑是连接（社交），通过内容连接用户，通过用户连接更多用户。在新媒体营销中，品牌方需要通过营销撬动用户的社交链，从而获得更多用户增长和销售业绩。

最典型的案例是，当人们认为电商格局已定时，拼多多异军突起。拼多多主要利用微信平台，通过低廉的商品价格，让用户通过发起和朋友、家人、邻居的拼团购买商品，从而实现裂变式传播，以非常低的成本代价获取了海量用户。这跟传统的“向媒体购买用户”的逻辑不同，拼多多玩的是“向用户购买用户”。它的目标人群是三四线的消费者，他们和一二线年轻人不同，愿意为了优惠牺牲自己的社交链。

另一个值得一提的是瑞幸咖啡的崛起，赠饮是瑞幸咖啡的主要营销方式之一，但它的赠饮更强调撬动用户的社交链。比如“免费送好友，各自得一杯”，“买 2 赠 1，买 5 赠 5”（买 5 赠 5 是典型的办公室白领下午茶或者开会场景）。

▶【教学互动 7–2】

互动问题：

在新媒体营销中，还有哪些案例是通过社交裂变带来用户增长或实现销售的？

要求：同“教学互动 1–1”要求。

4. 营销流程数字化，实时监控调整

新媒体营销依托技术赋能，实现了营销流程的数字化。比如，可以通过大数据、云计算、数据挖掘等技术实现营销人群精准扫描、营销信息精准推送、营销效果实时监控和评估。我们可以知道目标用户到底是谁，来自哪里，有什么样的行为和心理特点；也可以使广告内容精准地触达目标用户。新媒体营销可以对每一篇软文和视频的点击量、粉丝增长量、带动销售量等指标进行实时监控，便于企业及时调整营销策略。

▶【同步案例 7-4】

红叶寿司：新媒体广告精准投放的成功实践

背景与情景：红叶寿司是创始人张彦新在 2016 年 3 月开创的餐饮品牌。这个创立数年的网红品牌，已在全国有 100 多家门店，且在餐饮实体和外卖中均占据一席之地。

营销痛点

品牌发展遇到瓶颈期，在纸媒、户外等传统媒体投放广告后均没有收获满意的效果，进一步提高品牌知名度、吸引消费者成为难题。

营销目标

通过微信朋友圈广告的推广，提高红叶寿司知名度，并结合发放卡券的方式，吸引消费者线下到店消费。

投放方案

• 卡券功能激发用户消费欲望

红叶寿司进行微信朋友圈本地推广广告投放时，选择对用户发放卡券，用户领取卡券后，便可在店内消费使用。此外，微信卡券的优惠信息和时间限制，可有效激发用户的消费欲望，引导其进店消费，同时微信消息的卡券过期提醒功能，也大大增加了转化。

• 精准定向目标人群，提升进店转化率

红叶寿司的客单价在 100 元左右，在济南地区来说相对较高。通过张彦新及其工作人员日常的考察，发现到店用餐的女性偏多，且多为很少在家做饭的 85 后、90 后。那么，如何了解这部分目标受众才是广告投放的关键所在。在人群定向的选择上，微信朋友圈广告提供超过 200 多种特征和行为标签，广告主可自由选择、组合这些特征和行为，精准刻画和锁定目标用户进行广告投放，包括地理位置、基本信息、用户状态、用户行为、消费能力等。因此，红叶寿司此次投放的后台人群定向选择便锁定了 25 ~ 37 岁的女性，地理位置选择在门店附近半径 5 千米，日常兴趣为餐饮美食。精准的人群定向加上微信卡券发放，有效提升目标用户进店转化。

本次通过微信朋友圈广告投放，红叶寿司最终优惠券领取量达 3 500 张。平时 100 人的客流量，广告投放当天达到 400 人，有 340 张券被领取。

资料来源：不到 5 000 元广告投放，竟带动网红店流水 300% 增长. 腾讯广告，2018-10-17.

▶ 7.2 新媒体营销策划步骤

新媒体营销策划与传统的营销策划有相通之处，但也有自己的特点。下面，将从六个方面介绍具体操作步骤。

▶ 7.2.1 确定营销目标

新媒体营销的目标可以分为两大类。根据营销目标的不同，在新媒体的内容定位、平台选择和营销模式选择中，都会有不同的侧重点。

一是以品牌传播为主的目标，比如某品牌策划的公众号软文阅读量达到“10W+”，微博转发量达到 50 万次，百度指数上升 10 个百分点。这类营销在内容上要讲究创意十足，或能直抵用户内心，或能引发反转出人意料，使用户在社交媒体上进行主动传播和发酵。

二是以销售为主的目标，比如某品牌策划的线上直播和秒杀活动带动销售额 300 万元，短视频带动销售额 20 万元。这类营销在用户定位要求精准，前期预留一定的宣传预热期，营销内容在价格促销上要有所体现，引发目标用户的购买欲望。

当前，随着商业竞争的激烈，许多品牌在制定新媒体营销目标时，越来越讲究品效合一，既考虑品牌传播上的目标实现，也考虑销售上的目标实现，到达营销价值最大化。

▶ 7.2.2 用户定位

用户画像

新媒体营销强调“用户思维”，只有首先明确谁是目标用户，深入洞察用户行为和心理特点，才能依据用户需求进行内容制作和传播，最终达到品牌传播、销售转化等营销目的。一般地，在新媒体的营销策划中，需要运用相关方法和技术对目标进行**用户画像**，挖掘和描述目标用户的人口学信息、行为偏好、心理特征、消费习惯等，为精准化、个性化的营销奠定基础。

1. 定性的方法

定性的方法通常是在新媒体营销开始之前，针对目标用户编制调查问卷并选取用户中的典型代表，进行深度访谈或团体座谈，最终汇总产生用户共性的行为、心理、消费特征。

用户定位调查包含的内容

如某母婴品牌希望通过新媒体进行品牌传播和销售推广，通过定性方法向一二线女性宝妈典型代表进行访谈，了解诸如“您平时接触较多的 App 有哪些？”“在这些常用 App 上花费的时间大概多长？”等行为偏好，“您日常的兴趣爱好有哪些？”“在育儿上面临的困惑有哪些？”等心理特征，将这些信息汇总成为后续新媒体平台广告投放策略、传播内容制作的依据。

2. 定量的方法

定量的方法是通过大数据抓取的手段，利用大数据分析工具帮助新媒体营销者观察和监测微信、微博、短视频等账号的用户基本特征和用户行为、心理偏好，获取实时的用户画像信息，帮助企业和个人达到精准营销的目的。常用的数据分析工具包括飞瓜数据、卡思数据等。下面以卡思数据为例，介绍该工具的具体使用方法。

第一步，注册并登录卡思数据（如图 7-2 所示）。

图 7-2 卡思数据

第二步，在搜索框中输入微博、抖音、快手等平台的账号名称。比如搜索“口红一哥”李佳琪的抖音账户。

第三步，点击“用户画像”，即可观测该账户实时的用户基本情况，包括用户的性别分布、年龄分布、地域分布、活跃时间段等（如图 7-3 所示），也包括评论关键词云生成的语义信息（如图 7-4 所示）。

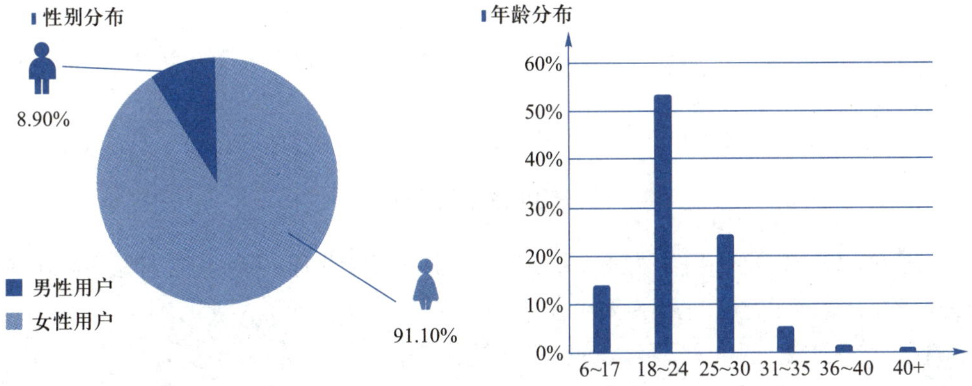

地域分布

省份 城市

排行	名称	占比
1	广东	9.45%
2	江苏	8.17%
3	山东	6.72%
4	浙江	6.46%
5	河南	6.43%
6	四川	5.55%
7	河北	4.38%
8	安徽	4.32%
9	湖南	4.10%
10	湖北	3.76%

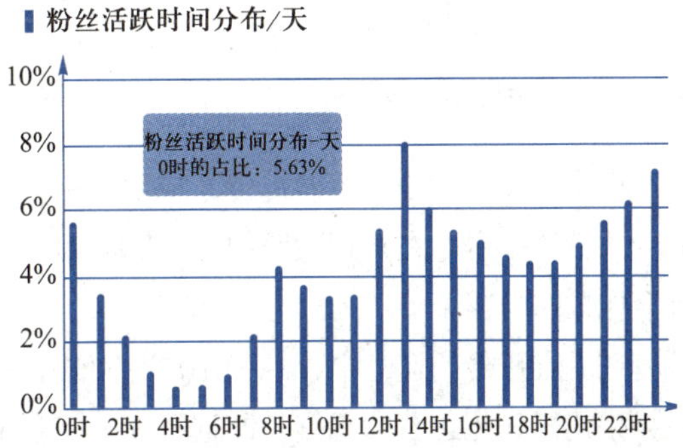

图 7-3 用户基本情况

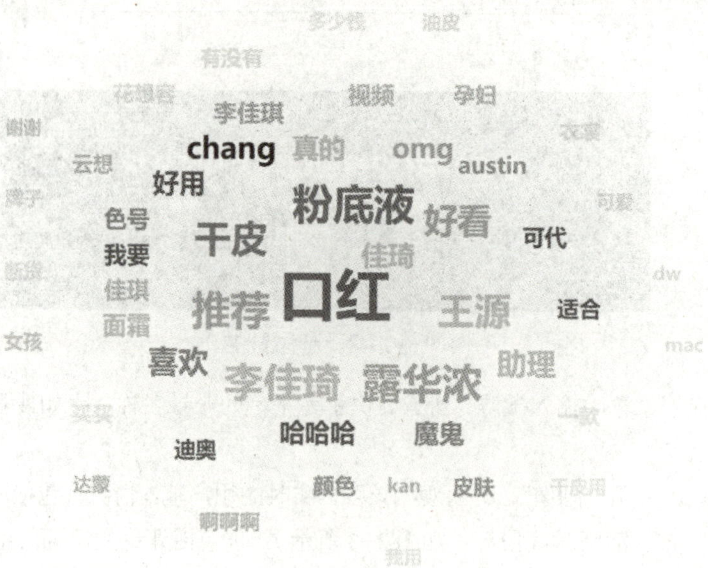

图 7–4　关键词云

▶【同步业务 7–1】

红米手机的用户画像

假设你的团队要为红米手机策划一个新媒体营销推广方案，上司希望你首先获取红米手机的用户画像，进而开展精准定位，设计针对性的营销推广活动。

请问，你会采取什么方式获得红米手机的用户画像呢？

业务分析：由于“红米手机”已经在微博、抖音等平台建设了新媒体账号，建议采用卡思数据等数据分析工具进行查找，了解经常浏览红米手机抖音账户“Redmi 红米手机”的用户性别、年龄、地域等分布情况，掌握用户活跃时间段及用户词云抓取的数据，进而根据这些信息设计营销推广方案。

▶ 7.2.3　选择营销平台

根据新媒体营销的用户定位，特别是用户接触媒介的习惯偏好，营销者可以有的放矢地选择适合的营销平台。在营销实践中，一般以商家的官方账号运营为主，邀请契合领域的网红达人进行合作推广为辅。

在官方账号的运营中，鉴于用户时间的碎片性，商家不会只选择一个平台进行营销推广，一般会采用矩阵化运营的思路，即选择 3 ~ 6 个用户经常使用的新媒体平台进行整合式营销，精准覆盖，扩大营销传播声量。

常见的官方运营的新媒体平台及其定位：

（1）微博，作为发声平台，肩负产品信息发布，粉丝互动，短期重点引爆，长期品牌运营工作。

（2）微信，负责粉丝运营，肩负粉丝互动，产品信息，活动发布，长期粉丝运营和引导购买渠道等工作。

（3）抖音，负责产品宣传，品牌推广，粉丝互动，短期活动引爆，引导购买渠道等工作。

（4）百度贴吧，适合外围单点聚焦，引发深度讨论。

（5）QQ 空间，适合性价比产品做引导用户理解品牌，产品的互动传播。

（6）头条新闻，适合领袖发声，权威解读，引导舆论。

（7）知乎，适合某个领域的深入探讨，强化品牌形象，软性推动口碑传播。

▶【教学互动 7-3】

互动问题：

请根据实际情境，为以下商家选择适合的新媒体营销平台：

（1）一家专注小学生语文、数学、外语成绩提升的教育辅导机构；

（2）一家主打年轻人第一套家具的时尚家具品牌；

（3）一家位于五线城市的烧烤店。

要求：同“教学互动 1-1”要求。

▶ 7.2.4 内容定位

以“内容为王”的“内容营销”已经成为移动互联时代新媒体营销的重要组成，当前新媒体营销中，内容的表现形式丰富多样，包括文字、图片、音频、视频、H5 等。营销者需要根据用户定位和所选择的新媒体平台，运用适合的内容形式进行营销推广。

1. 文字

这种内容表现形式直观准确，非常容易传达营销者的核心价值观。比如微信公众号推文、今日头条推文、小红书种草文、微博文案等。在制作时，需要特别注意文章选题技巧、文章标题技巧、文章结构技巧。

文章选题是成为爆款文案的前提，营销者一方面要深入了解各新媒体平台不同的推荐规则，另一方面也要深入洞察目标用户需求和心理，引发用户共鸣，激发用户阅读、评论、转发。

文章标题是爆款文案提高打开率的关键，营销者要特别加强新媒体标题写作技巧的训练，如巧设悬念法、巧用数字法、蹭热点法、制作冲突法，等等。

文章结构关系着用户的停留时间和销售引导的转化率，营销者需要把握文章的起承转合，增强文章的可读性和趣味性。在悬念设计、图文搭配、排版美化、销售引导等方面下足功夫。

文案能力的提升需要日积月累，作为运营者可以利用西瓜助手、微小宝等素材工具建立属于自己账户的选题库，利用 135、秀米等编辑美化器进行图文排版，生产更好的内容来辅助营销。

2. 图片

这种内容形式的冲击力强，同时也给用户留有一定的想象空间。新媒体营销中的常见的图片形式包括封面图、信息长图、漫画图、动态图等。比如2017年，百雀羚在母亲节前夕推广了民国风的一镜到底长图作品《一九三一》（如图7–5所示），通过一名上海女特工的视角铺开叙事，最终揭示主题“我的任务就是与时间作对”，简单明了地将百雀羚母亲节礼盒的核心诉求——抗衰老表达了出来，构思精巧、令观者印象深刻。

图7–5 《一九三一》截图

3. 视频直播

这是当下最流行的内容表现形式，生动、形象，具有很强的参与感和卷入性。通过短视频、直播等形式开展的新媒体营销容易获得较强的用户黏性，清晰展示商品卖点，在销售转化上的效果也比较理想。比如“口红一哥”李佳琪的短视频，“淘宝带货女王”薇娅的直播。

4. 音频

音频也是近年来新媒体营销内容常见的表现形式之一。它可以拉近与用户的距离，在场景使用上也更加灵活，满足用户碎片时间的需求。但是音频录制对周围环境和设备的要求较高，对录音人的音质、语速、气息也有一定要求。

5. H5

H5可以理解为适用于手机端的交互式网页，包含图片、文字、音视频、互动游戏、表单等功能，具有高度的互动性、传播力、趣味性。如《人民日报》在2017年中国人民解放军建军90周年时，通过“快看呐！这是我的军装”H5（如图7–6所示），将1927—2017这90年间的军装全部呈现出来，让用户上传照片，利用人脸识别技术，生成属于用户的不同年代的军装照片，让人民群众一起参与到建军节的互动中，上线2天就达到了2亿次的浏览量。

图7–6 快看呐！这是我的军装

在新媒体营销实践中，有时还会根据用户需求，将若干种内容表现形式富有创意地搭配使用，以达到更好的传播效果。但是，图片、文字、视频等只是内容传播中的元素，如何使这些元素合理搭配，在这个注意力经济时代获得用户的关注，还需要把握内容定位的原则：

1. 内容风格统一性

品牌方运营官方账号如微博、抖音、微信公众号等，需要与品牌本身的精神、内涵、调性相吻合，同时可以考虑在图文排版、视频制作等方面保持统一的样式，增强用户的认知。

比如 adidas neo 的抖音号一直通过炫酷滤镜打造年轻、时尚、运动风格的短视频作品，这与该品牌强调的精神与价值观非常吻合；海尔的微博一直保持段子手的特点，幽默有趣、有求必应、随时随地蹭热点，留给用户深刻的印象；七天酒店的微信公众号一直沿用品牌蓝黄主色调，并多以幽默的漫画形式制作文章，增强用户辨识度。

2. 内容要垂直细分

只有垂直细分的内容运营，才能达到差异化的定位。比如同样都是美食自媒体，李子柒以古风自制美食为特点，办公室小野以大开脑洞的办公室美食为特点，厨师长王刚以硬核实力的技术流为特点，这些账号依靠垂直细分的内容领域，占领受众心智，达到了差异化定位的效果。

3. 内容人格化运营

新媒体营销的内容运营需要依靠人格化运营与用户保持亲密的互动、沟通，切忌高高在上、直白宣讲。也就是说，不管是微博公众号、微博，还是短视频，都需要打造一个独特的、有性格的、有特点的人设形象。比如，杜蕾斯官方微博的小杜杜是一个“有一点绅士，有一点坏，懂生活又很会玩的人”，秋叶 PPT 微信公众号中的秋叶大叔是一个“博学、亲和，爱学习、有职场专业范儿的人”。

▶ 7.2.5 营销模式选择

新媒体营销有代表性的模式包括事件营销、病毒营销、借势营销、饥饿营销、情感营销、社群营销等。一般地，这些营销模式都需要设计前期预热宣传、中期集中引爆、后期发酵传播三个阶段，每个阶段需要设计详细的活动执行计划表和对应的物料准备表。

具体的操作要点和案例将在 7.3 新媒体营销模式中呈现。

▶ 7.2.6 监控调整

根据预定的营销目标，新媒体营销运营者需要实时观测各平台发布内容的点击量、转发量、评论量、销售转化率等的指标变化，在前期策划中准备好应对突发情况的预案。

▶ 7.3 新媒体营销模式

▶ 7.3.1 事件营销

事件营销是新媒体营销中最常用的营销模式，指企业通过策划、组织和利用具有名人效应、新闻价值以及社会影响的人物或事件，引起媒体、社会团体和消费者的兴趣与关注，以求提高企业或产品的知名度、美誉度，树立良好品牌形象，并最终促成产品或服务的销售目的的手段和方式。

这种营销方式之所以备受企业青睐，原因有二：一是能够迅速打开知名度，聚焦关注；二是可以以小博大，节约大量媒体投放费用，获取流量的性价比较高。

所谓“事件”，可以理解为是一场线下或线上的品牌活动，或是一个通过媒体发布出来的具有争议性的话题或消息。

事件营销的成功策划离不开四点：事件创意、活动设计、传播点预设、执行方案。

1. 事件创意

好的事件，需要全面和详细的策划过程。如何让事件创意在纷繁复杂的网络信息中脱颖而出，瞬间获取用户的注意力资源，需要依靠两个方面：①差异性 / 话题性：颠覆人的常规认知，且每个人心目中都有不同的答案，可延伸至多方讨论。②与品牌相关联：事件要与品牌内在精神相关联，这是由事件营销的最终目的而决定的，营销本身就是商业行为，受益者最终都是品牌，否则即使事件再热闹，对品牌来说也是无用功。

2. 活动设计

在活动设计中，需要把控好事件引爆的节奏。前期要做好充分有效的预热，多平台进行曝光宣传，并且注重传播载体的新颖性和创意性。中期要集中引爆事件，第一时间获取多方关注、报道、转发，使事件在全网快速传播。后期要做好事件发酵和话题延续，比如选取活动中的精彩花絮进行再度曝光，保持事件热度。

3. 传播点预设

传播点一般是活动的关键词，在设计传播点中可以考虑争议性话题、情绪共鸣、让用户感觉美好、利益诱导等方式。

有的品牌从已经发生的事件中挖掘和提炼传播点，这样既耗费时间，又耗费人力。成功的事件营销，应该将传播点前置，即以预设为主，后期提炼为辅，节省人力物力，提高策划的成功率。

4. 执行方案

事件营销非常考验一个营销团队的执行力，需要团队成员密切配合，制定完善的执行方案，把控时间节点和质量，这样才能保证事件营销的成功。

▶【同步案例 7-5】

法国队夺冠华帝退全款

背景与情景：华帝股份有限公司创立于 1992 年 4 月，主要从事生产和销售燃气用具、厨房用具、家用电器等业务。2018 年世界杯之前，“华帝”只被少部分人所知晓，2018 年世界杯之后，大部分中国人都认识了“华帝”。这样的巨大差距来源于 2018 年世界杯期间的一场事件营销：“法国队夺冠华帝退全款”。

这场事件营销的策划分为预热阶段、引爆阶段和发酵阶段。利用新媒体的微博、贴吧、朋友圈、H5 等形式充分宣传预热，联合网络大 V、线下媒介、现场活动集中引爆，获得了销售额与品牌知名度的双增长。

在活动的设计上，营销者为受众设置了双重驱动：一是利益驱动，“退全款”的活动规则涉及金额，最高达 5 000 元；二是好玩驱动，把活动跟一个“未知”的结果联系到了一起，很有悬念性，就像一个大型游戏一样，显然能激发受众的参与感。

在活动效果上，事件营销带来的销售额大概为 10 亿元，退款额为 7 900 万元，线下渠道 5 000 万元，线上 2 900 万元。加上其他成本，包括广告投放费、法国队签约费，总成本为 1.1 亿～1.2 亿元，成本仅占收入 10%。更重要的是，品牌的知名度和美誉度都有了较大提升，7 月 16 日法国夺冠当天暴涨 3 016.96%。除此之外，华帝在世界杯期间还长期霸占着微博热搜，股价最高上涨 9.93%，逼近涨停。

资料来源：法国夺冠，华帝刷屏，我们第一时间采访了幕后操刀人. 梅花网，2018-07-17.

问题：华帝世界杯期间的事件营销之所以获得成功，取决于哪些因素?

分析提示：事件营销的成功策划离不开四点，事件创意、活动设计、传播点预设、执行方案。首先在事件创意上，华帝借势世界杯和法国队两大热门 IP，“法国队夺冠，华帝全额退款”具有话题性和创意性；其次，在活动设计上，有利益驱动和“有趣”的悬念驱动双重机制，引发了用户的参与和传播；再次，在传播点预设上，宣传主题“法国队夺冠，华帝全额退款”自带传播流量；最后，在活动执行上，整个策划团队制定了详细的任务进度表、物料准备表，整合线上线下优质资源，层层推进。正是这些因素促成了事件营销的成功，收获了销售额与品牌知名度的双增长。

▶ 7.3.2 借势营销

借势营销就是借助消费者喜闻乐见的环境，将包含营销目的活动隐藏其中，使消费者在这一环境中了解产品并接受产品的方式，又被称为“蹭热点”。

所谓的热点，是引发全民普遍关注和讨论的事件、人物、话题。在品牌传播领域，热点也可以理解为借与用户的共同话题产生互动，让品牌说人话，与用户共同讨论。

1. 热点的分类

在策划热点传播中，需要区分两类热点。

借势传播

第一种是常规热点，这种热点是可以预测，需要营销和运营人员提前进行规划。比如中外节日、纪念日，电视电影上映、重大体育赛事等。

第二种是突发热点，这种热点很难预测，比如明星突然公布恋情。由于无法提起规划，所以需要抢抓热点的“黄金期”，一般在 24 ~ 48 小时之内。

2. 借势营销需要把握的原则

营销者在常规热点上的借势传播要把握两个方面：一是节日本身所传达的情绪和情感（比如情人节的基调轻松浪漫，中秋节的基调是团圆温馨）；二是如何将节日与品牌名称、品牌内涵、品牌精神做有趣的链接。

营销者在突发热点的借势传播上需要把握两个方面：一是紧抓传播的黄金期，做到快速响应；二是在蹭热点时，谨慎对待政治和社会敏感话题，注意消息来源的真实性和品牌态度的正确性。

▶【职业道德与企业伦理 7-1】

二更食堂自媒体账号永久关停事件

背景与情境：2018 年 5 月 14 日凌晨，自媒体“二更”创始人丁丰在朋友圈发致歉信并宣布“二更食堂”公众号永久关闭。这是怎么回事呢？据了解，二更食堂公众号 11 日发布了一篇名为《托你们的福，那个杀害空姐的司机，正躺在家数钱》的文章，由于文章存在不当内容而被网友举报，最终导致文章被下线，二更食堂被网信办约谈。

针对这一事件，二更食堂创始人丁丰在朋友圈做出回应，称深刻认识到错误，除了宣布关闭二更食堂公众号之外，其另一位创始人李明也被免去了职务。据公开资料显示，2015 年 5 月，二更创始人丁丰合并了李明创办的“深夜食堂”，李明担任二更 CEO，并将后者改名为“二更食堂”，主打女性内容，号称“有温度的自媒体”。

资料来源：二更食堂永久关闭是怎么回事．站长之家，2018-05-14.

问题：如何从新媒体营销行业从业者职业道德和职业伦理角度理解这种行为？

分析提示：新媒体营销行业的从业人员应该具备职业道德和职业伦理，在网络传播过程中也要遵循相关法律法规。虽然新媒体行业看重网络流量和商业转化，但如果毫无底线地蹭热度、虚假营销、夸张营销，不但会损失长久建立起的口碑和声誉，也会对公司发展造成不良影响。因此，新媒体从业者应该坚守底线、不信谣、不传谣，不做标题党，从正能量的角度创作内容。

■ 主要概念

新媒体 新媒体营销 4I 原则 用户画像

■ 重点实务

新媒体营销策划步骤 用户画像的获取

■ 单元训练

□ 理论题

▲ 单选题

1. 下列属于新媒体的是（ ）。
   A. 留声机　　B. 街头传单
   C. 纸质杂志　　D. 手机媒体
2. 新媒体类型中的自媒体平台不包括（ ）。
   A. 头条号　　B. 微信公众号
   C. QQ　　D. 简书
3. 新媒体营销策划中的用户定位是指（ ）。
   A. 企业将所有人作为目标用户，认真为他们服务
   B. 企业明确自身定位，差异化营销
   C. 明确谁是目标用户，并深入洞察用户需求
   D. 以上答案都对

▲ 多选题

1. 新媒体类型中的问答平台包括（ ）。
   A. 抖音　　B. B 站　　C. 知乎　　D. 悟空问答
2. 新媒体营销中内容创作的 4I 原则包括（ ）。
   A. 有趣　　B. 利益　　C. 互动　　D. 个性
3. 新媒体营销中的用户画像包括挖掘和描述目标用户的（ ）。
   A. 基础属性　　B. 行为偏好　　C. 心理特征　　D. 消费习惯

▲ 判断题

1. 新媒体营销中的传播是少数人对多数人的传播。（ ）

2. 新媒体营销中借势营销强调蹭热点，因此企业可以选择当下最火爆的热点进行营销，不需要太多考虑热点与品牌的契合度。（ ）

3. 新媒体营销中的用户画像就是对目标用户进行素描，在纸上创意地勾勒出用户的肖像画。（　　）
4. 新媒体营销策划最重要的是整个营销过程的实时监控，以应对突发情况。（　　）

□ 实务题

▲ 业务解析

李维斯（Levi's）是著名的牛仔裤品牌，由犹太商人李维·斯特劳斯（Levi Strauss）创立。但如今消费者开始渐渐不爱穿牛仔裤了，也遗忘了李维斯小红标所代表的真我精神，李维斯应该如何在年轻人中重塑品牌形象和品牌精神？

第一，以音乐为媒介，借助网易云音乐等平台，让音乐人可以收集到消费者的声音并融入到自己的成名曲中，并在草莓音乐节现场上共创单曲的狂欢盛典。

第二，在蔡徐坤身上，李维斯深挖出不同，以客观视角的纪录片访谈取代视频广告（TVC），辅以线上“双微一抖”的全方位引爆，在天猫超品日发布与李维斯联合推出的电音单曲 MV 及 AR BUY+ 黑科技产品导流销量。

第三，与两位契合品牌精神的明星木村拓哉与窦靖童合作，在社交媒体打造 # 神仙组合 # 话题，雕刻出李维斯所代表的真实、自我的品牌形象，更吸引王牌导演王家卫自发传播，与自媒体平台 GQ 实验室合作发文，最终实现社交媒体全方位收割话题及品牌声量。

请你查阅相关材料，运用新媒体营销特点及新媒体营销策划等相关知识分析李维斯成功的原因。

□ 案例题

▲ 案例分析

网红爆款诞生记，滞销水果变身网红款

背景与情境：一到夏天，果农滞销的新闻就开始泛滥，各大电商纷纷打起苦情牌，通过卖惨文案诱导消费者购买产品。“滞销大爷”频频出现于电商页面，消费者的同情心被大量透支，甚至有消费者发现产品有以次充好，掺杂烂果的情况……但聚划算这次的情况则有些不同，因为它面对的是一位真正的滞销款——来自中国桃之乡枣阳的鲜桃。

出乎意料的是，聚划算仅用 3 天就卖空了 560 吨枣阳皇桃，超级单品 474 吨在 2 天售罄，创全网纪录，将真正的滞销款打造成了网红款。在这背后聚划算做了什么，又用了哪些营销逻辑和传播玩法？

聚划算打造网红爆款的第一步，先建立品牌，再创建品质标准。与当地政府成立“枣阳皇桃”的地标品牌，并细化了品质标准，果径必须大于 70mm，不催熟，坏果包赔。

第二步，充分运用借势营销，上海国际电影节《大闹天宫》修复版上映，朋友圈都被刷屏了，聚划算利用电影大胆借势。其一，热度够高；其二，能够与大众形成情感链接，毕竟，在不少观众心里，这部动画不仅是一代人的童年回忆，更是大家公认的国漫巅峰。结合《大闹天宫》中

齐天大圣蟠桃园吃桃吐桃核场景，在微博、知乎等媒体平台发起“齐天大圣的桃核去哪儿了”话题讨论，向大众演绎了一颗仙桃“下凡”的故事，引发桃子正宗原产地大讨论。以趣味互动和猜谜的形式，通过知乎用户与达人们的共同讨论，让其成为品牌内容营销的工具，同时也对“枣阳皇桃”进行了品牌铺垫，话题在 4 天内引起网友的激烈讨论，获得了超 66 万阅读量，将话题热度引上高潮。在微博，众多蓝 V 大号转发，每个网友都化身成为家乡代言人，纷纷站队为家乡的桃子产地打 call。话题发布 10 小时就登上微博热门话题榜，话题阅读量 1.5 亿，讨论量达到 67.4 万。

第三步，流量爆发，市长加入直播卖货。直播拥有“汇聚能量”的能力，相比线下卖货，直播是互联网最大的一块流量池，把它从“商品与人的对话”变成了“人与人的对话”。枣阳此次的直播中，村民、村主任还有市长都加入了直播，2 小时卖出 100 吨桃，这支民间卖桃大队的带货能力也让大家眼前一亮。

资料来源：网红爆款诞生记，滞销水果变身网红款．数英网，2019-07-03.

问题：

1. 枣阳鲜桃选择了哪些新媒体平台进行营销？
2. 枣阳鲜桃在借势营销上是如何策划的？
3. 枣阳鲜桃是如何实现品效合一的营销目标的？

分析要求：同第 1 章本题型的“分析要求”。

▲ 决策设计

高露洁牙膏的新媒体营销策划

背景与情境：高露洁是全球知名的牙膏品牌，自 1992 年进入中国以来，一直拥有较高的市场占有率和产品知名度。但是随着新一代消费者的崛起，对于 95 后、00 后来说，高露洁似乎有点“OUT”了。如何在这个流量时代占据新一代消费者的注意力，如何让这个品牌重获年轻人的好感和青睐，需要新媒体营销的切入和策划。

问题：假如你是该公司新媒体事业部的营销人员，该怎样对高露洁牙膏进行新媒体营销策划？

设计要求：同第 1 章本题型的“设计要求”。

▲ 道德研判

咪蒙之后，又一自媒体大号“HUGO”注销是为什么？

背景与情境：上一次自主注销账号的是千万大号“咪蒙”及旗下账号“才华有限青年”，而这次是 HUGO。情感大号“HUGO”公众号注销前已经拥有 600 万名粉丝，几乎每篇文章阅读量都能到 10 万 + 人次，头条刊例价达 65 万元。

提到“HUGO”，负面消息不少。该号常常被指标题党、毒鸡汤、贩卖焦虑等。在 2019 年 5 月份，“HUGO”针对 17 岁少年跳桥事件推送了三篇文章，被网友质疑部分内容存在虚构写作的情况，随后“HUGO”主动删除了相关文章。据不完全统计，从 2 月起，五个月内，HUGO 主动删除的文章数量高达 30 篇。此外，HUGO 还不时被同行发文斥责抄袭洗稿。比如，大鱼号“当时我就震惊了”发表文章怒斥公众号“HUGO”2019 年 1 月 15 日发布的文章《抖音就是这么变 low 的》抄袭其 2018 年 12 月 24 日发布的同名文章，并表示“HUGO”在多次找他转载文章遭拒后直接搬运大段文字。

资料来源：咪蒙之后，又一自媒体大号“HUGO”注销是为什么. 数英网，2019-07-23.

问题：

1. 本案例中存在哪些道德伦理问题？
2. 试对上述问题作出你的道德研判。
3. 对照本教材“附录三”的附表 3 和网上调研资料，说明你的道德研判所依据的行业道德规范。
4. 请从新媒体从业者行业规范与道德研判角度对该行为做出评价。

研判要求：同第 1 章本题型的“研判要求”。

□ 实训题

新媒体营销策划运作

【实训目的】

见本章“学习目标”中的“实训目标”。

【实训内容】

专业能力训练：专业能力训练：其“领域”“技能点”“名称”和操作的“参照规范与标准”见表 7-1。

表7-1　专业能力训练领域、技能点、名称及其参照规范与标准

能力领域	技能点	名称	参照规范与标准
新媒体营销策划	技能 1	确定新媒体营销目标	（1）能够制定出符合具体、量化、可衡量、可达到原则的新媒体营销目标。 （2）能够区分传播层面和销售层面的两类目标。 （3）能够根据具体的主客观条件，为企业设计合理的新媒体营销目标
	技能 2	用户定位	（1）能够正确理解用户画像的定义，运用相关方法描述清楚目标人群的人口学特征、行为特点、心理特征、消费特征等具体内容。 （2）能够制定简单的用户访谈问卷，通过访谈或座谈的方式了解用户信息，并进行简单整理。 （3）能够通过大数据工具了解用户画像，并用书面语言描述出用户特征
	技能 3	选择新媒体平台	（1）能了解和掌握当下常见的新媒体平台分类。 （2）能根据企业的主客观条件，选择适合新媒体营销平台。 （3）能根据矩阵化布局思路，为企业打造适合的新媒体营销矩阵

续表

能力领域	技能点	名称	参照规范与标准
	技能 4	内容定位	（1）能够了解和掌握新媒体内容的主要表现形式。 （2）能够根据用户定位，设计适合的新媒体营销内容形式组合。 （3）能够根据内容定位原则，为企业设计适合的新媒体账号
新媒体营销策划	技能 5	新媒体营销模式选择	（1）能够了解和掌握借势营销、事件营销等具体新媒体营销模式的操作步骤。 （2）能够结合企业的主客观条件，设计合适的新媒体营销模式或模式组合
	技能 6	数据分析与监控调整	（1）能够通过新媒体营销数据后台和数据分析工具，对营销过程进行简单跟踪。 （2）能够根据新媒体营销数据，及时发现问题，在适合的时机调整营销方案

职业核心能力和职业道德训练：其内容、种类、等级与选项见表 7–2；

各选项操作的“参照规范与标准”见本教材附录二和附录三。

表7–2 职业核心能力与职业道德训练内容、种类、等级与选项

内容	职业核心能力							职业道德						
种类	自我学习	信息处理	数字应用	与人交流	与人合作	解决问题	革新创新	职业观念	职业情感	职业理想	职业态度	职业良心	职业作风	职业守则
等级	中级	中级	中级	中级	中级	中级	中级	认同	认同	认同	认同	认同	认同	认同
选项		√	√	√	√	√	√	√			√	√	√	√

【组织形式】

将班级学生分成若干实训小组，根据实训内容和项目需要进行角色划分。

【实训要求】

1. 将职业核心能力和职业道德训练融入专业能力训练中。

2. “新媒体营销策划”的“专业能力训练”参照本教材网络教学资源包《学生考核手册》考核表 7—3 中的“考核指标”与“考核标准”；“职业核心能力训练”和“职业道德训练”分别参照本教材附录二和附录三中相关选项的“参照规范与标准”。

3. 对本次实训活动进行总结，参照本教材“课业范例”之范例综—3 的结构与体例完成本实训课业。

【情境设计】

将学生分成若干实训组，分别选择当地某企业进行实训。各实训组通过对所选企业（或本校专业实训基地，或毕业生创业团队）项目所处环境进行分析，根据企业实际制定新媒体营销目标，确定用户定位，选择适合的新媒体平台，确定内容定位，选择适合的新媒体营销模式，有条件的小组可以进行新媒体营销数据监控和营销策略调整，完成本实训操练题的各项实训任务，在此基础上撰写《××公司新媒体营销策划实训报告》。

【指导准备】

专业知识准备：

1. 新媒体营销概念及特点等相关知识准备。

2. 新媒体营销策划具体步骤相关知识准备。

3. 涉及本章“职业核心能力领域‘强化训练项’”各技能点和“职业道德领域‘相关训练项’”各素质点的“规范与标准”知识。

操作指导：

1. 教师向学生阐明“实训目的”“能力与道德领域”和“知识准备”。

2. 教师就“知识准备”中的第（1）（2）项，对学生进行培训。

3. 教师指导学生就操练项目的企业环境进行调研、资料收集与整理。

4. 教师指导学生就操练项目进行新媒体营销目标制定、用户定位、新媒体营销平台选择、内容定位和新媒体营销模式选择。

5. 教师指导学生撰写《××公司新媒体营销策划实训报告》。

【实训时间】

本章授课后一周内。

【实训步骤】

1. 将学生分成若干个实训组，每8～10位同学一组，每组确定1～2人负责。

2. 对学生进行新媒体营销策划培训，确定新媒体营销策划分析的范围。

3. 各实训组分别选择正在或准备实施“新媒体营销”的企业、校实训基地或毕业生创业团队的项目，各自确定调研任务，对其进行现状调查。

4. 各实训组分析调查结果，撰写《××公司新媒体营销环境分析报告》，并在此基础上制定具有创新性质的《××公司新媒体营销策划方案》。其中：“专业能力训练”重点体验新媒体营销目标制定、用户定位、新媒体平台选择、内容定位和新媒体营销模式选择等技能点的有质量、有效率操作；“职业核心能力训练”和“职业道德训练”体验相关选项中各技能点的相应级别操作。

5. 综合以上阶段性成果，撰写作为最终成果形式的《××公司新媒体营销策划实训报告》。其内容包括：实训组成员与分工情况；实训过程；实训总结（包括对专业能力训练、职业核心能力训练和职业道德训练成功与不足的分析说明）；附录（包括各种阶段性成果全文）。

6. 在班级交流、讨论各组的《××公司新媒体营销策划实训报告》。

7. 根据交流、讨论结果，各组修订其《××公司新媒体营销策划实训报告》，并使之各具特色。

【成果形式】

实训课业:《××公司新媒体营销策划实训报告》

课业要求:

1.“实训课业”的结构与体例参照本教材“课业范例”中的范例综—4。

2. 将《分析报告》《策划方案》全文以“附件”形式附在《实训报告》正文之后。

3. 在校园网的本课程平台上展示经过教师点评的班级优秀《实训报告》。

■ 单元考核

考核要求: 同第1章“单元考核”的“考核要求”。

综合训练与考核

■ 综合训练

□ 案例题

▲ 案例分析

案例综 -1

“长征路”助武汉三特摆脱困境

背景与情境：1994 年年底，横跨汉江，南起风光宜人的龟山，北落繁华喧嚣的汉正街商业中心的汉江索道正式向游人开放。这是由武汉三特索道有限公司和新加坡吴德南集团共同投资经营的当时国内最长的城市观光索道。开业前期，由于周围环境设施不配套和交通不便等原因，尽管公司做过一些宣传，但游人甚少，并没有达到预期效益。

经过几个月的调查分析和精心策划，他们联合市委宣传部利用龟山路多树密、山水兼具的环境，推出了武汉市中小学生“重走长征路”大型公关活动，以纪念红军长征胜利 60 周年、弘扬长征精神为主题，对广大学生进行一次爱国主义和艰苦奋斗教育。三特公司投资 3 万元，在龟山模拟设置了一条“长征路”，设置了“遵义”“泸定桥”“草地”等 10 多个长征景点，营造了钻网、吊环滑道等活动设施，陈列了大量红军人物的立式群像和众多珍贵历史照片，并把乘索道横渡汉江作为“飞渡泸定桥”穿插于活动中，使这条长征路更为充实，融教育性、娱乐性、安全性为一体。自 5 月 11 日“重走长征路”活动拉开序幕以来，武汉市陆续有 50 多所中小学校的师生前来参加，共达 3 万余人次。师生们普遍认为，通过这次活动，既增长了历史文化知识，又能体会到当年红军长征途中的艰辛，并在乘索道时饱览了三镇景致。在整个活动中，三特公司考虑到学生的承受能力，票价仅为原价的 1/3，并且对学生中的“特困户”免收一切费用。迄今为止，没有一位家长到校反映收费问题。三特公司在活动中十分重视安全问题和服务质量，它要求员工把每位学生当成自己的弟弟、妹妹一样爱护。公司派专车接送师生，每一景点都有专人负责，并配有身着红军服装的解说员，使孩子们身临其境地参加活动。“重走长征路”活动获得了学生和家长的一致好评，在社会各界产生广泛的影响，许多学校在活动后纷纷送来锦旗和感谢信，表达了对汉江索道的认可和高度评价，并要求市教委把这里作为爱国主义教育活动的基地。三特公司经济效益也因此得到提高，各方面进入佳境。调查表明，通过这项活动，被调查对象的 84.5% 对三特公司及其索道印象加深，公司年收入预计达百万元。

问题：

1. 武汉三特公司针对汉江索道的二次策划方案在哪些方面做了调整？

2. “重走长征路”活动的案例对你有何启发？

分析要求：同第 1 章本题型的“分析要求”。

案例综 -2

向女人推销刮胡刀

背景与情境：男人要刮胡子，而女人则不刮，这个谁都明白。如果有人想向窈窕淑女推销刮胡刀，难免会认为是不可思议的事情，然而美国著名的吉列公司早在 30 年前就这样干了，而且获得了巨大的成功。吉列公司经过一年的周密调查，发现在美国 8 360 万名 30 岁以上的妇女中，大约有 6 490 万人为了自身的美好形象，要定期刮腿毛和腋毛，其中 2 300 万人是购买男用刮胡刀从事这一保持美好形象的大事，一年在这方面的花费高达 7 500 万美元。

于是，吉列公司为这些妇女精心设计了专用的“刮毛刀”。它的刀头部分与男用刮胡刀并无二致，只是刀架选用了色彩鲜艳的彩色塑料，握柄由直线型改为弧线型以利于妇女使用，并在上面压制了一朵美丽的雏菊。在推销这一产品时，公司还根据妇女的心理特征，选择“不伤玉腿”的广告主题，突出了新产品的安全性。新型“雏菊”牌刮毛刀一面市，立即被成千上万的妇女抢购一空，成为畅销产品，吉列公司自然获利颇丰。

问题：

1. 吉列公司是如何开拓女性市场的？

2. “向女人推销刮胡刀”的案例告诉了我们什么道理？

分析要求：同第 1 章本题型的“分析要求”。

▲ 决策设计

决策综 -1

×× 公司该怎么办？

背景与情境：×× 公司是一个制造伏特加酒的美国龙头企业，旗下的 S 品牌是行业内最具知名度的品牌。其最有力的竞争对手是 M 公司，市场占有率位居 ×× 公司之后。最近，M 公司新研发一种产品，其每瓶酒价格比 S 品牌低一美元，并大做广告。

问题：作为 ×× 公司的营销总监，该怎么应对？

设计要求：同第 1 章本题型的“设计要求”。

决策综 -2

成熟期产品该如何进行促销？

背景与情境：产品的销售增长率在达到某一点后将放慢脚步，进入相对稳定的成熟阶段。销售增长率的减慢使得整个行业的生产能力过剩，生产能力过剩又导致竞争加剧。在产品成熟期，消费者扩大到各个阶层，也开始出现前所未有的新需要层。这一时期的竞争结果造成销售量增加，甚至达到最大销售量。但在成熟期因无法适应激烈竞争而失败的厂商会增加，结果是一些较弱的竞争者开始退出市场，市场也趋于稳定。

在成熟期，产品销量达到最大，单位生产成本降至最低。从利润方面来看，如果能避免为增加销售额而步入不合理的降价竞争，则可以维持稳定的高收益。

问题： 请根据你所学的促销策划理论知识，谈谈成熟期产品的促销策划方法。

设计要求： 同第 1 章本题型的“设计要求”。

▲ 道德研判

研判综 -1

剧毒农药种生姜

背景与情境： 2013 年 5 月月初，央视《焦点访谈》报道，潍坊峡山区农民使用剧毒农药神农丹种生姜。神农丹主要成分是一种叫涕灭威的剧毒农药，50 毫克就可致一个 50 公斤重的人死亡。据悉，潍坊当地出产的生姜分出口姜和内销姜两种。因外商对农药残留检测非常严格，出口基地的姜都不使用高毒农药。此前媒体曾经报道过“硫黄姜”“六六粉姜”，“神农丹姜”是“涉毒”姜家族中的新成员。而这个新闻令人吃惊之处除了涉毒花样翻新，还有就是涉毒姜和无毒姜生产供应的内外有别。

从报道中可以看出，潍坊菜农按照国内外不同的监管水准，而启动“有毒生产模式”或“无毒生产模式”。当地菜农显然知道，出口日韩等国的蔬菜无法蒙混过关，所以，种植外销大姜、大蒜、大葱等都不敢逾越雷池。然而，内销姜的农药残留检测，则形同虚设。报道称，只要找几斤合格的姜去检验，就可以拿到农药残留合格的检测报告。而当地农民对神农丹的危害性都心知肚明，使用过这种剧毒农药种出来的姜，他们自己根本不吃。

问题：

1. 本案例存在哪些道德伦理问题？
2. 试对上述问题做出你的道德研判。
3. 对照本教材附录三和网上调研资料，说明你的道德研判所依据的行业道德规范。
4. 请从文明经商与道德研判角度对“剧毒农药种生姜”的内容做出评价。

研判要求： 同第 1 章本题型的“研判要求”。

研判综 -2

支 付 回 扣

背景与情境： 赵鹏是 ×× 公司区域经理，管辖五个市的兽药销售，在市场竞争异常激烈的环境中，面对各种变量，特别是巨大的市场压力和考核压力，他工作的关注点就在财务指标、企业的生存、短期影响因素的考虑上。在这种情形下，为了超额完成年初制定的销售目标，他在商品促销过程中支付回扣给大额采购单位。

问题：

1. 本案例存在哪些道德伦理问题？

2. 试对上述问题做出你的道德研判。

3. 对照本教材附录三和网上调研资料，说明你的道德研判所依据的行业道德规范。

4. 请从文明经商与道德研判角度对“支付回扣”的内容做出评价。

研判要求：同第 1 章本题型的“研判要求”。

□ 实训题

实训综 -1

营销策划综合知识运用实训

【实训目标】

参加公司新产品营销策划的实践训练，在了解和把握市场调查、市场细分、市场定位、产品策划、价格策划、促销策划和分销渠道策划等实训技能的规范与标准的基础上，通过系列操作技能的实施，培养学生关于产品营销策划的主要专业能力和职业核心能力、职业道德教育，促进健全职业人格的塑造。

【实训内容】

专业能力训练：其能力领域、技能点、名称及其参照规范与标准见综表 1。

综表1　专业能力训练领域、技能点名称及其参照规范与标准

能力领域	技能点	名称	参照规范与标准
新产品营销策划	技能 1	市场调查策划知识应用技能	（1）成立营销团队，明确分工与职责，制定市场调查目标和内容。 （2）明确市场调查方法与程序
新产品营销策划	技能 2	企业战略策划知识应用技能	（1）根据企业使命，制定企业整体战略。 （2）根据市场调查分析结果制定竞争策略
新产品营销策划	技能 3	市场细分与定位策划知识应用技能	（1）选定合适的市场细分标准进行市场细分。 （2）根据 SWOT 分析，选定正确的目标市场选择战略，确定目标市场。 （3）结合产品特点和目标消费者确定新产品的市场定位
新产品营销策划	技能 4	产品策划知识应用技能	（1）掌握产品整体概念，分析客户需求的产品部分。 （2）根据产品生命周期理论，选择正确的产品入市策略。 （3）掌握新产品产生的过程
新产品营销策划	技能 5	价格策划知识应用技能	（1）掌握合适的定价方法。 （2）根据市场情况确定价格调整战略
新产品营销策划	技能 6	促销策划知识应用技能	（1）学会使用广告的 5M 原则进行广告策划。 （2）掌握营业推广的各种技能。 （3）学会公共关系策划的使用
新产品营销策划	技能 7	分销渠道策划知识应用技能	（1）制定合适的渠道结构。 （2）选择合格的渠道商。 （3）掌握对渠道商进行管理的方法，解决渠道常见问题

职业核心能力和职业道德训练：其内容、种类、等级与选项见综表 2，各选项的“规范与标准”分别参见本教材附录二和附录三。

综表2　职业核心能力与职业道德训练的内容、种类、等级与选项

内容	职业核心能力							职业道德						
种类	自我学习	信息处理	数字应用	与人交流	与人合作	解决问题	革新创新	职业观念	职业情感	职业理想	职业态度	职业良心	职业作风	职业守则
等级	中级	中级	中级	中级	中级	中级	中级	顺从	顺从	顺从	顺从	顺从	顺从	顺从
选项	√	√	√	√	√	√	√	√	√	√	√	√	√	√

【组织形式】

1. 将职业核心能力和职业道德训练融入专业能力训练中。

2. “营销策划综合知识运用实训”的“专业能力训练”，参照本教材网络教学资源包《学生考核手册》考核表综表 1 中的“考核指标”与“考核标准”；“职业核心能力训练”和“职业道德训练”分别参照本教材附录二和附录三相关选项的“参照规范与标准”。

3. 对本次实训活动进行总结，参照本教材“课业范例”之范例综 -4 的结构与体例完成本实训课业。

【情境设计】

××× 集团有限公司成立于 20×× 年。现已发展成为中国规模最大、效益最好的饮料企业之一。目前在全国 29 省区市建有 ××× 个基地近 ××× 家分公司，拥有总资产 ××× 亿元，员工近 ××× 人。这些年来，公司以一流的技术、一流的设备、一流的服务，打造出一流的品质，先后投资 ××× 多亿元从美国、法国、德国、日本、意大利等国引进 360 余条世界一流的自动化生产线，主要生产含乳饮料、饮用水、碳酸饮料、果汁饮料、茶饮料、保健食品、罐头食品、休闲食品 8 大类 100 多个品种的产品。公司始终坚持以创新为企业发展的不竭动力，不断提升企业技术实力，在瞬息万变的竞争中牢牢把握市场主动权，公司即将推出的产品希望不仅能引领消费潮流，丰富人民的生活，也能推动中国饮料工业健康快速发展。

公司创始人从创业之初就十分重视精神面貌在经济建设中的重要作用，始终不懈地培育具有自身特色的企业文化。在经济快速发展的肥沃土壤中，公司企业文化经历了起源、发展和逐渐完善的历史进程，最终形成了比较完整的企业文化系统。

【实训时间】

结束本课程授课后一周内。

【操作步骤】

1. 各推销团队选择背景资料提供的产品、商品，结合角色分工，依照“技能 1”的“参照规范与标准”，系统体验自我形象塑造、收集和处理推销信息，制定《×× 产品营销策划方案》。

2. 各团队实施《× × 产品营销策划方案》，系统体验如下技能操作：

（1）依照“技能 2”的“参照规范与标准”，运用相应方法，体验“企业战略策划知识应用”等项操作。

（2）依照“技能 3”的“参照规范与标准”，运用相关技巧，体验“市场细分与定位策划知识应用”操作。

（3）依照“技能 4”的“参照规范与标准”，运用相应方法，体验“产品策划知识应用”等项操作。

（4）依照“技能 5”的“参照规范与标准”，运用相关原则、策略与方法，体验“价格策划知识应用”的操作。

（5）依照“技能 6”的“参照规范与标准”，运用相关策略、方法与技巧，体验“促销策划知识应用”的操作。

（6）依照“技能 7”的“参照规范与标准”，运用相关策略、方法与技巧，体验“分销渠道策划知识应用”的操作。

3. 在“营销策划知识综合运用”的“专业能力”上述训练中，融入“职业核心能力”各选项的强化训练和“职业道德”各选项的相关训练。

4. 综合以上系统操作与阶段性成果，撰写《× × 产品营销策划实训报告》。其内容包括：实训组成员与分工；实训过程；实训总结（包括对专业能力训练、职业核心能力训练和职业道德训练成功与不足的分析说明）；附录（包括阶段性成果全文）。

5. 在班级讨论和交流各团队的《实训报告》。

6. 各团队根据讨论和交流结果，修订其《实训报告》，使其各具特色。

【成果形式】

实训课业：× × 公司新产品营销策划实训书

具体包括下面几项内容：

1. 市场调查分析预测（按标号顺序分别写出）。

（1）饮料行业基本情况。

（2）企业宏观环境分析。

（3）消费者需求调查分析。

（4）消费者购买行为和购买心理调查分析。

（5）竞争对手产品分析。

（6）竞争对手品牌策略分析。

（7）公司其他产品渠道分析。

2. 市场细分、目标市场选择和产品的市场定位。

（1）选用正确的市场细分依据。

（2）正确地使用目标市场选择策略。

（3）运用 SWOT 方法对比其他竞争对手。

（4）选择适合的目标市场。

（5）结合 SWOT 分析结果制定新产品的市场定位。

3. 制定新产品市场竞争的策略。

4. 结合产品整体概念确定新产品的特殊卖点。

5. 将产品卖点作为促销的基础，设计促销方案。

6. 对新产品进行定价和选择合适的渠道。

要求：见上面成果形式详细说明。

实训综 -2

×× 公司新产品 STP 策划

【实训目标】

参加 ×× 公司 STP（市场细分、目标市场选择、定位）策划的实践训练，在了解和把握市场细分的依据选择、市场细分的步骤，目标市场选择策略，新产品市场定位实训技能的规范与标准的基础上，通过系列操作技能的实施，培养学生关于新产品 STP 策划的专业能力和职业核心能力、职业道德教育，健全职业人格的塑造。

【实训内容】

专业能力训练：其能力领域、技能点、名称及其参照规范与标准见综表 3。

综表3 专业能力训练领域、技能点名称及其参照规范与标准

能力领域	技能点	名称	参照规范与标准
新产品 STP 策划	技能 1	市场细分	说明细分依据和选择的根据，掌握市场细分的步骤
	技能 2	目标市场选择	详细列出不同目标市场战略的选择，运用合适的目标市场战略并确定企业的目标顾客群
	技能 3	新产品定位	（1）学会使用产品定位的合适方法。 （2）对新产品进行正确的产品定位和企业定位

职业核心能力和职业道德训练：其内容、种类、等级与选项见综表 4，各选项的“参照规范与标准”分别参见本教材附录二和附录三。

综表4 职业核心能力与职业道德训练的内容、种类、等级与选项

内容	职业核心能力							职业道德						
种类	自我学习	信息处理	数字应用	与人交流	与人合作	解决问题	革新创新	职业观念	职业情感	职业理想	职业态度	职业良心	职业作风	职业守则
等级	中级	中级	中级	中级	中级	中级	中级	顺从	顺从	顺从	顺从	顺从	顺从	顺从
选项	√	√	√	√	√	√	√	√	√	√	√	√	√	√

【组织形式】

1. 将职业核心能力和职业道德训练融入专业能力训练中。

2. “××公司新产品 STP 策划”的“专业能力训练”，参照本教材网络教学资源包《学生考核手册》考核表综表 3 中的“考核指标”与“考核标准”；“职业核心能力训练”与“职业道德训练”分别参照本教材附录二和附录三相关选项的“参照规范与标准”。

3. 对本次实训活动进行总结，参照本教材“课业范例”之范例综 -3 的结构与体例完成本实训课业。

【情境设计】

××公司计划推出新产品——某功能饮料，需要进行目标市场选择方案的制定，而这必须在市场细分的基础上进行，目标市场选择之后，还需要进行产品定位和企业定位。

【实训时间】

结束本课程授课后一周内。

【操作步骤】

1. 将全班同学分为四组，每组确定一名负责人，并对成员进行合理分工。

2. 对××公司的产品分类和新产品特点进行讨论。

3. 从网上和实地走访有关经销商销售情况帮助进一步确定目标市场。

4. 各组将自己的市场细分、目标客户群的选择和描述以及新产品的定位和企业的定位，整理成书面材料，在班级进行全面展示交流。

【成果形式】

实训课业：××公司新产品 STP 策划书

策划书包括以下四项：

1. 市场细分的依据、选择及市场细分的步骤。

2. 在市场细分的基础上对各个细分市场需求分析。

3. 在 SWOT 分析的基础上选择企业的目标市场。

4. 进行新产品定位和企业定位。

要求：见上面成果形式详细说明。

■ 综合考核

同第 1 章“单元考核”的“考核要求”。

课业范例

□ 案例题

范例综 -1

▲ 案例分析

《快速发展的香飘飘奶茶》案例分析报告

背景与情境：浙江香飘飘食品有限公司董事长蒋建琪，在 2004 年偶然想到了开发杯装奶茶的创意。杯装奶茶是具有开创性的产品，他先是低调地进行市场测试，取名香飘飘。在进入全国市场销售时，广告宣传迅速跟进，产品一炮而红，创造了一个能让其成为第一的新领域，之后迅速注册了公司。

香飘飘走红之后，各种奶茶产品铺天盖地出现。其中最有力的竞争者，就是喜之郎推出的“优乐美”奶茶。喜之郎的规模是香飘飘的十几倍，双方投入的资源根本不是一个量级。香飘飘的代言人是陈好，而喜之郎请的是周杰伦。香飘飘只有一百多名营销人员，喜之郎则有一千多名。优乐美的销量步步紧逼，香飘飘的形势岌岌可危。

经过一番筹划，香飘飘做出了营销策略的重大调整：

第一，砍掉一切与杯装奶茶不相关的业务，聚焦奶茶。香飘飘痛下决心关掉了前景光明的方便年糕项目，卖掉了设备；两家奶茶店也转手了；房地产项目结束后，也不再涉足；在奶茶领域，也进一步聚焦，减少品种。

第二，为香飘飘定位，向消费者传达香飘飘是杯装奶茶的开创者和领导者，是全国销量最大的企业这一关键信息。特劳特公司为香飘飘设计了新的广告词：“香飘飘奶茶，一年卖出 3 亿多杯，杯子连起来可绕地球一圈。”

第三，原材料价格上涨时，香飘飘率先提价。2010 年，在竞争白热化的情况下，提价似乎是自杀之举。但香飘飘的掌舵人认为，行业要健康发展，一定要有利润空间，这会吸引更多竞争者进入这个行业，对行业健康有利。如果大家都采用低价格过度竞争，难免会有企业弄虚作假，最终毁了整个行业。

此番调整之后，香飘飘奶茶销量从 2008 年的 3 亿多杯一下子跃升到 2009 年的 7 亿多杯，2010 年又跃升到 10 亿多杯，一直到今天的 12 亿杯，广告词也从“绕地球一圈”到“绕地球两圈”，再到“绕地球三圈”……

香飘飘从一个年收入 3 000 万元的小企业迅速成长为年营业额 24 亿元的全国知名企业，击退了规模十几倍于自己的对手。

资料来源：柯恩．香飘飘如何用定位打败巨头．世界经理人网。

问题：

1. 香飘飘是如何实现企业快速成长的？

2. 对于香飘飘的下一步发展你有何建议？

案例综述：

本案例简单介绍了香飘飘奶茶的成功历程，历经创业、生存、竞争、发展多个阶段，现已成为连续五年销售领先，被称为中国奶茶业发展最快的企业之一，骄人的业绩凝聚着许多成功经验。

问题分析：

香飘飘杯装奶茶是具有开创性的产品，推出市场后迅速跟进者众多，尤其是规模大于香飘飘十几倍的喜之郎，也推出“优乐美”奶茶，并请周杰伦代言，大有取而代之之势，香飘飘的市场地位岌岌可危。其主要问题有：多元化业务分散了企业的优势力量，企业的发展方向不明；奶茶的品种繁多，定位不清晰；广告宣传效果有限，知名度有待进一步提高；定价策略需要调整，进一步扩大盈利空间。

总结与结论：

面临危局，香飘飘果断调整营销战略与战术，一是调整企业的战略，公司业务聚焦奶茶业务，砍掉一切与奶茶业务无关的业务；二是明确香飘飘奶茶的产品定位、广告定位，“香飘飘是奶茶产品的开创者和领导者”；三是调整定价策略，通过提价，培植行业健康发展空间。这一系列营销举措，使香飘飘避免了先驱变先烈的危险。

香飘飘奶茶的成功经验对我们有很好的启示意义，可以看到在企业发展过程中，营销战略定位最重要。没有正确的营销策略，再好的营销策划也无法发挥作用。如果没有当初的业务收缩、聚集定位，香飘飘也许早就成了一家所谓的集团公司，把精力分散到各种有利可图的项目上，最终走向平庸。香飘飘的专心致志，只做杯装奶茶，推动着品牌做大做强。

范例综 –2

▲ 决策设计

《××公司该怎么办？》决策设计报告

背景与情境：××公司是一个制造伏特加酒的美国龙头企业，旗下的 S 品牌是行业内最具知名度的品牌。其最有力的竞争对手是 M 公司，市场占有率位居××公司之后。最近，M 公司新研发了一种产品，其每瓶酒价格比 S 品牌低一美元，并大做广告。

问题：作为××公司的营销总监，该怎么应对?

总结与结论：

1. 决策目标

××公司是行业的领导者，针对对手采用的是推出新产品结合定价的手段，要在竞争对手的进攻面前保住自己的市场份额，维护 S 品牌的领导地位是该公司的决策目标。

2. 依据材料

（1）价格竞争会是主要手段，但可能还要考虑结合其他营销组合。

（2）××公司是一个制造伏特加酒的美国龙头企业，旗下的 S 品牌是行业内最具知名度的品牌。

3. 可供选择的方案

方案 1：单纯降价：因为 S 品牌产品质量优于对手，采用降价可以使对价格敏感的用户不会投入对手的产品怀抱。

方案 2：维持价格不变，甚至提高一美元，同时做广告宣传 S 品牌的固有优势。

方案 3：S 品牌产品价格不变，同时推出跟对手同价格的产品并以其他品牌命名，再推出低于竞争对手价格的一款产品，用另一品牌命名。

4. 方案比较

方案 1：单纯降价，固然可以使价格敏感的老客户依然购买 S 品牌产品，但对于 S 品牌的地位来说却不是好事。

方案 2：维持价格不变，或提高一美元，可以维持品牌地位，保证对价格不敏感的老客户的忠诚度，但是价格敏感而没有品牌忠诚度的客户容易流失。

方案 3：维护了 S 品牌的市场地位，保证了对品牌有忠诚度但价格不敏感的顾客不会流失。推出和对手同价和低于对手价格的其他两个品牌，有助于保持价格敏感的客户不至于流失。

综合分析，我们建议 ×× 公司可选择方案 3 来应对对手的价格战竞争。

范例综 -3

▲ 道德研判

《经销掺假羊肉》道德研判报告

20×× 年 5 月 6 日东方网报道，近日上海在批发市场查获一批可疑“羊肉卷”。起因是央视记者近日暗访位于上海浦东新区周浦万达广场的品尚豆捞火锅店，38 元的“精选羊肉组合”其红肉与白肉的间隔异常明显。用筷子夹起一片，轻轻一拉，红白部分就轻易分离了，再夹起一片放到锅里煮，红白部分就完全散开了。起初店员解释，速冻羊肉都是如此，店员还从厨房拿出还未拆封切片的羊肉自证清白。然而，产品除了标有“新西兰羔羊肉卷”字样外，找不到任何生产厂家、生产日期、保质期、配料表等信息。在央视记者的一再追问下，店长终于承认，店里所用的羊肉卷非纯羊肉，或 40% 掺杂其他肉。据这家店长说，他们是从闵行区鑫品南北干货批发市场进的货。

上海市工商局闵行分局联合食品安全办公室、公安局等部门，对鑫品南北干货批发市场进行了突击检查，在该批发市场上大部分经销店卖的都是只标有某某羊肉卷的名称，缺少生产厂家、生产日期和配料表等必要的信息。在一名为“牧联国际冻品”的商户仓库内发现大量产品标称为“雨轩斋”的“新西兰羔羊肉卷”，然而这批产品却没有任何生产日期和配料表。根据现场找到的票据，仅 2013 年 3 月，该商户就从山东阳信采购了 11 吨这样的“羊肉卷”。另一份出货单显示这批羊肉卷流入了傣妹、小肥羊、谭火锅、品尚豆捞等知名火锅店。这种“混合肉卷”成本价只是纯羊肉卷售价的一半甚至不到两成，最差的一斤只要 7 元左右，多用鸭肉混合羊尾油制成，“贵一些的有羊肉，便宜的根本没有，用其他肉，靠羊油膻味来以假乱真”。据悉，做工差一点的“掺假羊肉”脂肪和瘦肉有明显分层，一烫容易分离，但做工好的事先经过搅拌再压制成形，脂肪和瘦肉分层不明显，难辨真伪。

在业内人士看来，“掺假羊肉”早已是公开的秘密。

问题：本案例中，品尚豆捞火锅店的店员与店长存在哪些职业道德问题？“牧联国际冻品”存在哪些职业道德方面的问题？试分析研判之。

案例综述：

案例主要讲述了，央视记者质疑品尚豆捞火锅店里 38 元的“精选羊肉组合”，其红肉与白肉的间隔异常明显，发现该羊肉卷非纯羊肉，或 40% 掺杂其他肉，这种“混合肉卷”来源于鑫品南北干货批发市场。同时，案例介绍了上海市工商局闵行分局联合食品安全办公室、公安局等部门，对鑫品南北干货批发市场进行突击检查的过程。

问题分析：

（1）品尚豆捞的店员与店长面对顾客质疑时，为了维护企业利益，欺骗顾客，店员还从厨房拿出尚未拆封切片的羊肉自证清白。产品除了标有“新西兰羔羊肉卷”字样外，找不到任何生产厂家、生产日期、保质期、配料表等信息。在央视记者的一再追问下，店长终于承认，店里所用的羊肉卷非纯羊肉，或 40% 掺杂其他肉。店员的行为是缺乏职业所需的专业知识，店长的行为是知假售假。

（2）“牧联国际冻品”标称自己的产品为“雨轩斋”的“新西兰羔羊肉卷”，但产品却没有任何生产日期和配料表。根据现场找到的票据，仅 20×× 年 3 月，该商户就从山东阳信采购了 11 吨这样的“羊肉卷”，其行为已构成知假售假。

（3）研判依据有三：其一，“不懂食品应具有生产厂家、生产日期、保质期、配料表等基本信息并明知故犯与道德规范的关系问题”是伦理学基本问题，店员、店长、经销商用自己的行为对这问题给出了错误的回答；其二，工作过程中，在顾客质疑时振振有词、知假售假、不讲信誉，有违“职业良心”的道德规范；其三，“掺假羊肉”在业内早已是公开的秘密，涉及的批发、餐饮等行业，虽未明文公布，暗地里却形成了心照不宣的一种约定俗成的行业内部规则，构成了行业潜规则，有违“职业守则”的道德规范。

（4）从以上研判来看：店员、店长及经销商企业人员的“职业观念”存在较大问题；其“职业良心”“职业守则”的某些要素连“顺从级”都未达到。

总结与结论：

（1）食品采购销售应符合食品卫生法律法规要求，这是每一位工作人员应该遵守的行为规范和准则。品尚豆捞、“牧联国际冻品”及部分知名火锅店等企业采购、销售“掺假羊肉”，系严重违法行为。

（2）职业道德在工作过程中发挥着重要作用，我们要熟悉并努力地践行，而且要熟练地掌握所需的法律及专业背景知识。

（3）本道德研判对我们有很好的教育启示意义。践行道德规范就要知法守法，讲求信誉，实事求是，善待顾客，开展业务需要有职业观念、职业良心、职业守则。

□ 实训题

范例综 -4

×× 公司新产品营销策划实训报告

【小组成员名称、学号及指导教师】

（略）

【实训名称】

策划 ×× 公司新产品营销方案。

【实训目标】

参加公司新产品营销策划的实践训练，在了解和把握市场调查、市场细分、市场定位等实训技能的规范与标准的基础上，通过系列操作技能的实施，培养学生关于产品营销策划的主要专业能力和职业核心能力、职业道德教育，促进健全职业人格的塑造。

【实训日期】

周末和其他课余时间。

【实训步骤】

1. 由负责人对成员进行合理分工。

2. 对 ×× 公司的产品分类和新产品特点进行讨论。

3. 从网上和实地走访有关经销商销售情况帮助进一步确定目标市场。

4. 各组将自己的市场细分、目标客户群的选择和描述以及新产品的定位和企业的定位，形成书面材料，在班级进行全面展示交流。

【实训成果】

1. 作为功能饮料的该公司新产品，面临着不小的竞争，分析一下该公司的战略和产品群。

2. 分析国内市场上功能饮料的各品牌和优劣势。

3. 市场细分依据选择：

人口因素有收入、年龄、职业；

心理因素有时尚消费。

4. 市场细分步骤（略）。

5. 目标消费群体：学生、上班族、运动族、驾车族等易疲劳和免疫力低下的群体。

6. 目标市场选择策略是差异化目标市场选择。

7. 产品定位：健康提神功能饮品。

8. 价格采用高价策略，即撇脂定价法。

9. 渠道除了采用原有渠道外，还可采用物流经销商模式和适合城市消费群体的渠道模式。

10. 促销采用广告促销、网络营销、人员促销和公共关系促销结合的方法。

【实训总结】

通过本次实训，了解了新产品策划的重要性和必要性。在此过程中，小组成员们加深了对市场调查的认识，提高了践行新产品策划的能力；对个人素质的提高有很大的作用，也有助于培养各种能力，如人际交往能力、创新思维能力、掌握信息能力、学习能力和自立能力等。

主要参考文献

[1] 菲利普·科特勒，凯文·莱恩·凯勒.营销管理.15版.何佳讯，于洪彦，牛永革，徐岚，董伊人，金钰，译.上海：格致出版社，2016.

[2] 艾.里斯，杰克·特劳特.定位.北京：机械工业出版社，2018.

[3] 杰克·特劳特.重新定位（重译版）.邓德隆，火华强，译.北京：机械工业出版社，2017.

[4] 罗杰·凯林，史蒂文·哈特利，威廉·鲁迪里尔斯.市场营销.10版.董伊人，译.北京：人民邮电出版社，2016.

[5] 斯蒂芬·罗宾斯，玛丽·库尔特.管理学.13版.刘刚，程熙铭，梁晗，译.北京：中国人民大学出版社，2017.

[6] 唐·舒尔茨，海蒂·舒尔茨.整合营销传播.王拙，顾洁，译.北京：清华大学出版社，2013.

[7] 乔纳·伯杰.疯传：让你的产品、思想、行为像病毒一样入侵.刘生敏，廖建桥，译.北京：电子工业出版社，2014.

[8] 韦斯·特伍德.互联网时代的新营销.张卉竹，林小夕，译.北京：企业管理出版社，2012.

[9] 普利司通.事件营销.2版.陈义家，郑晓蓉，译. 北京：电子工业出版社，2015.

[10] 刘望海.新媒体营销与运营：从入门到精通（微课版）.北京：人民邮电出版社，2018.

[11] 秋叶，刘勇.新媒体营销概论.北京：人民邮电出版社，2016.

[12] 肖凭.新媒体营销实务.北京：人民大学出版社，2018.

[13] 林海.新媒体营销.北京：高等教育出版社，2019.

[14] 郭凤兰，郝骞.营销策划.北京：人民邮电出版社，2019.

[15] 彭雷清.内容营销：新媒体时代如何提高用户转化率.北京：中国经济出版社，2018.

[16] 龙共火火.高阶运营：从小编到新媒体操盘手.北京：人民邮电出版社，2018.

[17] 黄有璨.运营之光 2.0：我的互联网运营方法论与自白（精装版）.北京：电子工业出版社，2017.

[18] 关健明.爆款文案：把文案变成印钞机.北京：北京联合出版社，2017.

[19] 冯志强.市场营销策划.2版.北京：北京大学出版社，2019.

［20］王方．市场营销策划．2 版．北京：中国人民大学出版社，2012.

［21］李文义，刘进，张存明．市场营销策划．北京：中国财政经济出版社，2012.

［22］张晓，王丽丽．市场营销策划：理论、实务、案例、实训．3 版．大连：东北财经大学出版社，2018.

［23］徐汉文，袁玉玲．市场营销策划．微课第三版．北京：清华大学出版社，2019.

［24］杨勇，陈建萍．市场营销：理论、案例与实训．4 版．北京：中国人民大学出版社，2019.

［25］肖怡．零售学．4 版．北京：高等教育出版社，2017.

［26］郑瑞洪，王振馨，陈凯．营销渠道管理．2 版，北京：机械工业出版社，2017.

［27］泊明．所有营销都是娱乐营销．广州：花城出版社，2016.

［28］屈云波，张少辉．市场细分——市场取舍的方法与案例．北京：企业管理出版社，2010.

［29］屈云波．营销企划手册．北京：企业管理出版社，2009.

附录一

案例训练参照指标与规范

参照指标		参照规范
形成性训练 Σ 50	个人准备 Σ 20	案例概况；讨论主题；问题理解；揭示不足；创新意见；决策标准；可行性方案
	小组讨论 Σ 20	上课出席情况；讨论发言的参与度；言语表达能力；说服力大小；思维是否敏捷
	班级交流 Σ 10	团队协作；与人交流；课堂互动等方面的满意度；讨论参与的深度与广度
课业训练 Σ 50	分析依据 Σ 8	分析依据的客观性与充分性
	分析步骤 Σ 8	分析步骤的恰当性与条理性
	理论思考 Σ 8	理论思考的正确性、深刻性与全面性
	解决问题 Σ 8	理解问题与解决问题能力的达标性
	革新创新 Σ 10	揭示不足与提出改进能力的达标性
	文字表达 Σ 8	文字表达能力的强弱性

附录二

职业核心能力训练种类、等级、参照规范与标准

种类	等级	参照规范与标准
自我学习	初级	在确定短期学习目标时，能明确学习动机和目标，并计划时间、寻求指导；在实施学习计划时，能按照行动要点开展工作、按时完成任务，使用不同方式、选择和运用不同学习方法实现目标，并能对计划及时做出调整；在检查学习进度和效果时，能对学习情况提出看法、改进意见和提高学习能力的设想
	中级	在确定中期学习目标时，能明确提出多个学习目标，列出实现各目标的行动要点，确定实现目标的计划，并运筹时间；在实施学习计划时，能开展学习和活动，通过简单的课程和技能训练，提高工作能力；在检查学习进度和成果时，能证明取得的学习成果，并能将学到的东西用于新的工作任务
	高级	在确定长期学习计划目标时，能根据各种信息和资源确定要实现的多个目标及途径，明确可能影响计划实现的因素，确认实现目标的时限，制订行动要点和时间表，预计困难和变化；在实施学习计划时，能保证重点、调整落实、处理困难、选择方法，通过复杂的课程和技能训练提高工作能力；在检查学习进度和成果时，能汇总学习成果、成功经验和已实现的目标，证明新学到的东西能有效运用于新选择的职业或工作任务
信息处理	初级	在获取信息时，能通过阅读、计算机或网络获取信息；在整理信息时，能使用不同方法，从多个资源中选择、收集和综合信息，并通过计算机编辑、生成和保存信息；在传递信息时，能通过口语、书面形式，用合适的版面编排、规范方式的展示、电子手段传输信息
	中级	在获取信息时，能定义复杂信息任务，确定搜寻范围，列出资源优先顺序，通过询访法和观察法搜寻信息；在开发信息时，能对信息进行分类、定量筛选、运算分析、加工整理，用计算机扩展信息；在展示信息时，能通过演说传递信息，用文字图表、计算机排版展示组合信息，用多媒体辅助信息传达
	高级	在获取信息时，能分析复杂信息任务，比较不同信息来源的优势和限制条件，选择适当技术、使用各种电子方法发现和搜寻信息；在开发信息时，能辨别信息真伪，定性核校、分析综合、解读与验证资料，建立较大规模的数据库，用计算机生成新的信息；在展示信息时，能用新闻方式发布、平面方式展示、网络技术传递，利用信息预测趋势、创新设计，收集信息反馈，评估使用效果
数字应用	初级	在采集、解读数据信息时，能按要求测量并记录结果，准确统计数目，解读简单图表，读懂各种数字，并汇总数据；在进行数字计算时，能进行简单计算并验算结果；在展示和使用数据信息时，能正确使用单位，根据计算结果说明工作任务
	中级	在解读数据信息时，能从不同信息源获取信息，读懂、归纳、汇总数据，编制图表；在进行数据计算时，能从事多步骤、较复杂的计算，使用公式计算结果；在展示和使用数据信息时，能使用适当方法展示数据信息和计算结果，设计并使用图表，根据结果准确说明工作任务
	高级	在解读数据信息时，能组织大型数据采集活动，通过调查和实验获取、整理与加工数据；在进行数据计算时，能从事多步骤的复杂计算，并统计与分析数据；在展示和使用数据信息时，能选择合适的方法阐明和比较计算结果，检查并论证其合理性，设计并绘制图表，根据结果做出推论，说明和指导工作

续表

种类	等级	参照规范与标准
与人交流	初级	在交谈讨论中，能围绕主题，把握讲话的时机、内容与长短，倾听他人讲话、多种形式回应；使用规范易懂的语言、恰当的语调和连贯的语句清楚地表达意思；在阅读和获取资料时，能通过有效途径找到所需资料，识别有效信息，归纳内容要点，整理确认内容，会做简单笔记；在书面表达时，能选择基本文体，利用图表、资料撰写简单文稿，并掌握基本写作技巧
	中级	在交谈讨论中，能始终围绕主题参与，主动把握讲话时机、方式和内容，理解对方谈话内容，推动讨论进行，全面准确传达一个信息或观点；在作简短发言时，能为发言作准备、当众讲话并把握讲话内容、方式，借助各种手段说明主题；在阅读和获取资料时，能根据工作要求从多种资料筛选有用信息，看懂资料的观点、思路和要点，并整理汇总资料；在书面表达时，能掌握应用文体、注意行文格式，组织利用材料、充实内容要点，掌握写作技巧、清楚表达主题，注意文章风格、提高说服力
	高级	在交谈讨论中，始终把握会议主题，听懂他人讲话内容并做出反应，主持会议或会谈，全面准确表述复杂事件或观点；在当众讲演时，能为讲演作准备，把握讲演的内容、方式，借助各种手段强化主题；在阅读和获取资料时，能为一个问题或课题找到相关资料，看懂资料的思路、要点、价值和问题，分析、筛选和利用资料表达主题；在书面表达时，能熟悉专业文书、把握基本要求，有机利用素材、说明内容要点，掌握写作技巧、清楚恰当表达主题，采用适当风格、增强说服力
与人合作	初级	在理解合作目标时，能确定合作的基础和利益共同点，掌握合作目标要点和本单位人事组织结构，明确个人在团队中的职责和任务；在执行合作计划时，能接受上级指令，准确、顺利地执行合作计划；在检查合作效果时，能通过检查工作进展情况，改进工作方式，促进合作目标的实现
	中级	在制订合作计划时，能与本部门同事、组织内部横向部门、组织外部相关部门共同制订合作计划；在完成合作任务时，能与他人协同工作，处理合作过程中的矛盾；在改善合作效果时，能判断合作障碍，表达不同意见，接受批评建议，弥补双方失误
	高级	在调整合作目标时，能发现各方问题，协调利益关系，进行有效沟通，调整合作计划与工作顺序；在控制合作进程时，能整合协调各方资源，妥善处理矛盾，排除消极因素，激发工作热情；在达到合作目标的过程中，能及时全面检查工作成效，不断改善合作方式
解决问题	初级	在提出解决简单问题的基本思路时，能用几种常用的办法理解问题、确立目标，提出对策或方案；在实施计划时，能准备、制订和实施被人认可并具有一定可行性的计划；在检查问题的解决情况时，能寻找方法，实施检查，鉴定结果，提出改进方式
	中级	在确认较复杂问题和提出解决问题的对策时，能描述问题，确定目标，提出并选择较佳方案；在实施计划、解决问题时，能准备、制订和实施获得支持的较具体计划，并充分利用相关资源；在检查问题的解决情况时，能确定方法，实施检查，说明结果，利用经验解决新问题
	高级	在揭示复杂问题和提出解决问题的对策时，能分析探讨问题的实质，提出解决问题的最优方案，并证明这种方案的合理性；在制订计划、实施解决办法时，能制订并实施获得认可的详细计划与方案、并能在实施中寻求信息反馈，评估进度；在检查问题、分析结果时，能优选方法、分析总结、提出解决同类问题的建议与方案

续表

种类	等级	参照规范与标准
革新创新	初级	在提出创新意见时，能指出事物不足，提出改进意见；在做出创新方案时，能在采纳各方意见的基础上，确定创新方案的目标、方法、步骤、难点和对策，指出创新方案需要的资源和条件；在评估创新方案时，能进行自我检查，正确地对待反馈信息和他人意见，对创新方案及实施做出客观评估，并根据实际条件加以调整
	中级	在提出创新意见时，能指出新需求条件下的事物不足，提出改进事物的创新点和具体方案；在做出并实施创新方案时，能从多种选择中确认最佳方案，并利用外界信息、资源和条件实施创新活动；在评估创新方案时，能按常规方式和专业要求，对创新改进方法和结果的价值进行评估，根据实际条件进行调整，并指导他人的创新活动
	高级	在提出创新意见时，能客观分析事物发展与需求之间的矛盾，提出首创性的改进意见和方法；在做出创新方案时，能根据实际需要，设计并实施创新工作方案，并在条件变化时坚持创新活动；在评估创新方案时，能按常规方式和专业要求，对创新方法和结果进行检测和预测风险；针对问题调整工作方案、总结经验、指导他人，提出进一步创新改进的方法

资料来源：中华人民共和国劳动和社会保障部职业技能鉴定中心：《职业核心能力标准》（共 7 册）和《训练手册》（共六册），北京：人民出版社，2007。本表系参照“资料来源”所列文献相关内容提炼编制。

附录三

职业道德教育领域及参照规范与标准

领域	参照规范与标准
职业观念	对职业、职业选择、职业工作、营销人员职业道德和企业营销伦理等问题具有正确的看法
职业情感	对职业或职业模拟有愉快的主观体验、稳定的情绪表现、健康的心态、良好的心境，具有强烈的职业认同感、职业荣誉感和职业敬业感
职业理想	对将要从事的职业种类、职业方向与事业成就有积极的向往和执著的追求
职业态度	对职业选择或模拟选择有充分的认知和积极的倾向与行动
职业良心	在履行职业义务时具有强烈的道德责任感和较高的自我评价能力
职业作风	在职业模拟、职业实践或职业生活的自觉行动中，具有体现职业道德内涵的一贯表现
职业守则	热爱岗位，忠于职守；遵纪守法，尊师爱徒；讲求信誉，公平竞争；关心企业，善待顾客；热情服务，勤于思考；实事求是，注重调查；严于律己，认真负责；勇于开拓，善于创新

资料来源：中华人民共和国劳动和社会保障部:《国家职业标准：营销师》，5 页，北京，中国劳动社会保障部出版社，2002。本表参照“资料来源”所列文献相关内容提炼编制。

主编简介

王丽丽，现任河南经贸职业学院商务学院院长。教授，硕士；经济师、网络营销师；首批国家级职业教育教师教学创新团队负责人、国家级生产性实训基地负责人、国家级骨干专业带头人，河南省教学名师，河南省教育厅学术技术带头人、河南省商务厅特聘电子商务专家、河南省网络营销协会专家委员会成员；河南省高等学校特色专业建设点负责人，省级教学团队负责人。近年来，发表专业论文 10 余篇，主持或参与省厅级课题 18 项，主编或参编教材 14 部，主持或参与的企业咨询、改制、社会服务等项目 10 余项。